中国绿色发展研究报告

2016

主编 张为付

南京大学出版社

图书在版编目(CIP)数据

中国绿色发展研究报告. 2016 / 张为付主编. — 南京 : 南京大学出版社,2017.6

ISBN 978 - 7 - 305 - 18711 - 7

Ⅰ. ①中… Ⅱ. ①张… Ⅲ. ①绿色经济－经济发展－研究报告－中国－2016 Ⅳ. ①F124.5

中国版本图书馆 CIP 数据核字(2017)第 114472 号

出版发行 南京大学出版社
社　　址 南京市汉口路 22 号　　　邮　编　210093
出 版 人 金鑫荣

书　　名 **中国绿色发展研究报告(2016)**
主　　编 张为付
责任编辑 王日俊　秦　露

照　　排 南京南琳图文制作有限公司
印　　刷 江苏凤凰数码印务有限公司
开　　本 787×1092　1/16　印张 17.75　字数 423 千
版　　次 2017 年 6 月第 1 版　2017 年 6 月第 1 次印刷
ISBN 978 - 7 - 305 - 18711 - 7
定　　价 152.00 元

网址：http://www.njupco.com
官方微博：http://weibo.com/njupco
官方微信号：njupress
销售咨询热线：(025) 83594756

指导委员会

主　　任　陈章龙　宋学锋

委　　员　徐　莹　赵芝明　鞠兴荣　王开田

　　　　　章寿荣　潘　镇　谢科进　邢孝兵

　　　　　党建兵　张为付　宣　烨

编写委员会

主　　编　张为付

编写人员　周　宁　陈启斐

本书为江苏高校优势学科建设工程(PAPD)、江苏高校现代服务业协同创新中心(CNISCC)、江苏高校人文社会科学校外研究基地"江苏现代服务业研究院"(JIMSI)、江苏省重点培育智库"现代服务业智库"的研究成果。

书　　名：中国绿色发展研究报告(2016)

主　　编：张为付

出 版 社：南京大学出版社

目 录

第一章 引 言

第一节 研究的背景与问题的提出

生态环境问题一直是各国发展经济中一块"难啃的骨头"。习近平总书记多次在重要场合强调,绝不能以牺牲环境利益换取经济增长。2015 年 3 月,两会政府工作报告提出"今年要打好节能减排和环境治理攻坚战"、"环境污染是民生之患、民心之痛,要铁腕治理"。党的十八届三中全会通过的《中共中央关于全面深化改革若干重大问题的决定》提出:"探索编制自然资源资产负债表,对领导干部实行自然资源资产离任审计,建立生态环境损害责任终身追究制",为我国实现经济和环境的协调发展提供了建设性的思路。

改革开放 30 多年,我国的发展依靠市场的力量来解决社会问题,依靠政府引导来弥补市场的不足,建设社会主义生态文明同样也离不开市场和政府的力量。在世界绿色发展的浪潮中,我国政府高度重视绿色发展经济,制定了一系列绿色经济扶持政策,实施了许多有利于绿色经济发展的措施。政府在绿色发展中既是规划者、引领者,也是监管者和示范者。同时,通过经济利益等市场手段对绿色发展行为给予引导和激励,谁走绿色发展之路就使谁获益,调动经济行为者的主动性,用经济激励政策达到更高的环保要求,这是促进绿色发展的市场拉动力。以考察自然资源资产、负债为目标的自然资源资产负债表、绿色资源资产负债表,能明确界定政府与市场对资源享有的权利范围,并能严格区分政府与市场在利用资源时的不同角色、明确政府和市场各自作为公共资源提供者和资源利用者的责任与义务,从而规范政府对其区域范围内的资源利用方式,在主要依靠市场来进行资源配置的情况下,资源资产负债表能兼顾经济快速增长与控制经济增长环境成本两个目的。例如,从资源资产负债表的权益类项目分析可以量化得出政府投入了多少环境资源,也可以反映政府在对运作过程中通过环境生成的经济价值享有多少份额。

党的十八大以来,我国直面传统工业化发展模式带来的生态环境新问题,习近平总书记在国内外重要会议、考察调研、访问交流等各种场合,强调建设生态文明、走绿色发展道路。尤其是十八届五中全会公报将"绿色发展"正式上升为党和国家的执政理念,将生态文明建设纳入"十三五"规划的任务目标,表明我国在"经济新常态"下传统发展观的绿色转向,为全面建成小康社会提供了科学的理念指导和政策支持。

本报告以研究中国的绿色发展为目标,以绿色资源资产负债表的编制为具体抓手。从传统发展观到绿色发展理念,在我国面临严峻的生态环境问题背景下,考察中国绿色发展状况,编制绿色资源资产负债表意义深刻,对于认清中国的绿色发展路径具有举足轻重的作用。所谓绿色发展,是以效率、和谐、持续为目标的经济增长和社会发展方式,已成为当今世界的一个重要趋势,许多国家把发展绿色产业作为推动经济结构调整的重要举措。本报告旨在摸清中国绿色发展的基本情况,基于全国绿色资源资产负债的比较,以编制全国和江苏13个地级市绿色资源资产负债表为抓手,坚持以建设资源节约型、环境友好型社会作为加快转变经济发展方式的重要着力点,加大生态和环境保护力度,提高生态文明水平,增强可持续发展能力。现阶段,山东、贵州等省份已经对编制自然资源资产负债表进行了探索,本报告尝试编制中国的绿色发展报告。由于目前国家尚未出台自然资源、绿色资源资产负债的整体规划,也没有具体的任务安排,此研究依然处于探索阶段,编制绿色资源资产负债表的目的是摸清全国各个省市的绿色资源家底,以期更具体、系统的成果出现。总体来说,编制绿色发展报告和各省市的绿色资源资产负债表,有以下四个方面的实际意义。

一、从政治高度深刻认识绿色发展理论的重大意义

习近平总书记2013年4月25日在中央政治局常委会会议上的重要论述,从政治的高度分析和认识我国的发展战略,直指生态文明建设的要害。习近平总书记指出,如果仍是粗放发展,即使实现了国内生产总值翻一番的目标,届时资源环境恐怕完全承载不了。经济上去了,老百姓的幸福感大打折扣,甚至强烈的不满情绪上来了,那是什么形势?所以,我们不能把加强生态文明建设、加强生态环境保护、提倡绿色低碳生活方式等仅仅作为经济问题,这里面有很大的政治。

没有美丽中国就没有富强中国。中国梦,不仅是富强中国梦,也是美丽中国梦。而且从我国的国情来看,没有美丽中国,就很难有富强中国,资源与环境已经成为制约我国经济发展的突出"短板"。经过30多年的高速发展,我们在经济总量上登上了世界"领奖台",但是我们也付出了巨大的资源与环境的代价。我们的"财富之母"土地,污染总超标率达16%,水土流失严重;我们赖以生存的空气,在全国100多个按新的空气质量标准检测的城市中,达标比例不到10%。这种状况不能不使人对民族振兴的未来感到忧虑。长期以来的粗放式增长方式,不仅透支了大量的宝贵资源,更使许多地方的经济被锁定在产业链低端,甚至形成了路径依赖。下定决心转型升级是我们的唯一出路。环顾世界,各国新的经济增长点可给予我们借鉴。美国奥巴马政府提出"绿色新政",欧盟制定了《欧盟2020》发展战略,日本推出了"绿色发展战略",韩国提出了《国家绿色增长战略(至2050年)》。以印度、巴西等为代表的新兴市场国家也迅速加入了"绿色大军"行列,制定《国家行动计划》并着手大力推进。当前正在蓬勃兴起的绿色工业革命,堪称"第四次工业革命",我们必须抓住机遇,乘势而上,将绿色工业革命视为新的经济发展引擎,把环境约束转化为绿色机遇,加快制定绿色发展战略,用以指导经济转型升级并促进新兴产业发展。

绿色发展事关人民福祉、民族未来。生态环境一头连着人民群众生活质量,一头连着社会和谐稳定。习近平总书记要求全党坚持从维护最广大人民根本利益的高度,多谋民生之利,多解民生之忧。生态文明不仅关系到当代人的福祉,更关系到民族的未来。从这个意义上来说,绿色发展就是最广大人民根本利益的重要组成部分。因此,必须从政治的高度来深刻认识绿色发展的重大意义,坚决用党中央和习近平总书记治国理政新理念、新思想、新战略指导自己的一切工作,下决心走绿色发展之路,为建设一个美丽富强的中国,实现中华民族的永续发展,做出应有的贡献。

二、绿色发展理念凝聚对生态文明建设规律的深刻体认

党的十八届五中全会提出创新、协调、绿色、开放、共享五大发展理念,这是党在发展理论上的一次集大成式的总结。毫无疑问,将为全面建成小康社会决胜阶段提供基本遵循。这其中,绿色发展的理念凝聚了党这些年来对生态文明建设规律的深刻体认,必须毫不动摇地予以坚持。

提出绿色发展理念有着鲜明的问题意识,是对我们自身发展中存在的突出问题和世界各国在发展中的普遍问题的清醒认识。当前,生态环境特别是大气、水、土壤污染严重,已成为全面建成小康社会的突出短板。小康全面不全面,生态环境是关键。改革开放30多年来,我国平均经济增长率接近两位数,几乎是同期世界发达国家的3倍。但是,实现总体小康以后,过去那种以拼资源要素为主要特征的高消耗高投入粗放增长模式已不可持续,而西方发达国家在上百年工业化过程中分阶段出现的环境问题,在我国更是以"时空压缩"的方式集中呈现出来。新常态背景下,资源约束趋紧、环境承受力脆弱、生态系统退化的形势十分严峻,已成为制约经济持续健康发展的重大矛盾、人民生活质量提高的重大障碍、中华民族永续发展的重大隐患。作为仍处于工业化城镇化进程中的发展中国家,如何在经济与生态环境保护之间找到平衡,从而实现双赢是实践中亟待破解的难题。正是基于对改革开放以来我们在发展中所遭遇的这些突出问题的深刻认识,特别是为了全面回应人民的诉求和期盼,绿色发展理念成为我们今后在发展中必须坚持的方向,丝毫动摇不得。

三、编制绿色资源资产负债表已被提升至国家政府管理职能转变的高度

资产负债表反映被核算总体某一时点资产、负债的总量及结构状况,属于存量核算,是一国国民经济核算的重要内容。党的十八大报告指出:把推动发展的立足点转到提高质量和效益上来。2013年的中央经济工作会议决定:"努力实现经济发展质量和效益的提高"。2013年11月,中共十八届三中全会通过了《中共中央关于全面深化改革若干重大问题的决定》(以下简称《决定》),在加强生态文明制度建设部分,明确提出"探索编制自然资源资产负债表,对领导干部实行自然资源资产离任审计。建立生态环境损害责任终身追究制"。这些都表明,发展的质量被提升到了很高的层次,对于自然资源的合理开发与利用已经上升到了国家层面,国家自然资源资产负债表的编制也已被提升到政府管理职能转变的高度。

按照全面建成小康社会的要求,《决定》提出完善发展考核评价体系的重点。一是要在考核体系中除经济增长指标外,要加大资源消耗、环境损害、生态效益、产能过剩、科技创新、安全生产、新增债务等指标的权重,以反映发展的速度与质量、效益和可持续性的统一。二是要突出以人为本,更加重视劳动就业、居民收入、社会保障、人民健康状况,切实把人民生活水平的提高和质量的改善作为政府工作的出发点和落脚点。三是要加快建立国家统一的经济核算制度,推进统计制度和方法创新,完善国民经济核算制度方法,合理设立和调整统计指标体系,建立健全统计数据信息共享机制,为完善发展成果考核评价体系创造基础条件。四是要编制全国和地方资产负债表,增强政府统计的系统性和规范性,全面真实客观反映经济社会发展实际。五是要建立全社会房产、信用等基础数据统一平台,推进部门信息共享。加快推进住房信息系统建设,尽快实现全国联网。自然资源资产负债表可用于政府投

资项目决策、自然资源投资指导和自然资源投资项目验收考核。

长期以来,GDP 的增长率被作为评估地方官员政绩的一项重要指标,造成一些干部不顾本地经济发展实际和资源、环境的承受能力,大搞五花八门的形象工程、政绩工程。边污染边治理,先污染后治理成了常态。很多政府官员在改革开放中,带动了当地经济的发展,成了改革的带头人,却也成了环境的污染者、自然资源的极大浪费者。改革和完善干部考核评价制度,不以 GDP 来论英雄。比如编制自然资源资产负债表,不仅要对领导干部实行自然资源资产离任审计,而且要终身追究。完善发展成果考核评价体系的改革任务,用制度建设促进经济社会可持续发展的自觉性,坚持用制度引导和保证宏观调控的有效性,自然资源资产负债表是其中的重要、具体工作之一,研究自然资源资产负债表的编制理论,挖掘其应用功能,重大意义不言而喻。

四、各省市(区)探索、试编绿色资源资产负债表为其他地区提供经验借鉴

2015 年 11 月,国务院办公厅发布《编制自然资源资产负债表试点方案》,要求探索编制自然资源资产负债表,指导试点地区探索形成可复制可推广的编表经验。根据自然资源的代表性和有关工作基础,在内蒙古呼伦贝尔、浙江湖州、湖南娄底、贵州赤水、陕西延安开展编制自然资源资产负债表试点工作。

编制自然资源资产负债表,就是以核算账户的形式对全国或一个地区主要自然资源的存量及增减变化进行分类核算。编制负债表,可以客观地评估当期自然资源实物量和价值的变化,摸清某一时点上自然资源的"家底",准确把握经济主体对自然资源的占有、使用、消耗、恢复和增值活动情况,全面反映经济发展的资源环境代价和生态效益,从而为环境与发展综合决策、政府绩效评估、考核环境补偿等提供重要依据。同时,这也是对领导干部实行自然资源离任审计的重要依据,有利于形成生态文明建设倒逼机制,改变唯 GDP 的发展模式。

现阶段,江苏正处于工业化中期向后期转变的过渡阶段,资源相对匮乏、环境负荷过重已成为制约经济社会可持续发展的瓶颈。江苏应抓住经济发展机遇,以循环经济理念推动产业结构优化升级,调整产业空间布局,加快推动经济发展方式转变,积极建设资源节约型和环境友好型社会,实现可持续发展的战略目标。编制自然资源资产负债表的初衷,希望能够全面计算并挖掘出江苏自然资源资产的价值,摸清江苏的生态"家底",为生态保护提供科学理论依据。同时,借此改变江苏传统的增长模式,更高地选择发展路径,避免重走经济发展快但严重破坏资源环境的老路,引导江苏产业发展方向,落实"新常态"发展目标,努力实现经济资本和自然资本"双增长"的可持续发展模式。编制江苏自然资源资产负债表是开展自然资源投资的需要,构建江苏"绿色经济"的思想体系和实现路径,并依此逐步确立标准,推广到中国其他城市和地区,为其他地区所借鉴和参考。

第二节 研究的目标、概念界定和研究范围

一、研究的目标

本报告以研究中国的绿色发展为目标,以绿色资源资产负债表的编制为具体抓手。

对世界产生巨大负面影响的有经济领域的经济危机和金融危机,还包括现阶段的资源危机和生态危机,诸如全球能源和粮食价格的剧烈波动、粮食短缺、干净的饮用水来源紧张、气候变化等问题。其不仅威胁全球的财富积累,更是人类生存基本条件和环境的危机。危机频发迫使人类寻找发展的新途径和新模式。绿色发展的理念,使可持续发展的核心理念发扬光大。其不仅以协同的方式将环境与发展结合起来,而且还有效地将可持续性纳入经济和发展决策,以可持续性思想指导处理所有的发展行动。

十八届五中全会首次把"绿色"作为"十三五"规划五大发展理念之一,将生态环境质量总体改善列入全面建成小康社会的新目标。这既与党的十八大将生态文明纳入"五位一体"总体布局一脉相承,也标志着生态文明建设被提高到了前所未有的高度,表明中国未来的发展将通过绿色理念引领走向可持续。那么,中国应当树立怎样的绿色发展理念,中国绿色发展的现实状况如何,应如何衡量中国的绿色发展水平,如何实现中国的绿色转型,都是本报告关注的研究目标。

推动绿色发展的着力点在绿色资源资产负债表的编制。"绿色富国"、"绿色富民",贯彻绿色中国的发展理念,制定我国的绿色资源资产负债表应该说是迈出了重要的一步。探索绿色资源资产负债表的编制、放眼未来 GDP 的核算方法,建立生态环境损害责任终身追究制,是中国实现绿色发展"标本兼治"的现实方法,以绿色资源资产负债表为代表的绿色国民经济核算体系是使自然生态系统与经济运行系统平衡协调的有利抓手。

在生态环境问题和贫困问题已经成为中国发展两大短板的背景下,中国的绿色资源资产负债表制度,将成为解决生态环境问题的制度配置之一。绿色资源资产负债表的编制可以真正厘清为经济发展付出的资源成本。可以说,编制全国和地区绿色资源资产负债表,是抓住了绿色发展的"牛鼻子"。

二、绿色经济概念的内涵与外延

绿色经济概念最早是由英国环境经济学家 Pearce 于 1989 年在其著作《绿色经济蓝图》一书中提出的,从社会及其生态条件出发建立起来的"可承受的经济"——自然环境和人类自身能够承受的、不因人类盲目追求经济增长而导致生态危机与社会分裂,不因自然资源浩劫而致使经济不可持续发展的经济发展模式。

国际绿色经济协会给出的绿色经济的定义是,以实现经济发展、社会进步并保护环境为方向,以产业经济的低碳发展、绿色发展、循环发展为基础,以资源节约、环境友好与经济增长成正比的可持续发展为表现形式,以提高人类福祉、引导人类社会形态由"工业文明"向"生态文明"转型为目标的经济发展模式。

联合国环境规划署(UNEP)将绿色经济定义为一种"促成提高人类福祉和社会公平,同时显著降低环境风险,降低生态稀缺性的环境经济",认为绿色经济收入、就业的增长可以通过减少碳排放和污染排放,提高能源和资源效率,防止生物多样性和生态系统服务丧失的私营投资、公共投入等实现。

绿色经济概念提出以后,以"经济增长能够抵消环境与社会损失"为主旨的"弱可持续发展"观点迅速在西方发达国家之间形成共识[①]。学者们针对经济发展中的能源利用效率、环境污染问题等展开了大量研究,由此拉开了绿色经济转变研究的序幕,并且逐渐被西方国家公认为解决诸如全球气候变化、生物多样性减少、信贷紧缩以及贫困问题等的最佳替代办法,绿色经济概念在实践应用中不断地得到外延。Pearce 等在《世界无末日》一书中以经济研究进一步表达了可持续发展定义,发展不仅需要保证当代人的福利增加,同时也要保证后代人的福利不被减少;Jacobs 等提出绿色经济需要在传统产业经济的三种基本生产要素:劳动、土地以及人造资本的基础上增加社会组织资本,认为社会组织不仅仅是单纯的个人的总和,无论哪一种层级的组织都会衍生出特别的习惯、规范、情操、传统、程度、记忆与文化等,从而培养出不同的效率、活力、动机及创造力,进而投身于人类福祉的创造;Kahn 介绍了不同经济学派关于绿色经济的观点[②],引述了世界各国的大量案例,从绿色经济角度探讨了固体废弃物、污水、噪音、大气污染和全球气候变暖问题,提出这些与人类生存休戚相关的环境问题应该越来越为人们所重视。

2008 年新一轮全球经济危机过后,各国开始关注以"自然资本的非减化"为目标的"强可持续发展",强调真正的可持续发展不能以自然资本的大量消耗为代价,为了应对金融危机,2008 年 10 月 UNEP 提出绿色经济和绿色新政倡议,试图通过加大绿色投资等手段催生新的产业革命。UNEP 给出了服务于实践操作层面的绿色经济产业部门和领域,包括环境系统的基础设施建设、清洁技术、可再生能源等八个领域;有学者为人类社会发展设计了一个大胆的目标,在继续提高全球人类福利的基础上将资源消耗减少 80%,实现世界经济的全面转型。其遵循技术改革路线,基于系统设计的思路,详细分析了交通、建筑、农业、钢铁及水泥工业等高耗能行业,提出资源生产率实现五倍提升的可能性以及具体的技术对策与成功案例,从政策法规、市场规律、政治体制等方面分别阐述了具体的落实对策[③];亚洲科学园协会对所有亚洲国家面临的可持续发展问题,包括人口增长、减少贫困、污染控制、生态恢复以及区域发展问题等进行大量调查,对亚洲的可持续发展形式进行了总结并提出促进绿色转型的具体政策建议和最佳实践指南[④]。

---

① Pearce D W, Atkinson G. Capital theory and measurement of sustainable development: an indicator of weak sustainability [J]. Ecological Economics, 1993, 8(2): 103 - 108.

② 卡恩,孟凡玲. 绿色城市:城市发展与环境[M]. 北京:中信出版社,20008:22 - 23.

③ 魏伯乐,查理. 哈格罗夫斯,迈克尔. 史密斯,等. 五倍极:缩减资源消耗,转型绿色经济[M]. 上海:格致出版社,2010:1 - 3.

④ 亚洲科学院协会. 通向可持续发展的亚洲:绿色、转型与创新[M]. 北京:科学出版社,2011:33 - 35.

三、绿色发展的概念与目标

在绿色经济概念的基础上,绿色发展的概念被广泛提及。绿色发展是在循环经济、绿色经济、可持续发展和低碳经济等热门概念的基础上衍生出来的,是对以上词汇的综合归纳和高度概括。绿色发展是以效率、和谐、持续为目标的经济增长和社会发展方式。从内涵看,绿色发展是在传统发展基础上的一种模式创新,是建立在生态环境容量和资源承载力的约束条件下,将环境保护作为实现可持续发展重要支柱的一种新型发展模式。具体来说包括以下几个要点:一是要将环境资源作为社会经济发展的内在要素;二是要把实现经济、社会和环境的可持续发展作为绿色发展的目标;三是要把经济活动过程和结果的"绿色化"、"生态化"作为绿色发展的主要内容和途径[①]。当今世界,绿色发展已经成为一个重要趋势,许多国家把发展绿色产业作为推动经济结构调整的重要举措,突出绿色的理念和内涵。绿色发展的三个基本目标是:(1)优先解决国内的资源环境问题;(2)依靠技术进步,提高产业的资源效率和绿色竞争力,实现绿色振兴,解决增长、脱贫和就业等发展问题;(3)通过绿色转型,转变经济发展方式,特别是逐步从化石能源转向低碳、无碳的新能源,发展节能环保产业,促进经济体系的"绿色化",以应对长期的气候变化和可持续发展挑战,实现智能、清洁、高效、低碳和协同增长。

2010—2019年是中国实现快速工业化、城市化以及转变经济发展方式的关键十年。在这十年里,我国要实现到2020年应对气候变化的碳强度及相关指标,落实《中华人民共和国循环经济促进法》,通过节约能源、不断提高资源利用效率、改善环境质量,建设资源节约型、环境友好型和低碳导向型社会。因此,我们应把发展绿色经济、低碳经济、循环经济整合到绿色发展的框架下,并把绿色发展作为可持续发展战略在这一时期的集中表现,重点解决相关问题,积极应对各种挑战。

四、中国绿色发展现状

中国经济经过改革开放的高速发展,已经成功完成工业化起飞,综合国力明显增强。但我国经济高速发展背后是惊人的资源消耗、生态破坏和环境污染。资源消耗不仅数量大,而且浪费性使用问题严重。中国的传统产业实现节能减排、发展循环经济,是走向绿色发展的第一步;发展先进技术、采用物联网是走向绿色发展的突破点;调整能源结构、发展核能与可再生能源,是建设低碳社会、实现绿色发展的基础;创造低碳节能的生活方式,是建设低碳社会、实现绿色发展的根本保证。

党中央提出的"坚持以人为本,树立全面、协调、可持续的发展观",构建和谐社会,把推动整个社会走上生产发展,生活富裕,生态良好的文明发展道路作为全面建设小康社会的重要奋斗目标,正是这些诉求的集中体现。而发展绿色经济被认为是实现这一目标的重要途径,这就要求我们从传统的经济发展方式向绿色经济发展模式转变。从"九五"时期开始,到如今的"十三五"时期,中国绿色发展的现实状况总结如下。

"九五"时期(1996—2000年),中国经济受到亚洲金融危机和内需不足的影响,但仍保

---

① 张哲强. 绿色经济与绿色发展[M]. 北京:中国金融出版社,2012:18-19.

持了 8.63％的经济增长率。此时期也是中国能源消耗的低增长时期,年均能源消耗增长率只有 1.1％。此时的能源弹性系数也非常低,经济每增长 1 个百分点,能源消耗的增长为 0.127 个百分点,能源消耗与经济增长出现"脱钩"的现象。重要的是,这个阶段我国的二氧化碳排放绝对量还有所下降,年平均下降 2.85％,这种下降是改革开放以来首次出现的。由此可以判断,"九五"时期中国的经济增长模式是有所转变的。

"十五"时期(2001—2005 年),节能减排没有得到重视。2002 年以后,中国经济开始新一轮高增长,同时而来的是能源消耗急剧增加。根据国家统计局的数据,从 2001 年到 2008 年,中国年均经济增长率比"九五"时期提高了 1.6 个百分点,但能源消费的增长率提高了 8.3 个百分点,资源代价和污染代价十分巨大,是"高代价的高增长"。2005 年 10 月,清华大学国情研究中心首次做出独立的第三方评估,尖锐地批评了"十五"期间没能实现节能减排,也没能很好地转变经济增长方式。

"十一五"时期(2006—2010 年),中国几乎所有主要经济部门都实行绿色发展的优先化。中国政府大力发展绿色产业,使其在产业规模、技术水平、商业模式方面均有比较大幅度的提高。其中,中央财政支出 2000 亿元用于投资节能减排事业,并带动了将近 2 万亿元的社会投资,比"十五"期间增加了 70％,用于发展绿色经济的投入可以说位居全球首位。从效果上说,"十一五"期间,中国以每年能源消费增长 6.6％支撑了 11.2％的经济增长,排放强度下降 19.1％,相当于减少了二氧化碳排放 14.6 亿吨。

"十二五"时期(2011—2015 年),《中华人民共和国国民经济和社会发展第十二个五年规划纲要》明确指出,要推动绿色发展,建设资源节约型、环境友好型社会,并把大幅降低能源资源消耗强度和污染物排放强度作为约束性指标。全国万元国内生产总值能耗下降幅度从 2011 年的 2％稳步提高到 2015 年的 5.6％。2015 年全年能源消费总量 43 亿吨标准煤,比 2010 年增长 19.2％,五年平均增速为 3.6％,与 2005 年和 2010 年相比,分别下降 18.8％和 3.1％,少增 6.8 亿吨标准煤,相当于 10 个北京 2014 年的能源消费总量。其中,被视为环境污染重要来源之一的煤炭消费量在 2015 年实现首次下降,比 2014 年下降 3.7％;水电、风电、核电、天然气等清洁能源消费量占能源消费总量的比例稳步上升,从 2011 年的 13.0％提高到 2015 年的 17.9％。此阶段生态文明建设进入"快车道",在水资源循环利用、水污染治理方面,取得了技术创新和营业收入"双丰收"。集约发展、绿色发展、内涵发展、创新发展在"十二五"时期真正拉开大幕。

中共十八届五中全会通过的《中共中央关于制定国民经济和社会发展第十三个五年规划的建议》前所未有地将"绿色"与"创新、协调、开放、共享"一起定位为"发展理念",作为"十三五"乃至更长时期我国五大发展思路、发展方向、发展着力点之一,贯穿于"十三五"经济社会发展的各领域各环节。"十三五"作为中国经济新旧发展动能的重要转换期,绿色发展有望成为新动力,推动经济持续增长、提质升级。

第三节　研究报告结构与内容

一、分析框架

本报告按照提出问题,评述现有文献资料,选择经济学理论解释,用事实验证,得出结论和应采取的政策建议的思路进行。在逻辑结构安排上,根据先宏观后微观的思路,首先对全国各省市(自治区)绿色发展的状况进行评估,得出全国各省市(自治区)绿色发展研究报告;然后,以江苏为例,对江苏各地级市绿色发展的状况进行评估,得出江苏13个地级市绿色发展研究报告;最后,总结全国和江苏绿色发展的情况和特点,提出相应区域绿色发展的政策建议。

二、研究报告结构与内容

本研究报告共分为六章,报告的具体结构和内容如下:

第一章为引言,主要阐述研究背景、问题的提出,明确本研究的研究目标和研究范围,确定拟解决的关键问题以及所用的研究方法等。

第二章为理论基础及文献综述,主要介绍国内外绿色发展的相关理论、绿色资源资产负债表的理论基础,以及对国内外相关研究文献进行综述。具有特点的是,此部分对绿色发展和绿色资源资产负债表编制的关系进行说明,提出本研究报告的研究视角和方向。

第三章为中国绿色发展理论框架构建,从自然资源资产负债表的历史渊源出发,论述符合中国绿色发展实际的绿色资源资产负债表的核心分类,根据绿色资源资产负债表指标体系的统计原则,建立中国省市(自治区)绿色资源资产负债表的指标体系。在本章中,将中国各省市(自治区)绿色资源资产负债的衡量通过四大指标体系具体化,分别是自然条件与环境治理、经济条件、社会条件、资源利用四大指标体系。

第四章为中国各省市(自治区)绿色发展报告。基于中国31个省份绿色资源资产负债表的编制和测度,说明中国各省份绿色发展的现状。在本章,将自然条件与环境治理、经济条件、社会条件和资源利用四大指标体系运用具体数据进行量化,进行31个省市(自治区)绿色资源资产负债表的编制,并对中国31个省市(自治区)逐一进行绿色资源资产负债的分析,比较省市(自治区)间绿色资源资产负债的状况。

第五章为江苏13个地级市绿色发展报告。基于江苏13个地级市绿色资源资产负债表的编制和测度,说明江苏13个地级市绿色发展的现状。在本章,将自然条件与环境治理、经济条件、社会条件和资源利用四大指标体系运用具体数据进行量化,进行江苏13个地级市绿色资源资产负债表的编制,并对江苏13个地级市逐一进行绿色资源资产负债的分析,比较江苏内地级市间绿色资源资产负债的状况。

第六章为中国和江苏绿色发展的政策建议。基于以上各区域绿色发展实证研究的结果,对中国绿色发展从全国、江苏和重点城市三个方面提出相应的政策建议。

第四节 研究方法及数据来源和可能的创新与不足

一、研究方法及数据来源

本研究对中国绿色发展状况的衡量、各省市（自治区）和江苏各地级市绿色资源资产负债的测度,借鉴可持续发展的系统学研究方向(牛文元,2014),以中国科学院《中国可持续发展战略研究报告》为代表,强调可持续发展在本质上是对"自然——经济——社会"这一复杂巨系统运行机制和内部规律的深刻反映,区域绿色资源资产负债是"发展度"、"协调度"和"持续度"的综合表达。把区域绿色资源资产负债解析为内部具有严格逻辑关系的"四大支持系统",即自然条件与环境治理系统、经济条件系统、社会条件系统和资源利用系统的能力贡献的总和。设计了"四级叠加、逐层收敛、统一权重、统一排序"的绿色资源可持续发展系统学指标体系,本报告利用表达上述指数系统的 28 项指标要素对全国 31 个省市（自治区）、江苏 13 个地级市的绿色资源的资产负债情况进行剖析和刻画,寻求全国 31 个省市（自治区）、江苏 13 个地级市各自在绿色资源方面的比较优势,在此基础上,形成相对意义上的绿色资源资产负债水平的评估。

本研究的数据主要包括两个方面:一是全国 31 个省市（自治区）绿色资源资产负债表的编制,数据来源于《中国统计年鉴 2015》,为全国 31 个省市（自治区）2014 年的数据;二是江苏 13 个地级市绿色资源资产负债表的编制,数据来源于《江苏统计年鉴 2015》,为江苏各地级市 2014 年的数据。

二、可能的创新与不足

针对"绿色发展"的概念,本研究建立评价"绿色发展"的指标体系和标准。"到底绿到什么程度才算绿色化,绿色化程度怎么评价",这是需要我们探讨的重点问题和难点问题。本研究基于这些问题,编制省市（自治区）和江苏地级市的绿色资源资产负债表,对绿色发展状况进行度量。可能的创新与不足分析如下。

（一）可能的创新

编制全国 31 个省市（自治区）绿色资源资产负债表,是生态文明体制改革的一项重要基础工作,为完善资源消耗、环境损害、生态效益的生态文明绩效评价考核和责任追究制度提高信息基础。

按照本研究的方法,能够大体摸清全国各省市（自治区）、江苏 13 个地级市绿色资源家底,因为绿色资源资产分类比较多,本研究在分类、建立指标体系的基础上,试图摸清绿色资源资产负债家底,了解其变动情况,作为完善资源消耗、环境损害、生态效益及其生态补偿机制的数据支撑。

本研究的结论为全国、江苏生态文明建设绩效评价,包括干部离任、经济责任审计,以及责任追究提供了支持。一旦发现自然资源资产被损害,被人为消耗,则要进行责任追究,这也需要数据支撑。"十三五"规划的绿色发展需要信息支撑,需要监测预警机制和决策支持,这都是本研究编制绿色资源资产负债表可能服务的方面。

(二) 可能的不足

作为自然资源大国，我们国家、各个地区究竟拥有哪些自然资源？资源量有多少？横向地区间、纵向时间上应该如何比较？摸清自然资源"家底"的工作实际上并不容易，无论是产权归属上的问题，还是会计准则及评估等方面的问题，都需要一步步探索、摸索经验。本研究报告中绿色资源指标体系的建立，衡量数据的准确性，有待进一步考证、斟酌和确认。

绿色资源资产负债表与国家资产负债表、政府资产负债表、企业资产负债表有所不同，不同之处在于有实物量和价值量两种报表表现形式。现在公布的试点方案反映的主要还是自然资源实物存量以及其变动情况的资产负债表。会计意义上的资产负债表是资产减负债等于净资产，自然资源资产负债表，目前发布的内容其基本平衡关系仍然是期初存量加上本期增加量，减去本期减少量等于期末存量这样一个等式。当然，随着核算技术和核算范围的扩大，相信自然资源资产负债表的改革会逐步向价值量靠拢。

现在，资产负债表的核算内容主要是实物量，未来需要统计价值尺度，也就是与会计一样的资产负债表要引入评估和审计制度，要编制具有货币价值量的资产负债表。但目前这一步主要还是编制实物量，一方面要设计出资产负债表的编表制度，按照国际通行的核算体系和国际标准，总结之后进一步完善。另一方面要充分利用好自然资源主管部门的资料基础。同时利用一些调查方法和卫星的遥感检测，收集积累自然资源统计数据。第三，在数据评估方面，要防止弄虚作假，要对数据合成口径、合成方法确定评估和使用的依据。审计和评估可能是下一阶段的工作，现在主要是考虑现场一些实物量的核查。

第二章 理论基础与文献综述

第一节 绿色发展的相关理论

一、国外绿色发展的相关理论

早在 1873—1886 年,恩格斯的《自然辩证法》一书中就已经讨论过,并且对"绿色发展"概念有了十分明确的结论。恩格斯在研究了大量自然社会现象,例如美索不达米亚、希腊、小亚细亚以及其他各地居民为了耕地而毁灭森林,西班牙种植场主在古巴焚烧森林,意大利人砍伐阿尔卑斯山北坡的枞树,欧洲传播种植马铃薯,等等,所引起的一系列违反自然规律做法所遭受的报复后指出:"我们不要过分陶醉于我们人类对自然界的胜利。对于每一次这样的胜利,自然界都对我们进行了报复。每一次胜利,起初确实取得了我们预期的结果,但是往后和再往后却发生完全不同的、出乎预料的影响,常常把最初的结果又消除了[①]"所以,恩格斯郑重地告诫世人:"我们每走一步都要记住:我们统治自然界,绝不像征服者统治异族人那样,绝不是像站在自然界之外的人似的,——相反地,我们连同我们的肉、血和头脑都是属于自然界和存在于自然之中的;我们对自然界的全部统治力量,就在于我们比其他一切生物强,能够认识和正确使用自然规律"[②]。今天,我们在此研究"绿色发展"的议题,就是"我们比其他一切生物强,能够认识和正确使用自然规律"的强有力的证明[③]。全人类对"绿色发展"的共识与行动,"这是人类以往从来没有经历过的一次最伟大的、进步的变革"。[④]

20 世纪以来,为在经济发展、社会进步的同时有效保护人类的家园,先后出现了传统经济、循环经济、低碳经济和绿色经济等经济形态,随之产生的是这些经济形态的经济发展理论。为引导经济发展实践,对这些经济发展理论进行梳理是有其必要性的,以下对这四种经济发展理论进行辨析。

1. 传统经济

传统经济是粗放式、一次性地从大自然中索取物质和能量来实现经济的数量型增长,又不加处理地将废弃物丢进大自然,以高开采,低利用,高排放、低产出为特征,是一种单向开放式线性经济。传统经济又称自然经济,它与商品经济相对,多于乡村以及农业社会之中出

---

① 马克思恩格斯选集:第 4 卷[M].北京:人民出版社,1995:383.
② 马克思恩格斯选集:第 4 卷[M].北京:人民出版社,1995:383、384.
③ 胡岳岷,刘甲库.绿色发展转型:文献检视阈理论辨析[J].当代经济研究,2013(6):33-42.
④ 马克思恩格斯选集:第 4 卷[M].北京:人民出版社,1995:261.

现,主要是依据社会风俗和惯例解决生产什么、如何生产和为谁生产的三个基本经济问题。传统经济在处理人类与环境的关系时,采用一种"资源—产品—污染排放"的单向线性开放式过程,采用这种模式,随着工业的发展,生产规模的扩大和人口数量的增长,环境自身净化能力的削弱,导致环境问题日益加重,资源短缺的危机更加突出。

2. 循环经济

在传统经济的基础上,不是将废弃物直接排放,而是将其再利用,经济活动就会呈现出一种循环状态,就可以保证经济持续发展,这种经济运行状态称为循环经济。1966 年,美国经济学家 Boulding 提出了循环经济说,即按照清洁生产方式,对能源及废弃物实行综合利用的生产过程。循环经济把经济活动组织成一个"资源——产品——再生资源"的反馈式流程,以低开采,高利用,低排放、高产出为特征。[①]

循环经济即物质循环流动型经济,在人、自然资源和科学技术的大系统内,在资源投入、企业生产、产品消费及其废弃的全过程中,把传统的依赖资源消耗的线形增长的经济,转变为依靠生态型资源循环来发展的经济。循环经济在物质的循环、再生、利用的基础上发展经济,是一种建立在资源回收和循环再利用基础上的经济发展模式。其原则是资源使用的减量化、再利用、资源化再循环。其生产的基本特征是低消耗、低排放、高效率。

3. 低碳经济

最早对低碳经济进行探索的是美国著名学者莱斯特. R. 布朗,他提出的能源经济革命论认为,经济发展要尽快从以化石燃料为核心向以太阳、氢能为核心进行转变,需要构建零污染排放、无碳能源经济体系(莱斯特. R. 布朗,2002)[②]。英国政府在 2003 年发布的能源白皮书《我们能源的未来:创建低碳经济》首先提出"低碳经济"的概念。作为第一次工业革命的先驱和资源并不丰富的岛国,英国充分意识到了能源安全和气候变化的威胁,它正从自给自足的能源供应走向主要依靠进口的时代,按 2003 年的消费模式,预计 2020 年英国 80% 的能源都必须进口。并且,气候变化的影响已经迫在眉睫。同年,Lester R. Brown 的《B 模式》发行,通过反思西方基于"化石燃料、一次性经济"的传统方式,提出了将生态和环境纳入经济体系来考量的经济发展 B 模式。

低碳经济是指在可持续发展理念指导下,通过技术创新、制度创新、产业转型、新能源开发等多种手段,尽可能地减少煤炭、石油等高碳能源消耗,减少温室气体排放,达到经济社会发展与生态环境保护双赢的一种经济发展形态。

4. 绿色经济

"绿色经济"一词由大卫·皮尔斯于 1989 年出版的《绿色经济蓝图》书中首先提出[③]。1990 年以来,许多研究者开始关注绿色经济也就是闭环型和服务经济的基本方面(Pearce,1989[④];Daly and Cobb,1989;Ayres,1993;Stahel and Jackson,1993),但学者对其内涵、

---

① 胡岳岷,刘甲库. 绿色发展转型:文献检视与理论辨析[J]. 当代经济研究,2013(6):33 - 42.

② 莱斯特·R·布朗. 生态经济:有利于地球的经济构思[M]. 台湾:东方出版社,2002:65.

③ 大卫. 皮尔斯. 绿色经济蓝图[M]. 何晓军译,北京:北京师范大学出版社,1996:1.

④ Pearce et al. Blueprint for a Green Economy. London [M]. London:Earthscan Publications Ltd. 1989:192.

外延的界定仍存偏差,定义选取的角度主要有三个方面:第一,绿色经济是一种新的经济形态,关注生态环境是一切绿色经济研究者的出发点和落脚点。第二,绿色经济试图打破人和自然以资源稀缺为前提构建的天人冲突范式,恰当定位人类福利与生态环境的关联方式,通过有益于环境或与环境无对抗的经济行为,共同提升经济与环境效益,实现可持续增长。United Nations Environment Programme(简称 UNEP)将其定义为,在提高人类福祉和社会公平的同时,极大地降低环境风险和生态稀缺性,即绿色经济是低碳、资源有效利用和社会包容的。第三,从概念构成要素总结绿色经济的特点。绿色经济的中心信条包括可持续性、生产和分配的本地化,尊重生态局限和更平等的资源分配①。

绿色经济是以市场为导向、以传统产业经济为基础、以经济与环境的和谐为目的而发展起来的一种新的经济形式,是产业经济为适应人类环保与健康需要而产生并表现出来的一种发展状态。绿色经济是一种融合了人类的现代文明,以高新技术为支撑,使人与自然和谐相处,能够可持续发展的经济是市场化和生态化有机结合的经济,也是一种充分体现自然资源价值和生态价值的经济。它是一种经济再生产和自然再生产有机结合的良性发展模式,是人类社会可持续发展的必然产物。绿色经济的范围很广,包括生态农业、生态工业、生态旅游、环保产业、绿色服务业等。

绿色经济与传统产业经济的区别在于:传统产业经济是以破坏生态平衡、大量消耗能源与资源、损害人体健康为特征的经济,是一种损耗式经济;绿色经济则是以维护人类生存环境、合理保护资源与能源、有益于人体健康为特征的经济,是一种平衡式经济。

二、国内绿色发展的相关理论

中国的绿色发展理念和理论来源于三方面:一是中国古代"天人合一"的智慧,成为现代的天人合一观,即源于自然,顺其自然,益于自然,反哺自然,人类与自然共生、共处、共存、共荣,呵护人类共有的绿色家园;二是马克思主义自然辩证法,成为现代的唯物辩证法;三是可持续发展,成为现代工业文明的发展观。三者交融,三者贯通,最终集古代、现代的人类智慧之大成,融东西方文明精华于一炉,形成绿色哲学观、自然观、历史观和发展观。绿色发展观的本质就是科学发展观,充分体现了"坚持以人为本,树立全面、协调、可持续的发展观,促进经济社会和人的全面发展"。

2002 年,联合国开发计划署在《2002 年中国人类发展报告:让绿色发展成为一种选择》中首先提出"中国的绿色发展"。这一报告阐述了中国在走向可持续发展的十字路口上所面临的挑战。中国的发展对于世界的稳定具有举足轻重的作用。中国目前城市现代化发展的速度之快,在人类历史上前所未有。中国实现绿色发展的目标将会遇到极大的挑战,需要一整套政策和实践相配合,其规模之宏大、程度之复杂在人类历史上前所未有。虽然有了明确的承诺和清醒的意识,但在实现绿色发展的道路上,还需要做出正确的选择。

中国经济取得了令人瞩目的高速增长,增长方式主要靠投资和出口拉动,消费在经济产

---

① Jack Reardon. How Green Are Principles Texts? An Investigation Into How Mainstream Economics Educates Students Pertaining to Energy, the environment and green economics [J]. Green Economics, 2007. (3/4).

出中的份额稳步下降,现阶段的发展方式是以社会和生态的严重不平衡为特征的。诸大建认为,我国环境与发展管理存在着"三重三轻"问题,即能源战略中重能源替代、轻能源效率;在减排中重技术减排,轻结构减排;在绿色发展中重供给管理、轻需求管理。目前,以资源、环境为代价、以土地增值和廉价劳动力为主要发展要素的驱动优势已大幅度减弱,中国正处于转型的关键期。有鉴于此,Daniel Altman(2011)提出,长期来看,中国资源配错等结构性缺陷可能造成主要问题,他预测,21世纪末,中国经济将停止增长并开始萎缩。

党和政府高度重视绿色发展转型,视加快绿色发展转型为中国发展的内在需求。2010年5月8日,李克强在"绿色经济与应对气候变化国际合作会议"主旨演讲中强调,要推动绿色发展,加快经济发展方式转变,并提出三点建议:一是加快转变经济发展方式,积极推动绿色发展;二是牢固树立生态文明理念,大力倡导绿色消费;三是完善经济全球化机制,形成有利于绿色经济发展的环境。中共十八大报告明确提出,大力推进生态文明建设,并将其作为我国的发展战略放在突出地位,融入经济建设、政治建设、文化建设、社会建设各方面和全过程,努力建设美丽中国,实现中华民族永续发展。

十八大以来,以习近平同志为总书记的党中央坚持实践创新、理论创新,协调推进"四个全面"战略布局,坚持统筹国内国际两个大局,毫不动摇坚持和发展中国特色社会主义,党和国家各项事业取得了新的重大成就。十八届五中全会强调,实现"十三五"时期发展目标,破解发展难题,厚植发展优势,必须牢固树立并切实贯彻创新、协调、绿色、开放、共享的发展理念。这是关系我国发展全局的一场深刻变革。全党同志要充分认识这场变革的重大现实意义和深远历史意义。

习近平总书记多次强调为全面建成小康社会、实现中华民族伟大复兴的中国梦,要不断创造更好的生态条件。全社会都要按照党的十八大提出的建设美丽中国的要求,切实增强生态意识,切实加强生态环境保护,把我国建设成为生态环境良好的国家。

习近平总书记的绿色发展理念是将马克思主义生态理论与当今时代发展特征相结合,又融汇了东方文明而形成的新的发展理念;是将生态文明建设融入经济、政治、文化、社会建设各方面和全过程的全新发展理念。基于可持续发展思想产生的新型经济发展理念,致力于提高人类福利和社会公平。"绿色经济发展"是"绿色发展"的物质基础,涵盖了两个方面的内容:一方面,经济要环保。任何经济行为都必须以保护环境和生态健康为基本前提,它要求任何经济活动不仅不能以牺牲环境为代价,而且要有利于环境的保护和生态的健康。另一方面,环保要经济。即从环境保护的活动中获取经济效益,将维系生态健康作为新的经济增长点,实现"从绿掘金"。要求把培育生态文化作为重要支撑,协同推进新型工业化、城镇化、信息化、农业现代化和绿色化,牢固树立"绿水青山就是金山银山"的理念,坚持把节约优先、保护优先、自然恢复作为基本方针,把绿色发展、循环发展、低碳发展作为基本途径。2015年8月21日,在中南海召开的党外人士座谈会上,习近平总书记指出,"'十三五'时期,我国发展面临许多新情况新问题,最主要的就是经济发展进入新常态。在新常态下,我国发展的环境、条件、任务、要求等都发生了新的变化。适应新常态、把握新常态、引领新常态,保持经济社会持续健康发展,必须坚持正确的发展理念。"

在学术界,绿色发展与绿色经济常表达近似的含义。刘思华在《绿色经济论》中指出:"绿色经济是可持续经济的实现形态和形象概括。它的本质是以生态经济协调发展为核心的可持续发展经济。"胡鞍钢对"绿色发展"的研究最为系统,在其《中国:创新绿色发展》一书中,从人类历史总体进程和世界视野出发,以绿色发展为主题,以绿色工业革命为主线,以绿色发展理论为基础,以中国绿色发展实践为佐证,比较系统地阐释了绿色发展的一系列问题。他认为:"传统的黑色发展是绝子孙之路,即使是不断子孙之路的可持续发展也不能适应人类新的危机,对于它的修修补补也难以从根本上扭转危机趋势"。他指出"绿色发展"有特定含义:一要发展,二要绿色。绿色发展本质上就是科学发展。"以绿色发展为主题就是以科学发展为主题,既是对当代世界已有的可持续发展的超越,更是对中国已经开始的绿色发展实践的集大成。""绿色发展将成为继可持续发展之后人类发展理论的又一次重大创新,并将成为 21 世纪促进人类社会发生翻天覆地变革的又一大创造"。李晓西等人的观点与刘思华相近,他们认为,发展绿色经济是现阶段促进可持续发展的重要途径。绿色经济与可持续发展有三大联系,即都强调环境保护,都坚持以人为本,都体现生态与经济的协调发展。但这二者也有区别:一是理念与现实的区别,可持续发展是一种理念,是指导绿色发展的,绿色经济是解决现实困难的手段,绿色发展能推动可持续发展理念成为现实。二是长远与当前的关系。可持续发展作为一种理念,特别关注我们共同的未来。绿色经济可以有效实现现在与未来的关系,只有推行绿色经济,才能实现可持续发展这一长远目标。李佐军《中国绿色转型发展报告》是目前国内较为系统地阐释绿色转型发展的著作。该书首先明确区分了绿色发展、绿色转型、绿色转型发展的含义,认为"绿色发展是一种资源节约型、环境友好型的发展方式,是最大限度保护生态环境,充分利用可再生能源、全面提高资源利用效率的发展方式。""绿色转型则强调于发展方式转变过程,是从传统的过度浪费资源、污染环境的发展模式向资源节约循环利用,生态环境友好的科学发展模式转变,是由人与自然相背离以及经济、社会、生态相分割的发展形态,向人与自然和谐共生以及经济、社会、生态协调发展形态的转变。"绿色转型发展就是"由过度浪费资源、污染环境的发展形态向资源节约型、环境友好型的绿色发展形态的转变"。"绿色转型发展是一场生产方式与生活方式的深刻革命,是解决经济社会发展中资源与环境约束问题的有效途径,是加快转变经济发展方式的重大战略举措,是贯彻落实科学发展观,实现全面协调可持续发展的必由之路。"蒋南平教授则认为,绿色发展的实质及内涵应该定义在"资源能源合理利用,经济社会适度发展,损害补偿互相平衡,人与自然和谐相处理念的基础上"。赵建军认为,绿色发展任重而道远,必须以新理念催生新制度,以新制度保障新举措,以新举措促进新变化,以新变化带动新发展。

第二节 有关绿色发展的文献综述

一、从政治角度认识绿色发展

新型、交叉学科——环境政治学探讨人们对生态环境问题的政治性理解与应对。环境经济学对生态文明的建设被学者们称作"浅绿",而环境政治学对生态文明的建设被称作"深绿"。"深绿"的含义源于 Arne Naess 创立的"深生态学"的理念。要求对我们所面临的环境事务提出深层的问题并寻求深层的答案,以克服浅生态学的认识局限。Herbert Marcuse[①]更是一针见血地指出,生态危机的实质是资本主义的政治危机、制度危机,是资本主义一切危机的集中表现。在这种制度下,自然完全屈从于"一种适应于资本主义要求的、工具主义的合理性",正因为如此,围绕生态问题的斗争实际上"是一种政治斗争"。环境政治学理论认为,从根本上讲,要化解人类目前面临的生态危机,仅从浅绿的层面关注自然环境的治理是没有出路的,而必须深刻认识引起这一危机的深层社会根源,并从变革资本主义制度,改变极端生产方式和极端物质主义的生活方式入手,才能实现真正的绿色文明。

工业化生产和无度消费带来生态的破坏既是自然界的危机,也是人类基于物质主义和工具理性基础之上的价值观危机。从生态危机到绿色政治,后物质主义兴起,它倡导物质的增长要遵循生态优先原则,反对仅仅把物质的增长作为社会发展和进步的唯一标准[②]。当今世界各国绿色发展理论与实践大致概括为三种模式或类型,分别是欧日的生态现代化模式、美澳加的生态行(法)政主义模式和"金砖国家"的可持续增长模式。这是各国多元的环境话语体系和社会运动,以及更为基础性的绿色政治社会背景与文化所决定的[③]。

中国快速推进中的经济现代化城市化进程为环境政治学的发展设置了一个既充满机遇、又构成制约的总体背景,而同样重要的是,我们如何能够在上述背景下找到中国环境政治学的适当方法论切入点(郇庆治,2010)[④]。

从中国国内的政治视角看绿色发展,依据习近平总书记关于绿色发展新理念新思想,认为绿色发展是"很大的政治、没有美丽中国就没有富强中国,绿色发展事关人民福祉民族未来"[⑤]。康沛竹等(2016)[⑥]梳理了习近平绿色发展视域下的生态生产力理念、绿色福利理念、发展与文明的关系,认为习近平生态文明思想是对马克思主义生态观的回归和发展、对中国特色社会主义理论体系的丰富,具有鲜明的破解当代中国发展难题的性质,有利于形成人与自然和谐发展的现代化建设新格局。孙笑冰(2015)[⑦]分析五大发展理念之间的辩证关系,认为"绿色发展"是五大发展理念的主脉,"绿色发展"是基本要求,也是衡量发展质量的标尺。着力于实现经济社会发展与环境保护目标的并重和共赢的环境友好型绿色发展,是当今世界主导性的绿色或可持续发展理论话语和范式[⑧]。

二、行业绿色转型视角的研究

绿色发展是生态文明建设的重要内容,也是我国工业转型升级的必由之路,尤其是能源

---

①　[美]赫伯特·马尔库塞.工业社会与新左派[M].北京:商务印书馆,1982:128.

②　陈霞.后物质主义理论及其对生态文明建设的启示——基于绿色政治理论视角[J].生态经济,2015(4):161-165.

③　郇庆治.当代西方绿色左翼政治理论[M].北京:北京大学出版社,2011.

④　郇庆治.环境政治学研究在中国:回顾与展望[J].鄱阳湖学刊,2010(2):45-55.

⑤　迟全华.从政治高度深刻认识绿色发展理念重大意义[J].光明日报,2016年4月10日第6版(理论·实践).

⑥　康沛竹,段蕾.论习近平的绿色发展观[J].新疆师范大学学报(哲学社会科学版),2016(7):18-23.

⑦　孙笑冰.论五大发展理念之辩证关系[J].中国报业,2016(7):62-63.

⑧　郇庆治.国际比较视野下的绿色发展[J].江西社会科学,2012(8):5-11.

消耗、资源消耗等突出的钢铁、煤炭、造纸、纺织、印染等传统行业,产业发展与资源环境的矛盾仍然十分突出,绿色转型任务更为紧迫。绿色发展的研究视角选择具有广谱性,基于行业绿色转型视角,韩晶等(2011)[①](2014)[②]指出,中国工业绿色转型面临着体制障碍、技术障碍和阶段障碍,我国制造业各行业的环境效率存在明显的行业异质性,地方政府的制度软约束抑制了制造业的绿色转型。中国社会科学院工业经济研究所课题组(2011)[③]指出,工业绿色转型会对经济社会发展产生重大影响,既要付出一定的成本和代价,也将产生显著的效益,总体而言,效益远高于成本,这也是中国工业绿色转型的根本动力。彭星(2016)[④]在产业结构升级视角下分析环境分权与工业绿色转型之间的关系,认为适度的环境分权有利于促进产业结构升级及工业绿色转型,过度的环境分权将不利产业结构升级及工业绿色转型。从国际贸易的视角分析,出口贸易的低水平扩张和全球价值链效应不利于工业绿色转型,地区之间存在较大差异。进口贸易有利于工业绿色转型(彭星等,2015)[⑤]。

经济增长过程中,能源的消耗水平直接影响经济增长的质量,能源的绿色转型也是学者们关注的焦点。中国能源转型就是在"绿色"发展中有力促进了中国经济的绿色增长(史丹,2016)[⑥]。何小钢等(2015)[⑦]的研究发现,中国总体上行业技术进步偏向于能源消耗,高能耗的特征明显。在能源、环境约束下,要避免走粗放型经济增长道路,转变经济增长方式是中国经济增长可持续发展的重要动力源泉(杨万平,2011)[⑧]。

三、绿色经济效率视角的研究

经济发展过程中,优化经济结构和推升经济总量的同时,不可避免地会承受更多的能源需求和环境压力,学者们开始尝试将资源与环境因素纳入到绿色经济效率的分析框架中。汪克亮等(2013)[⑨]基于中国不同省份、区域绿色生产技术的异质性,对中国绿色经济效率进行测算,发现中国绿色经济效率水平严重偏低,距离全国最优绿色生产前沿改进空间巨大。

---

① 韩晶.中国工业绿色转型的障碍与发展战略研究[J].福建论坛.人文社会科学版,2011(8):11-14.

② 韩晶,陈超凡等.制度软约束对制造业绿色转型的影响——基于行业异质性的环境效率视角[J].山西财经大学学报,2014(12):59-69.

③ 中国社会科学院工业经济研究所课题组.中国工业绿色转型研究[J].中国工业经济,2011(4):5-14.

④ 彭星.环境分权有利于中国工业绿色转型吗?——产业结构升级视角下的动态空间效应检验[J].产业经济研究,2016(2):21-31.

⑤ 彭星,李斌.贸易开放、FDI与中国工业绿色转型——基于动态面板门限模型的实证研究[J].国际贸易问题,2015(1):166-176.

⑥ 史丹.能源转型与中国经济的绿色增长[J].光明日报,2016.7.20(第15版).

⑦ 何小钢,王自力.能源偏向型技术进步与绿色增长转型——基于中国33个行业的实证考察[J].中国工业经济,2015(2):50-62.

⑧ 杨万里.能源消费与污染排放双重约束下的中国绿色经济增长[J].当代经济科学,2011(3):91-98.

⑨ 汪克亮,杨力等.异质性生产技术下中国区域绿色经济效率研究[J].财经研究,2013(4):57-67.

于伟等(2016)①认为产业结构升级对绿色经济效率增长具有显著的效应,推动绿色经济效应增长需要增强区间统筹,升级产业结构,优化城市人口空间布局等。王晓云等(2016)②关注经济发展的环境代价,发现技术进步是城市绿色经济效率提升的主要驱动因素。

钱争鸣等(2013)③(2014)④对中国绿色经济效率的区域差异进行研究,发现绿色经济效率水平在我国东部、中部、西部三大地区依次递减,与传统经济效率相比,我国整体的绿色经济效率水平偏低。聂玉立等(2015)⑤对中国城市绿色经济效率进行区域分析,发现沿海城市绿色经济效率表现出全面领先优势,中部城市效率最低。王家庭(2012)⑥利用2005—2008年我国28个主要城市的面板数据进行实证研究,发现考虑环境因素后城市经济效率差异明显。Zhang X. P. 等(2014)⑦测度了中国285个城市的资源环境效率,发现技术效率是影响我国城市资源环境效率的主要因素,城市收入水平与资源环境效率呈 U 型关系。卢丽文等(2016)⑧对长江经济带城市发展绿色效率进行测量,发现长江经济带城市绿色效率整体水平不高,但有逐步改善的趋势。

四、绿色经济的其他分支

还有学者专注于绿色经济的某一分支。例如,高红贵(2012)⑨对中国绿色经济发展中的诸方博弈进行了细致的分析,为顺利实现绿色经济发展提供了参考。李宁宁(2011)⑩则指出了中国绿色经济的制度困境并提出了制度创新思路。李若愚(2016)⑪对我国绿色金融发展现状及政策进行分析,俞岚(2016)⑫对绿色金融发展与创新进行研究。

有关中国绿色经济的宏观研究,中科院是国内对绿色经济发展转型研究的引领者,自2006年以来,《中国可持续发展战略报告》持续关注资源节约型、环境友好型社会建设以及绿色发展、低碳发展。2011年年度报告的主题是"实现绿色的经济转型",报告认为,我国的

---

①　于伟,张鹏. 城市化进程、空间溢出与绿色经济效率增长——基于2002—2012年省域单元的空间计量研究[J]. 经济问题探索,2016(1):77 - 82.

②　王晓云,魏琦等. 我国城市绿色经济效率综合测度及时空分异——基于 DEA-BCC 和 Malmquist 模型[J]. 生态经济,2016(3):40 - 45.

③　钱争鸣,刘晓晨. 中国绿色经济效率的区域差异与影响因素分析[J]. 中国人口.资源与环境,2013(7):104 - 109.

④　钱争鸣,刘晓晨. 我国绿色经济效率的区域差异及收敛性研究[J]. 厦门大学学报,2014(1):110 - 118.

⑤　聂玉立,温湖炜. 中国地级以上城市绿色经济效率实证研究[J]. 中国人口.资源与环境,2015(5)增刊:409 - 413.

⑥　王家庭. 环境约束条件下中国城市经济效率测度[J]. 城市问题,2012(7):18 - 23.

⑦　ZHANG X P, LI Y F, WU W J. Evaluation of urban resource and environmental efficiency in China based on the DEA model [J]. *Journal of resources and ecology*, 2014, 5(1): 11 - 19.

⑧　卢丽文,宋德勇等. 长江经济带城市发展绿色效率研究[J]. 中国人口.资源与环境,2016(6):35 - 42.

⑨　高红贵. 中国绿色经济发展中的诸方博弈研究[J]. 中国人口.资源与环境,2012(4):13 - 18.

⑩　李宁宁. 中国绿色经济的制度困境与制度创新[J]. 现代经济探讨,2011(11):19 - 22.

⑪　李若愚. 我国绿色金融发展现状及政策建议[J]. 宏观经济管理,2016(1):58 - 60.

⑫　俞岚. 绿色金融发展与创新研究[J]. 经济问题,2016(1):78 - 81.

绿色发展仍然面临技术创新、制度安排、基础设施、市场培育、系统整合与商业运作五大障碍。应从三个层面实现绿色经济转型：一是着力解决绿色领域本身的实际问题；二是大力发展绿色产业和绿色经济；三是积极推进整个经济系统的绿色化进程，并建议国家制定"绿色发展基本法"。杨希伟等(2009)指出，战略规划滞后、激励约束机制缺位及缺乏核心技术三大"瓶颈"，将制约中国绿色经济。胡鞍钢则提出了通过增长与不可再生资源要素脱钩、提高资源生产率等举措创新绿色发展之道。

第三节　绿色资源资产负债及负债表编制的文献综述

一、绿色资源资产负债的相关理论

一切经济学研究，都需要理论基础；一切统计核算，统计分类是前提。编制绿色资源资产负债表，首先要确定其编制的理论基础。现阶段，自然资源资产负债的相关理论较绿色资源资产负债的相关理论更为丰富。

综合环境与经济核算体系(System of Integrated Environmental and Economic Accounting，简称 SEEA)被经常地用来作为环境——经济评价的理论依据。SEEA 是国民经济核算体系(SNA)的卫星账户体系，是可持续发展经济思路下的产物，主要用于在考虑环境因素的影响条件下实施国民经济核算。

SEEA 主要的特征是以国民核算体系 SNA(System of National Accounting)为基础，建立涵盖各种自然资源与环境生态领域的卫星账表，吸收各种核算体系的优点，将有关自然资源和环境的账表与传统的国民账户连接起来。主要讨论环境与经济综合核算体系的基本概念、框架结构、资源耗减和环境降级的估算方法，并着重将有关核算结果应用于调整传统的国民经济核算指标。

SEEA 体系中有一重要的指标即经环境调整的国内生产净值 EDP(Environmentally Adjusted domestic Product)，该指标俗称"绿色 GDP"，已经成为现今统计研究中的一个重要领域。尽管 SEEA 将环境因素纳入国民核算中，但是由于在实现过程中面临的种种困难，加之不够成熟的实践经验，使得 SEEA 在施行过程中往往无法取得预期目的。因此在实践中，相对于 SNA 体系还有诸多限制，SEEA 仍然为国民核算中的一个难点问题。

本研究在认识"绿色资源资产负债表"是表达区域自然资源可持续发展"质量"的前提下，以绿色资源的资产负债系统学解析为基础，借鉴经典经济学中"比较优势理论"的基本思想，提出制定区域"绿色资源资产负债表"的基本原理。其核心思想是在区域绿色资源资产负债的支持系统中，寻求每一个支持系统内部所有指标要素的比较优势与比较劣势，将比较优势定量化、规范化，然后置于统一基础上加以对比，形成所谓绿色资源的"资产"(比较优势)和"负债"(比较劣势)。

二、有关绿色资源资产负债表编制的文献综述

目前，我国使用国民账户体系(SNA)来衡量宏观经济的发展水平，由于 SNA 只反映经

济发展水平而未考虑自然资源耗减、环境污染和生态破坏,导致我国各个部门和各级政府片面追求国内生产总值(GDP),在 GDP 快速增长的同时造成了严重的环境资源问题,严重影响了我国社会经济的可持续发展。环境经济一体化核算作为协调经济与环境的重要手段和制度设计,在我国开展应用迫在眉睫①。

自然资源有价值的思想,可以追溯到 17 世纪的威廉·配第,他的"土地为财富之母,劳动为财富之父"的著名观点,是资源价值论的最早萌芽。随后 18 世纪到 20 世纪初,亚当·斯密、杰文斯、李嘉图、马歇尔等经济学家从自由市场的"稀缺"层面研究了自然资源的价值②。

关于自然资源价值计量方法的研究,需求理论、效用理论及福利经济理论是环境会计计量理论的基石。但消费者剩余等经济理论并不能直接用于像环境服务这样的非市场服务的经济计量③。将自然资源纳入国民经济核算体系的研究是一种创新——绿色 GDP 理论是这种创新的最直接成果。为了将环境经济核算理论框架推向实践操作,联合国统计局 2000年版本提供了具体实施的操作手册,2003 年版本则总结了环境经济核算实践,依托国民经济核算体系,提出核算的分类和更加具体的核算原理,并系统检验了不同核算内容的可行性及其应用价值。

现阶段,自然资源资产负债表编制的相关文献较绿色资源资产负债表编制的相关文献更为丰富。自然资源资产负债表的编制是近年来我国政府提出的崭新概念。目前国内理论研究还处于探索阶段,对于自然资源资产负债的总体框架及编制方法讨论较多。陈红蕊等(2014)④围绕编制自然资源资产负债表的意义进行阐述,对如何编制自然资源资产负债表进行了设想。从微观角度看,自然资源资产负债表可利用会计学理论基础,对各种自然资源的资产量、消耗量以及结余量进行综合列报。张友堂等(2015)⑤以会计理论为前提,运用实物与价值两种计量模式,对自然资源资产负债表的构成要素进行计量和列报。封志明等(2014)⑥回顾目前自然资源核算的各种方法,对自然资源核算与自然资源资产负债表之间的关系进行分析,提出自然资源资产负债表编制的框架设想与可能路径。张航燕(2014)⑦基于会计核算的角度,探讨自然资源会计核算的特点,并提出相关思考。从宏观角度看,相关学者从国家自然资源资产负债表、自然资源统计、生态文明等视角对自然资源资产负债表

---

① 伍格致,杨亦民等.湖南开展自然资源资产负债核算的可行性探讨[J].中南林业科技大学学报(社会科学版),2016(8):17-21.

② 成金华,吴巧生.中国自然资源经济学研究综述[J].中国地质大学学报(社会科学版),2004(3):47-55.

③ 罗杰·珀曼(Roger Perman).自然资源与环境经济学(第 2 版)[M].侯兆元等译.北京:中国经济出版社,2002.

④ 陈红蕊,胡文龙.编制自然资源资产负债表的意义及探索[J].环境与可持续发展,2014(1):46-48.

⑤ 张友堂,刘帅等.自然资源资产负债表创建研究[J].会计之友,2015(19):21-29.

⑥ 封志明,杨燕等.从自然资源核算到自然资源资产负债表编制[J].中国科学院院刊,2014(1):449-454.

⑦ 张航燕.对编制自然资源资产负债表的思考——基于会计核算的角度[J].中国经贸导刊,2014(3):54-56.

展开讨论。耿建新等(2015)[①]从国家资产负债表和自然资源资产负债表之间的相互关系入手,总结了这两种报表与会计、审计的关系。蒋洪强等(2014)[②]着重生态环境保护领域研究,从环境容量、环境质量、生态环境三大系统,提出了生态环境资产负债表的编制框架体系。黄溶冰(2014)[③]从生态文明视角,讨论了自然资源资产负债表的功能定位、治理机制、框架结构以及审计鉴证等问题。高志辉(2015)[④]分析了自然资源资产负债表的主要内容和编制基础,提出了基于现金流动制的自然资源资产负债表的编制设计。刘欣超等(2016)[⑤]以我国草原资源为研究对象,初步建立了包括草原土地资产等指标的草原自然资源资产核算方法体系以及草原资源资产核算的评估方法。

第四节　绿色发展与绿色资源资产负债表的关系

一、绿色发展是指挥棒,绿色资源资产负债表是工具

"十三五"规划大纲分析了全面建成小康社会决胜阶段的形势和任务,提出并阐述了创新、协调、绿色、开放、共享的发展理念,强调落实这些发展理念是关系我国发展全局的一场深刻变革。发展理念是发展行动的先导,是发展思路、发展方向、发展着力点的集中体现。把先进理念转化为实实在在的发展行动,绿色发展理念必然成为一条发展主线,将绿色发展理念作为指挥棒,是推进生态文明建设和绿色发展的一项重大举措。绿色理念要根植于意识血脉。绿色发展不是一个简单的新名称,而是一种鲜明的理论视角。这是党中央深刻洞悉从工业文明到生态文明跃迁的发展大势和客观规律,这是站在实现中华民族永续发展的高度提出来的。这个绿色理念带有崭新的理论气质和理论内涵,是回应时代命题所做出的实践创新。

真正让绿色发展的指挥棒硬起来,推动"绿色决定生死"的理念。编制绿色资源资产负债表不是目的,而是工具和手段,其根本目的在于促进和推动生态环境保护和绿色发展。充分认识到编制绿色资源资产负债表与离任审计、绿色发展密切相关,是一项基础性工作,更是一项事关干部政绩考核、事关民生、事关发展大局和未来的重要改革。利用编制绿色资源资产负债表改革契机,实实在在地推动生态文明建设和绿色发展。探索绿色资源资产负债表编制,使绿色发展有迹可循,环保追责有据可依。

---

①　耿建新,胡天雨等. 我国国家资产负债表与自然资源资产负债表的编制与运用初探——以 SNA2008 和 SEEA2012 为线索的分析[J]. 会计研究,2015(1):15-24.

②　蒋洪强,王金南等. 我国生态环境资产负债表编制框架研究[J]. 中国会计学会环境会计专业委员会 2014 学术年会论文集,南京,2014:141-150.

③　黄溶冰. 生态文明视角下的自然资源资产负债表构建分析[J]. 中国会计学会环境会计专业委员会 2014 学术年会论文集,南京,2014:234-241.

④　高志辉. 基于现金流动制的自然资源资产负债表设计初探[J]. 会计之友,2015(6):5-8.

⑤　刘欣超,翟琇等. 草原自然资源资产负债评估方法的建立研究[J]. 生态经济,20164(4):28-36.

二、绿色发展建设生态文明，绿色资源资产负债表考评生态文明

党的十八届五中全会提出，绿色是永续发展的必要条件和人民对美好生活追求的重要体现。坚持绿色富国、绿色惠民，就是要为人民提供更多的优质生态产品。自然生态环境是人类生产生活的物质基础，我们必须把绿色和生态提高到根本性条件、决定性条件来认识，绿色决定生死，绿色发展是关乎人类存亡的理念。

高污染、高能耗的发展方式已经让人类付出了巨大代价。碳排放增加带来地球变暖，致使大旱、大涝等重大自然灾害频频发生就是典型例子。地球是一个大的生态系统，从自然星球阶段进入文明星球阶段，人类从生物圈中的一个族群独立成为人类圈。然而，"天育物有时，地生财有限，而人之欲无极"，如果人类圈按照传统工业化方式在地球上扩张，必然会遭遇资源耗尽、生态失衡的灭顶之灾。从"大"的概念上认识绿色发展，要求我们从现在开始意识到，建设生态文明，让人与自然和谐共生，是文明星球阶段的唯一出路、唯一选择，正如科学家们所说："我们没有方案B，因为我们没有星球B。"

编制绿色资源资产负债表，就是以核算账户的形式对全国或一个地区主要绿色资源的存量及增减变化进行分类核算。编制绿色资源资产负债表，可以客观地评估当期绿色资源实物量和价值的变化，摸清某一时点上绿色资源的"家底"，准确把握经济主体对绿色资源的占有、使用、消耗恢复和增值活动情况，全面反映经济发展的资源环境代价和生态效益，从而为环境与发展综合决策、政府政绩评估、考核环境补偿等提供重要依据。同时，这也是对领导干部实行自然资源离任审计的重要依据，有利于形成生态文明建设倒逼机制改变唯GDP的发展模式。

以资源环境生态红线管控、自然资源产权和用途管制、自然资源资产负债表、自然资源资产离任审计、生态环境损害赔偿和责任追究、生态补偿等重大制度为突破口，深化生态文明体制改革。其中，编制绿色资源资产负债表是生态文明体制改革的一项重要基础性的制度建设。通过探索编制绿色资源资产负债表，构建土地资源、林木资源、水资源等主要自然资源的实物量的核算账户，推动建立健全科学规范的自然资源的统计调查制度，努力摸清自然资源的资产"家底"及其变动状况，为完善资源消耗、环境损害、生态效益的生态文明绩效评价考核和责任追究制度提供信息基础，为有效保护和有序利用自然资源，推进生态文明建设和绿色低碳发展提供信息支撑、监测预警和决策支持。

三、绿色资源资产负债倒逼绿色发展

编制绿色资源资产负债表是深入推进生态文明建设的有效抓手，有利于以行之有效的体制机制，进一步把绿水青山保护好、利用好、经营好。编制地区或城市的绿色资源资产负债表，大胆创新，积极探索，把绿色资源资产负债表纳入生态文明制度体系，与资源环境生态红线管控、自然资源资产产权和用途管制、领导干部自然资源资产离任审计、生态环境损害责任追究等重大制度相衔接，形成生态文明建设的倒逼机制，倒逼绿色、低碳、循环发展，改变唯GDP的发展模式。同时，研究建立绿色资源综合利用的体制机制，积极探索林权、水权、碳排放权、排污权交易，加快绿色资源资产交易平台建设，推动跨流域生态补偿机制建设，在深化生态文明体制改革上迈出更大步伐。

第五节　文献总结及市报告的研究视角与方向

2016 年是中国"十三五"规划的开局之年,未来五年是我国推进结构性改革的攻坚时期。中国各省市、各地区必须顺应历史发展潮流,积极响应国家政策,在保持本地区经济快速发展的同时,积极调整产业结构,努力实现本地区各项指标的绿色发展。本研究报告分析中国的绿色发展这个宏观问题,我们想要做成全局性的对策思考。

中国各省份、各区域绿色发展的状况,是本研究报告关注的焦点问题。焦点问题的解决分为以下三个步骤:(1)中国现阶段绿色发展的理论框架构建。(2)以绿色资源资产负债表衡量中国现阶段绿色发展的方法。(3)中国各省市(自治区)、重点城市绿色发展状况的评估。有关中国绿色发展的研究,本报告采用理论和实证相结合的研究方法,以绿色资源资产负债表的编制为抓手,分析中国绿色发展的现状以及可能存在的问题,着力构建绿色发展的新格局。

第三章　研究理论框架构建

对中国绿色发展的现状进行研究,本报告基于绿色资源资产负债表的编制,以绿色资源资产负债的情况衡量中国绿色发展的现状和水平。本部分理论框架体系构建主要明确绿色资源资产负债核算的范围、主体和计量方法。从回顾自然资源资产负债表的历史渊源出发,对绿色资源资产负债表进行核心分类,再分析绿色资源资产负债表编制的指标体系统计原则,构建绿色资源资产负债表的指标体系。

第一节　自然资源资产负债表的历史渊源

自然资源资产负债表(Natural Capital Balance),是指一个地区在某个特定时间点上所拥有的自然资源资产总价值和把自然资源维持在某个规定水平之上的成本(负债)的报告。

在 1992 年之前,国际社会已经进行了近半个世纪的自然资源核算研究探索。1946 年,希克斯(Hicks, John Richard)首次提出绿色 GDP 思想;1953 年,国民账户体系被提出;1973 年,苏联提出了物质产品平衡表体系(System of Material Product Balances, MPS);20 世纪 80 年代,西方国家和部分发展中国家相继开展了资源环境核算研究工作,如 90 年代挪威在自然资源核算上的探索等。而在 1992 年,随着世界环境与发展大会的召开,环境和资源核算的研究工作出现了新的契机。1993 年,联合国统计司建立了与 SNA 相一致的、可系统核算环境资源存量和资本流量的框架,即综合环境与经济核算体系(System of Integrated Environmental and Economic Accounting, SEEA - 1993)。在 SEEA 框架基础上,联合国分别在 2003 年和 2012 年发布了 SEEA - 2003 框架和 SEEA - 2012 中心框架,详细说明了自然资源的物理量、混合环境——经济账户及其估价方法,并积极尝试将其提升到国际统计标准,增加了环境退化及相关措施和评估方法的讨论。至此,资源环境核算已从理论体系摸索阶段过渡到了实际核算和实践阶段。但是,目前国际上尚无可以参考的自然资源资产负债表编制框架,而国内的研究也多停留在诸如宏观账户处理和分类等想法,还不能系统地指导我国国民账户体系的具体改进模式。

自然资源(资产)核算与自然资源资产负债表编制之间没有本质的差别,是一脉相承的。当然,负债表编制更强调不能"负债",不能"吃祖宗饭、造子孙孽",主张保全国家或地区的自然资源资产,主张国有自然资源资产的权益归全体人民。中国自然资源资产负债表编制的历史渊源,可以追溯至"资源环境经济投入产出分析"和"可持续发展能力资产负债表",以下对这两种资源核算与分析方法进行概述。

一、资源环境经济投入产出分析

经济活动对资源的影响主要是通过生产中吸收的资源投入来生产,对环境的影响主要源于生产过程所产生的污染物的排放,所以,分析资源环境问题产生的原因,关键在于分析资源投入量和污染物排放的量。

投入产出分析最早是由美国经济学家列昂惕夫(W. Leontief)研究美国投入产出时提出的,投入产出分析是具有一般性的资源——环境——经济间数量关系的描述与分析框架,其研究成果于1936年发表在哈佛大学的《经济统计评论》上。投入产出分析是研究经济系统中各个部分之间在投入与产出方面相互依存的经济数量分析方法,提出在投入产出表中反映资源利用和环境保护的方法。如利用加边矩阵法研究资源环境问题,利用实物——价值型模式研究资源和环境问题,利用投入占用产出技术反映资源环境存量。

资源环境经济投入产出分析从理论上解决了以下三大基本问题:经济的正常运行建立在总供给与总需求平衡的基础上;供给与需求之间存在着有效的数量联系;建立起经济学中微观成分与宏观成分的有机结合。

资源环境经济投入产出分析模型的优缺点及改进方向如下:

(1)投入产出分析揭示了经济体内各部门之间的经济联系,它既综合了微观经济考察和宏观经济研究,又结合了理论分析和实证计量,并且它能有效地揭示各部门与经济总量之间的内在联系,因而是一种综合性的理论与实践相结合的研究方法。

(2)模型是建立在一系列假设基础之上的,非结合性假定要求部门只生产一种产品,而且部门之间不存在替代现象,这在现实中往往是不能严格实现的,会给分析结果带来一定的误差,直接消耗系数不变也是要求现实中生产技术保持不变,这往往是难以实现的。

(3)投入产出分析是建立在投入产出表编制的基础之上的,因此投入产出表的编制方法将决定模型的分析思路,投入产出分析往往会局限于图表的编制,存在着一定程度的不灵活性。另外,模型对数据质量的要求也非常高。

(4)实际分析中对各部门的选择和划分也是非常重要的因素。选择正确的部门及合适的部门数量是实证分析的基础。

(5)各部门对环境的投入成本不能统一衡量,因为每个部门需要投入的环境治理成本也存在差异,因此并不能反映每个部门实际的环境治理状况,更不能说明其对环境的污染情况,进一步的研究中可以加入新的指标,如虚拟环境治理投入来反映。

因此,资源环境经济投入产出分析,总体来说强调资源——环境——经济三者之间数量上的平衡,存在先天的不足。其仅注重数量的分析,不可能进行质量、效益上的分析,尤其不能把由发展引起的生态退化和环境污染的损失,加以完整、科学地计算。

二、可持续发展能力资产负债表

后续中国学者对列昂惕夫的投入产出表加以改进,如何对区域的"发展质量"进行评判成了学者们一直不懈努力而又没有取得重大理论突破的科学难题。1996年中国科学院牛文元、美国学者哈瑞斯(W. Harres)和布朗(L. Brown)提出了基于可持续发展思想之下表达区域"发展质量"(quality of development)的观点。1999年,以牛文元为首的中国科学院可持续发展研究组,在《2000年中国可持续发展战略报告》中,以对可持续发展理论的系统学解析为基础,在学术界首次比较系统地提出了制定区域可持续发展能力"资产负债表"的基本原理和基本方法,它的提出为开展区域"发展质量"评判迈出了重要的一步。"资产负债表"在本质上强调对于区域"发展质量"的评判,他从理论上解决了以下问题:(1)"发展质量"是区域"发展度、协调度、持续度"在多维形式下的总和最大化;(2)求解实际的"发展质量"与理论的"发展质量"之差,是衡量区域内和区域间"发展质量"的基础判别;(3)"发展质量"综合了"人与自然"和"人与人"双重关系平衡程度与和谐程度。它把人口、资源、环境三者之间的内在联系,以发展的质量表达进行了直接沟通。可以认为,它与"投入产出表"对于"发展数量"的评判一道,共同构筑了对于区域发展的整体认识。如果把一个健康的经济评估比拟为一只飞鸟,其"数量评判"("投入产出表")代表飞鸟的一翼,"质量评判"("资产负债表")代表着飞鸟的另一翼,不解决严格意义下的区域发展的质量分析,也就无法真正全面地评价和调控国家的发展,也就不可能真正评估区域的可持续发展。

总之,"可持续发展能力资产负债"已经引入自然资源的"资产"、"负债"概念,强调对于区域"发展质量"的评判,综合了"人与自然"和"人与人"双重关系平衡程度与和谐程度,将人口、资源、环境三者之间进行内在联系,以发展的质量进行了直接沟通。

第二节　绿色资源资产负债表的核心分类

统计分类是一切统计研究的基础和出发点。编制中国绿色资源资产负债表,首先要解决一些核心或基础的分类,也就是系统分类,本资产负债表的编制主要包括自然条件与环境治理、经济条件、社会条件和资源利用四大系统。

在国际可持续发展、自然资源资产负债理论与实践研究领域中,有三大基本研究方向,即经济学方向、社会学方向、生态学方向。经济学研究方向的重点是力图把"科技进步贡献率抵消或克服投资的边际效益递减率"作为衡量可持续发展的重要指标和基本手段,该方向的研究以世界银行的《世界发展报告》(1990—1998)和布朗在《未来学家》发表的"经济可持续发展"(1996)为代表。社会学研究方向的重点是力图把"经济效率与社会公正取得合理的平衡"作为可持续发展的重要判据和基本手段。该方向的研究以联合国开发计划署的《人类发展报告》(1990—1998)及其衡量指标"人文发展指数"为代表。生态学研究方向的重点是力图把"环境保护与经济发展之间取得合理的平衡"作为可持续发展的重要指标和基本原则。该方向的研究以挪威原首项布伦特兰夫人(1992)和巴信尔(1990)等的研究报告和演讲为代表。上述三大研究方向分别从不同的角度、侧重不同的方面,对可持续发展的资产负债给予解释,绿色资源资产负债表的本质是"自然——经济——社会"这一复杂巨系统运行机制的深刻反映。在这个复杂巨系统中,自然规律应被充分地认识,人文规律应被充分地表达,自然要素与人文要素的耦合规律应被充分地体现。所以,对绿色资源资产负债完美的表达应是经济学方向、社会学方向和生态学方向的结合。

本研究报告在上述三个主要研究方向的基础上,借鉴可持续发展的系统学研究方向(牛文元,2014),以中国科学院《中国可持续发展战略研究报告》为代表,强调可持续发展在本质上是对"自然——经济——社会"这一复杂巨系统运行机制和内部规律的深刻反映,区域绿色资源资产负债是"发展度"、"协调度"和"持续度"的综合表达。把区域绿色资源资产负债解析为内部具有严格逻辑关系的"四大支持系统",即自然条件与环境治理系统、经济条件系统、社会条件系统和资源利用系统的能力贡献的总和。

一、自然条件与环境治理系统

"自然条件与环境治理系统"是区域实现可持续发展的"基础条件"。任何一个社会,不管处在何种发展阶段,如果不能保证这个最基础的支持系统,就谈不上满足人类更高的需求。如果可以满足(不仅是这一代人,还需考虑后代人,即要考虑资源的世代分配问题),则具备了可持续发展的初步条件;如果在自然状态下不能被满足,则应依靠科技进步寻求替代资源,务求使"自然条件与环境治理"保持在区域人口第一需求的范围之内。在逻辑关系上,当"自然条件与环境治理"被基本满足后,就具备了启动和加速以下三项其他系统的前提。自然条件是一个地区自然资源的评估,强调绿色发展原则;而环境治理是自然资源管理、应用的水平,强调环境与发展的平衡,强调对自然的索取应当与对自然的回馈相平衡。后者表明政府的决策水平与管理水平,强调对于自然资源的调控能力以及这种能力的精准性、流畅性和前瞻性。两者分别从主观和客观两个层面反映生态环境及其与人类的和谐相处。

二、经济条件系统

"经济条件系统"是反映一定社会经济现象数量方面的名称及其数值,地区经济是地区价值的创造、转化与实现。"经济条件系统"表明经济发展中资源占用情况所反映出的经济增长质量,是对经济发展水平的总体度量,主要体现在生成GDP的过程中和对于物质消耗、能量消耗的水平上,是由一系列相互联系的、反映社会经济现象的经济指标所构成的有机整体。

三、社会条件系统

"社会条件系统"表明地区社会发展的影响程度及其反馈作用的效应,强调效率与公平的平衡。它是绿色资源资产负债的出发点,也是绿色资源资产负债的潜在支撑与保证条件。"社会条件系统"主要涉及一个国家或地区的教育水平、科技竞争力、管理能力和决策能力。该系统是其他几个系统的限制因子,如果一个国家或地区的教育水平和科技创新能力不高,必然意味着可持续发展没有后劲,不具有"持续性"的基础,不能够随着社会文明的进程,不断以知识和智力去改善、引导、创造更加科学、更为合理、更协调有序的新世界。尤其是全社会的管理水平和决策水平的高低,更是一个体现"社会条件系统"作用的关键性因子。

四、资源利用系统

在保护的基础上合理利用自然资源,推进工业资源综合利用产业和生态协同发展,探索资源综合利用产业区域协同发展新模式。"资源利用系统"主要关注城市发展过程中对水、电等资源的利用,对社会生产和消费过程中产生的各种废物进行回收和再生利用。

通过对四大系统内部逻辑的相互关系以及它们之间的次序和位置的深入分析,可以发现,任何一个国家或地区绿色资源资产负债的形成、培育与进展,绝不是其中任何一个系统的单独作用,它所表现的是整体四个系统的共同作用和综合作用。其中任何一个系统出现失误与崩溃,都会最终地毁坏可持续发展综合能力的表达、毁坏绿色资源资产负债表的结构,任何一个单独系统虽不可能代替整个系统,但却可以毁掉整个综合系统。

本研究报告设计了"四级叠加、逐层收敛、规范权重、统一排序"的绿色资源资产负债系统学指标体系。把绿色资源资产负债指标体系分为总体层、系统层、状态层、变量层和要素层五个等级。其中,自然条件与环境治理系统中选取 8 项要素,经济条件系统中选取 5 项要素,社会条件系统中选取 6 项要素,资源利用系统中选取 9 项要素,整个系统共计 28 项要素群。在每一项要素的空间分布范围中(全国各省市、自治区),我们寻求其比较优势,挑选出排序靠前的省份,组成其绿色资源资产负债的"资产";挑选出排序靠后的省份,组成绿色资源资产负债的"负债"。由表达绿色资源资产负债的 28 项"源指标"要素群与 31 个省市(自治区)(地理单元),构成二维数据的矩阵,逐项统计每一属性源指标在 31 个地理单元中的"资产"分布和"负债"分布;同时形成每一个地理单元在 28 项源指标中的有效性"资产、负债"统计,共制定包括 $31 \times 28 = 868$ 的位次矩阵,作为制定绿色资源资产负债四大支持系统中的每一个的"分资产负债",以及作为整体绿色资源资产负债的"总资产负债"的基础。这样在相对质量比较的意义上,我们就可以制订出两个层次的区域"绿色资源资产负债表":其一,区域绿色资源系统层次上的"资产负债表",即自然条件与环境治理系统"资产负债表"、经济条件系统"资产负债表"、社会条件系统"资产负债表"和资源利用系统"资产负债表",对各省市(自治区)绿色资源四大支持系统的能力,从质量上进行评判;其二,各省市(自治区)绿色资源资产负债总体层次上的"资产负债表",对中国 31 个省市(自治区)绿色资源资产负债的总体能力的质量进行综合评判。

第三节　指标体系的统计原则

从具体操作层面上来说,所构建的全国 31 个省市(自治区)绿色资源资产负债表指标体系应符合以下标准。

一、指标体系的完备性

指标体系就评价目的和目标来说,应该能够全面反映评价对象的各方面特征。在构建指标体系之前,应用物理——事理——人理的方法论,深入分析和挖掘评价对象的潜在特征,并广泛征求与评价对象相关人员的意见,尽可能列出所有影响评价结果的指标,建立一个比较完备的指标库。从理论上来讲,为了达到指标体系的完备性标准,指标数量应尽可能多一些。在构建指标体系时,我们往往都会选择尽可能多的指标供专家筛选,因此,指标体系的完备性这一标准比较容易满足。

二、指标体系的精简性

为保证指标体系的完备性,将指标库所有的指标都加入到指标体系中是不科学和不经济的。因为指标数量的增多会使数据获取的成本增加,另外指标之间可能存在一定的相关性,致使一些指标成为冗余指标。因此,指标体系要在信息全面性和指标数量尽可能少之间寻找最优均衡点。

三、指标体系的普适性

同类评价对象之间存在空间上的差异性,用同一指标体系测评难免存在一定的系统误差,因此构建指标体系时应该尽量控制指标体系的灵敏度,使其具有普适性。

依据全国 31 个省市(自治区)绿色资源资产负债发展的理论内涵、结构内涵、功能内涵和统计内涵,我们建立由四大系统组成的衡量中国绿色发展水平的指标体系。这些指标以及由这些指标形成的体系,力求具备:① 内部逻辑清晰、合理、自治;② 指标简捷、易取,所代表的信息量大;③ 权威、通用,可以在统一基础上进行宏观对比;④ 层次分明,具有严密的等级系统并在不同层次上进行时间和空间排序;⑤ 具有理论依据或同级规律的权重分配,评分度量和排序规则。

第四节 绿色资源资产负债表指标体系

以上确定了评价全国 31 个省市(自治区)绿色发展的四大系统,以及四大系统中选择指标应具备的标准,以下具体说明每一系统中的具体指标,力求通过每一系统中的若干指标能够完备、精简、客观地反映系统所具备的评价功能。

一、自然条件与环境治理指标

自然条件与环境治理系统中,包含的指标要素主要涉及两大方面,八个具体指标。一方面是客观自然条件,主要是省市区位、省区水资源总量、人口密度、森林覆盖率、矿产资源总量,这是反映自然条件的客观因素指标;另一方面是环境治理与管理,包括无害化处理厂日处理能力、省市污水日处理能力和污水处理率,这是反映省市环境治理能力和水平的主客观结合指标。

表 3 - 1 自然条件与环境治理系统的指标要素

系统分类	指标要素
自然条件与环境治理	省市区位
	省区水资源总量
	人口密度
	森林覆盖率
	无害化处理厂日处理能力
	污水日处理能力
	矿产资源总量
	污水处理率

二、经济条件指标

经济条件系统关注地区经济增长的水平和质量，以及经济增长中对物质消耗、能量消耗的衡量。经济条件系统中，包含的指标要素主要涉及两大方面和五个具体指标：第一大方面是经济增长的水平指标，具体包括生产总值指标和生产总值增长指标；第二大方面是经济增长的质量指标，具体包括第三产业生产总值、科研生产总值和第二产业生产总值三个指标。

表 3 - 2　经济条件系统的指标要素

系统分类	指标要素
经济条件	地区生产总值
	第三产业生产总值
	科研生产总值
	第二产业生产总值
	地区生产总值增长

三、社会条件指标

社会条件系统关注地区社会发展情况，涉及人口、文化、科技、教育、城镇化等方面，选用的具体指标要素有以下 6 个：总人口、文化、科技、教育、城镇化、第三产业所占比例。

表 3 - 3　社会条件系统的指标要素

系统分类	指标要素
社会条件	总人口
	文化水平
	科技水平
	教育水平
	城镇生活水平
	第三产业占比

四、资源利用指标

资源利用系统关注地区资源使用的情况，是绿色资源资产负债表重要的组成部分，主要关注工业生产、居民日常生活、能源利用、污染排放、污染治理等方面的资源使用、利用状况，具体的指标要素为以下 9 种要素：工业用电量、人均日生活用水、生产用水量、工业废水排放、二氧化硫排放、一般工业固体废物产生量、老工业污染源治理项目本年投资、当年完成环保验收项目环保投资、城市污水日处理量。

表 3-4　资源利用系统的指标要素

系统分类	指标要素
资源利用	工业用电量
	人均日生活用水
	生产用水量
	工业废水排放
	二氧化硫排放
	一般工业固体废物产生量
	老工业污染源治理项目本年投资
	当年完成环保验收项目环保投资
	城市污水日处理量

五、绿色资源资产负债指数的指标体系

综上所述,全国 31 个省市(自治区)"绿色资源资产负债指数"的指标体系,包括自然条件与环境治理、经济条件、社会条件和资源利用四大子系统及其分属的 28 个要素,具体如下表 3-5 所示。

表 3-5　绿色资源资产负债表的指标体系

类别	要素
自然条件与环境治理	省市区位
	省市水资源总量
	人口密度
	森林覆盖率
	无害化处理厂日处理能力
	污水日处理能力
	矿产资源指数
	污水处理率
经济条件	地区生产总值
	第三产业生产总值
	科研生产总值
	第二产业生产总值
	地区生产总值增长
社会条件	总人口
	文化水平
	科技水平

（续表）

类别	要素
社会条件	教育水平
	城镇生活水平
	第三产业占比
资源利用	工业用电量
	人均日生活用水
	生产用水量
	工业废水排放
	二氧化硫排放
	一般工业固体废物产生量
	老工业污染源治理项目本年投资
	当年完成环保验收项目环保投资
	城市污水日处理量

第五节　绿色资源资产负债表的编制原理

以上是全国31个省市（自治区）绿色资源资产负债表四大系统的具体要素指标说明。这些要素的具体衡量指标、衡量数据是什么、单位是什么？不同数据之间单位不同，如何进行处理，以统一进入综合评价系统？这些问题在以下的第四章具体测算的过程中进行具体的说明。

全国绿色资源资产负债表的构建是建立在对绿色资源资产负债的系统解释之上的，即绿色资源资产负债是建立在具有内部逻辑自洽和统一解释的"自然条件与环境治理指数"、"经济条件指数"、"社会条件指数"和"资源利用指数"共同作用基础之上的。

在认识"资产负债表"是表达区域可持续发展"质量"的前提下，以可持续发展能力的系统学解析为基础，我们借鉴经典经济学中"比较优势理论"的基本思想，提出制定区域可持续发展能力"资产负债表"的基本原理。其核心思想是在区域可持续发展的四大支持系统中，寻求每一个支持系统内部所有指标要素的比较优势与比较劣势，将此比较优势定量化、规范化，然后置于统一基础上加以对比，形成所谓可持续发展能力的"资产"（比较优势）和"负债"（比较劣势）。

"比较优势理论"认为，即使一个国家生产每种产品都具有最高生产率，处于绝对优势，而另一个国家生产每种产品都具有最低生产率，处于绝对劣势，但只要他们的劳动生产率差异在不同产品上存在区别，即优势（劣势）在生产不同产品中从某个方面看是不同的，则遵循"两利相权取其重，两弊相衡择其轻"的原则，便能从相互之间的国际分工和彼此的贸易中获得利益。从中分析可以得出，在决策过程中，不应只考虑处于绝对优势的个别因素而应综合比较决策中不同因素的相对优势和相对劣势,选取总体上处于最优的决策。

按照本报告前几部分的论述,设计了"四级叠加、逐层收敛、统一权重、统一排序"的绿色资源可持续发展系统学指标体系,本报告利用表达上述指数系统的 28 项指标要素对全国 31 个省市(自治区)绿色资源的资产负债情况进行剖析和刻画,寻求全国 31 个省市(自治区)在绿色资源方面的比较优势,在此基础上,形成了相对意义上的绿色资源资产负债水平的评估。

第四章 中国各省市(自治区)绿色发展报告

——基于绿色资源资产负债表的测度

本章对中国各省市(自治区)绿色发展的状况进行评估,以中国各省市(自治区)绿色资源资产负债表的编制为抓手进行评估。所以,中国各省市(自治区)绿色资源资产负债表的编制是本章主要解决的问题。

第一节 中国各省市(自治区)自然条件与环境治理指标衡量

一、指标衡量数据

在自然条件与环境治理指标 8 要素中,运用 8 项数据进行衡量。分别以华北、东北、华东、华中、华南、西南和西北为标准进行区位划分,作为区位指标要素的依据。其余 7 大指标要素分别用各省市(自治区)水资源总量、人口密度、森林覆盖率,无害化处理厂日处理能力、污水日处理能力、矿产资源指数和污水处理率等数据进行衡量,具体见下表 4-1 所示。

表 4-1 自然条件与环境治理指标要素衡量

指标要素	指标衡量数据	单位	负债
区位	全国 7 大区位的划分	无	
水资源	各省市水资源总量	(亿立方米)	
人口密度	各省市人口密度	(人/平方公里)	*
森林覆盖率	省市森林覆盖率	(%)	
无害化处理厂日处理能力	无害化处理厂日处理能力	(吨)	
污水日处理能力	省市污水日处理能力	(元/吨)	
矿产资源指数	省域内矿产资源指数	%	
污水处理率	省市污水处理率	(%)	

二、单位与指数化

以上各个指标的衡量数据的单位都不同,如何去除单位的影响,使得各个指标能够比较、各个省市(自治区)之间的资产负债能够统计呢?我们将各个指标指数化,所谓指数化的过程,就是将各个指标内部进行大小的排布,将数值最大省市(自治区)的指标设为指数 1,其他省市(自治区)的指标按照比例换算成(0,1)之间的指数,这样就将具体的指标数据换算成了没有单位的指数,有利于下一步综合指数的运算。

以第一项区位划分为例,中国由于地理区位、资源禀赋、人文历史、政策制度等多方面因素的叠加影响,发展的梯度特征非常明显,因此有必要将我国31个省市(自治区)分为华北、东北、华东、华中、华南、西南和西北7个区域进行对比分析。华北包括北京、天津、河北、山西和内蒙古5个省市(自治区);东北包括辽宁、吉林和黑龙江3个省;华东包括上海、江苏、浙江、安徽、福建、江西和山东7个省市;华中包括河南、湖北和湖南3个省;华南包括广东、广西北族和海南3个省;西南包括重庆、四川、贵州、云南和西藏5个省市(自治区);西北包括陕西、甘肃、青海、宁夏和新疆5个省市(自治区)。近些年,虽然7大区域经济实力相对差距持续缩小,但绝对差距依然明显。从国内生产总值上看,以上海、江苏、浙江、安徽、江西和山东七省市为代表的华东地区国内生产总值达到248 874.78亿元,占比达36.4%,是全国经济发展的核心地区;西北五省的国内生产总值为38 855.64亿元,占比仅为5.7%。从GDP的均值上看,最高的华东地区GDP的均值是35 553.54亿元,最低的西北地区仅7 771.13亿元,仅为前者的22%。介于此,本报告将华东地区的区位指数设为1,其他的地区按照GDP的均值进行换算,以此为各个省市自治区的区位指数。

表4-2 区位指标指数化的过程

	地区生产总值 (亿元)	省市(自治区) 数量	省平均 (亿元)	区位指数
华北	97 010.59	5	19 402.118	0.55
东北	57 469.10	3	19 156.367	0.54
华东	248 874.78	7	35 553.540	1.00
华中	89 354.78	3	29 784.927	0.84
华南	86 983.46	3	28 994.487	0.82
西南	65 801.07	5	13 160.214	0.37
西北	38 855.64	5	7 771.128	0.22

以下各指标的指数化过程基本相同,例如各省市(自治区)水资源总量来自于《中国统计年鉴》(2015),将水资源最丰富的西藏看成是指数1,换算成各个省市(自治区)的水资源指数。其他各项指标数据来源与换算指数方式相同,不再赘述,详见下表4-3。

表4-3 自然条件与环境治理指标要素指数

	区位 指数	水资源 指数	森林覆 盖指数	无害化处 理厂日处 理能力 指数	污水处理 能力指数	污水处理 资金率 指数	矿产资 源指数	人口密 度指数
北京	0.550	0.001	0.566	0.329	0.238	0.024	0.004	0.279
天津	0.550	0.001	0.150	0.145	0.141	0.165	0.023	0.608

（续表）

	区位指数	水资源指数	森林覆盖指数	无害化处理厂日处理能力指数	污水处理能力指数	污水处理资金率指数	矿产资源指数	人口密度指数
河北	0.550	0.001	0.357	0.265	0.282	0.234	0.078	0.464
山西	0.550	0.002	0.275	0.162	0.112	0.288	0.730	0.726
内蒙古	0.550	0.015	0.321	0.172	0.102	0.226	1.000	0.236
辽宁	0.540	0.002	0.583	0.349	0.422	0.116	0.073	0.295
吉林	0.540	0.008	0.616	0.168	0.141	0.028	0.061	0.579
黑龙江	0.540	0.018	0.658	0.169	0.372	0.045	0.148	0.904
上海	1.000	0.001	0.164	0.316	0.424	0.343	0.000	0.699
江苏	1.000	0.004	0.241	0.779	0.873	0.153	0.011	0.372
浙江	1.000	0.015	0.901	0.708	0.451	0.506	0.001	0.334
安徽	1.000	0.009	0.420	0.233	0.332	0.096	0.072	0.441
福建	1.000	0.023	1.000	0.280	0.234	0.546	0.006	0.480
江西	1.000	0.026	0.915	0.143	0.130	0.108	0.004	0.853
山东	1.000	0.001	0.255	0.542	0.503	0.194	0.093	0.261
河南	0.840	0.002	0.328	0.358	0.303	0.174	0.073	0.941
湖北	0.840	0.011	0.585	0.370	0.329	0.079	0.006	0.447
湖南	0.840	0.019	0.728	0.333	0.297	0.092	0.007	0.621
广东	0.820	0.011	0.782	1.000	1.000	0.084	0.001	0.548
广西	0.820	0.030	0.862	0.125	0.362	0.182	0.002	0.308
海南	0.820	0.030	0.844	0.060	0.047	0.003	0.002	0.378
重庆	0.370	0.015	0.586	0.134	0.139	0.041	0.197	0.342
四川	0.370	0.022	0.537	0.334	0.284	0.198	0.932	0.560
贵州	0.370	0.025	0.565	0.085	0.076	0.144	0.073	0.437
云南	0.370	0.026	0.763	0.153	0.126	0.240	0.049	0.521
西藏	0.370	1.000	0.183	0.000	0.003	1.000	0.000	0.339
陕西	0.220	0.007	0.631	0.232	0.151	0.197	0.675	1.000
甘肃	0.220	0.005	0.172	0.069	0.087	0.358	0.047	0.673
青海	0.220	0.098	0.086	0.033	0.018	0.618	0.118	0.476
宁夏	0.220	0.001	0.181	0.046	0.035	1.000	0.050	0.237
新疆	0.220	0.023	0.065	0.127	0.126	0.436	0.850	0.782

由表4-3自然条件与环境治理指标要素指数,可以看出31个省市(自治区)在自然条件与环境治理方面的差异。在水资源总量方面,中西部地区的优势更加明显,西藏排名第一,随后是青海和海南;而排名靠后的三个省市则是天津、北京和河北,这说明渤海湾是我国水资源相对匮乏的地区。

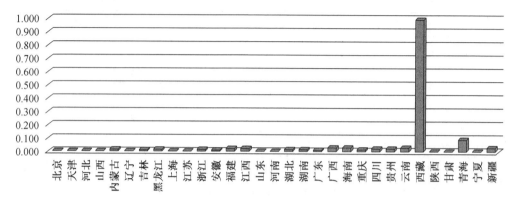

图4-1 全国31个省市(自治区)水资源总量指数柱状图

森林资源较为丰富的则是福建、江西和浙江,这三个省的森林覆盖指数都超过了0.9;排名靠后的则是新疆、青海和天津。

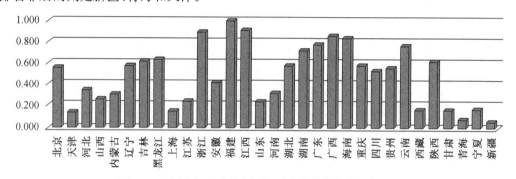

图4-2 全国31个省市(自治区)森林覆盖率指数柱状图

无害化处理厂日处理能力指数,广东、江苏、浙江和山东都超过了0.5;排名靠后的则是西藏、青海和宁夏这三个西部省区。

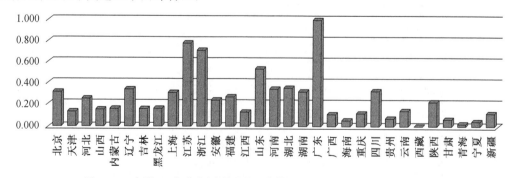

图4-3 全国31个省市(自治区)无害化处理厂日处理能力指数柱状图

广东、江苏、山东、浙江和上海的污水处理能力指数名列前五,西藏、青海和宁夏排名后三位。

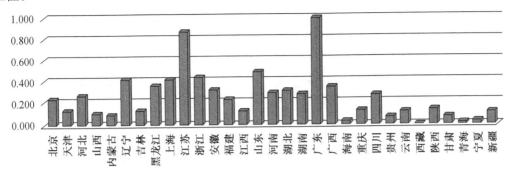

图4-4　全国31个省市(自治区)污水处理能力指数柱状图

西藏、宁夏、青海、福建和浙江5个省区的污水处理资金率处于第一梯队,都超过0.5;海南、北京、吉林、重庆、黑龙江、湖北、广东、湖南和安徽9个省的污水处理资金率指数不足0.1,排名靠后①。

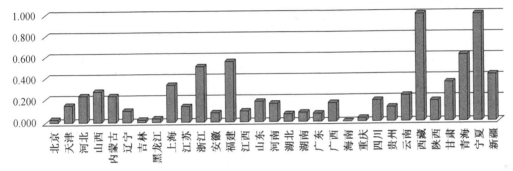

图4-5　全国31个省市(自治区)污水处理资金率柱状图

矿产资源上,内蒙古、四川、新疆和山西的矿产资源丰裕度高,矿产资源指数都超过了0.7;上海、西藏和浙江则较为匮乏②。

---

①　省级层面的污水处理能力用污水治理投资额(万元)除以污水排放总量(万吨),该比重越高说明处理单位污水投入的金额越大,在技术相同的条件下,污水处理能力也就越强。

②　由于统计年鉴上矿产资源的单位不统一,不能直接相加进行换算。本文的处理方法是,将石油、煤炭、铁矿、锰矿、铬矿、钒矿、原生钛铁矿、铜矿、铅矿、锌矿、铝土矿、菱镁矿、硫铁矿、磷矿和高岭土统计年鉴上公布的15中矿产的单位换算为万吨,然后相加,将数值最高的看成是指数1,换算成各个省的指数,计为a。然后将天然气数值最高的省份看成指数1,其他的身份依次换算,该指数计为b。随后取a和b的均值,得到最后的矿产资源指数。

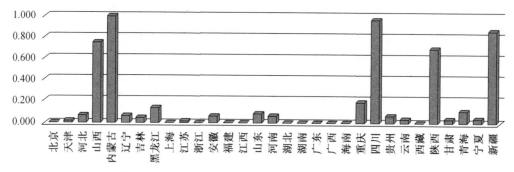

图 4-6　全国 31 个省市(自治区)矿产资源指数柱状图

陕西、河南和黑龙江的人口密度指数较大,内蒙古、宁夏和山东则相对较低。

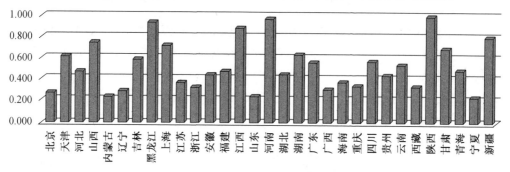

图 4-7　全国 31 个省市(自治区)人口密度指数柱状图

三、资产与负债的划分

按照表 4-3 所示,是自然条件与环境治理系统中各指标要素的指数换算结果,而各个统计指标用数据衡量,因此还有"资产"要素与"负债"要素的区分。

所谓"资产",是指地区拥有的任何具有商业或交换价值的,预期会给所在地区带来经济利益的资源。在自然条件与环境治理系统中,主要表现为有利的自然条件和有效的环境治理要素,从数据上说是正的,表示越多越好,从表 4-3 可以看出,区位、水资源、森林覆盖、无害化处理厂日处理能力、污水日处理能力、污水处理率和矿产资源等前 7 项指标指数都是"资产"要素指数,这些指标指数的数值越大,表明情况越好。

所谓"负债",是地区在一定时期之后必须偿还的债务,预期会导致利益流出。在自然条件与环境治理系统中,主要表现为不利的自然条件和无效的环境治理要素,从数据说是负的,数据越大表示情况越差,从表 4-3 可以看出,第 8 项指标人口密度是"负债"要素指数,表明指标指数的数值越大,情况越差。

区分了自然条件与环境治理系统中的"资产"要素和"负债"要素,可以综合计算表 4-4 "自然条件与环境治理指数 1",它是前面 7 项"资产"要素指数与"负债"要素指数的算数平均数,具体按照以下公式(1)和(2)进行计算,得出中国 31 个省市(自治区)自然条件与环境治理的综合指数 1。

$$自然条件与环境治理指数1 = \frac{\sum "资产"类要素指数 - \sum "负债"类要素指数}{"资产"要素指数数量 + "负债"要素指数数量} \quad (1)$$

具体到自然条件与环境治理系统,自然条件与环境治理指数1的公式为下式(2):

$$自然条件与环境治理指数1 = \frac{7项"资产"类要素指数加总 - 1项"负债"类要素指数}{8}$$

$$(2)$$

除了以上计算的"自然条件与环境治理指数1"之外,本研究继续计算"自然条件与环境治理指数2",指数2的计算公式是在自然条件与环境治理系统中,不区分"资产"与"负债"要素,将所有要素加总,进行算数平均,这种要素综合指数的统计虽然在这里看来没有意义,但是符合本研究后续"比较优势"的理论基础,是在各地理单元中、各要素中"优中取优、劣中取优",将所有的要素既看成是资产,也看成是负债,只不过排序在前资产得分多、排序在后负债得分多,充分体现了"比较优势"的理论,"自然条件与环境治理指数2"是后续研究的基础数据。

表4-4　自然条件与环境治理综合指数

	区位指数	水资源指数	森林覆盖指数	无害化处理厂日处理能力指数	污水处理能力指数	污水处理资金率指数	矿产资源指数	人口密度指数	自然条件与环境治理指数1	自然条件与环境治理指数2
北京	0.550	0.001	0.566	0.329	0.238	0.024	0.004	0.279	0.179	0.249
天津	0.550	0.001	0.150	0.145	0.141	0.165	0.023	0.608	0.071	0.223
河北	0.550	0.001	0.357	0.265	0.282	0.234	0.078	0.464	0.163	0.279
山西	0.550	0.002	0.275	0.162	0.112	0.288	0.730	0.726	0.174	0.356
内蒙古	0.550	0.015	0.321	0.172	0.102	0.226	1.000	0.236	0.269	0.328
辽宁	0.540	0.002	0.583	0.349	0.422	0.116	0.073	0.295	0.224	0.298
吉林	0.540	0.008	0.616	0.168	0.141	0.028	0.061	0.579	0.123	0.268
黑龙江	0.540	0.018	0.658	0.169	0.372	0.045	0.148	0.904	0.131	0.357
上海	1.000	0.001	0.164	0.316	0.424	0.343	0.000	0.699	0.194	0.368
江苏	1.000	0.004	0.241	0.779	0.873	0.153	0.011	0.372	0.336	0.429
浙江	1.000	0.015	0.901	0.708	0.451	0.506	0.001	0.334	0.406	0.490
安徽	1.000	0.009	0.420	0.233	0.332	0.096	0.072	0.441	0.215	0.325
福建	1.000	0.023	1.000	0.280	0.234	0.546	0.006	0.480	0.326	0.446
江西	1.000	0.026	0.915	0.143	0.130	0.108	0.004	0.853	0.184	0.397
山东	1.000	0.001	0.255	0.542	0.503	0.194	0.093	0.261	0.291	0.356
河南	0.840	0.002	0.328	0.358	0.303	0.174	0.073	0.941	0.142	0.377
湖北	0.840	0.011	0.585	0.370	0.329	0.079	0.006	0.447	0.222	0.333

(续表)

	区位指数	水资源指数	森林覆盖指数	无害化处理厂日处理能力指数	污水处理能力指数	污水处理资金率指数	矿产资源指数	人口密度指数	自然条件与环境治理指数1	自然条件与环境治理指数2
湖南	0.840	0.019	0.728	0.333	0.297	0.092	0.007	0.621	0.212	0.367
广东	0.820	0.011	0.782	1.000	1.000	0.084	0.001	0.548	0.394	0.531
广西	0.820	0.030	0.862	0.125	0.362	0.182	0.002	0.308	0.259	0.336
海南	0.820	0.030	0.844	0.060	0.047	0.003	0.002	0.378	0.179	0.273
重庆	0.370	0.015	0.586	0.134	0.139	0.041	0.197	0.342	0.143	0.228
四川	0.370	0.022	0.537	0.334	0.284	0.198	0.932	0.560	0.265	0.405
贵州	0.370	0.025	0.565	0.085	0.076	0.144	0.073	0.437	0.113	0.222
云南	0.370	0.026	0.763	0.153	0.126	0.240	0.049	0.521	0.151	0.281
西藏	0.370	1.000	0.183	0.000	0.003	1.000	0.000	0.339	0.277	0.362
陕西	0.220	0.007	0.631	0.232	0.151	0.197	0.675	1.000	0.139	0.389
甘肃	0.220	0.005	0.172	0.069	0.087	0.358	0.047	0.673	0.036	0.204
青海	0.220	0.098	0.086	0.033	0.018	0.618	0.118	0.476	0.089	0.208
宁夏	0.220	0.001	0.181	0.046	0.035	1.000	0.050	0.237	0.162	0.221
新疆	0.220	0.023	0.065	0.127	0.126	0.436	0.850	0.782	0.133	0.329

四、自然条件与环境治理综合指数

自然条件与环境治理指数结果如表4-4中最后两列所示,综合指数1是具有统计学意义的,在此只分析"自然条件与环境治理指数1"。可以看出,在全国31个省市(自治区)中,

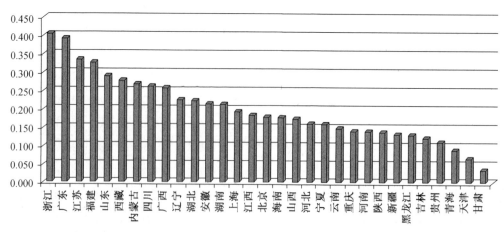

图4-8 全国31省市自治区自然条件与环境治理指数1柱状图

浙江的自然条件与环境治理指数排名第一,达到 0.406,这也是 31 个省市(自治区)中唯一一个得分超过 0.4 的。广东、江苏和福建三个省的得分分别为 0.394、0.336 和 0.326,位列二到四名。山东、西藏、内蒙古、四川、广西、辽宁、湖北、安徽和湖南 9 个省的得分在 0.2 到 0.3 之间,属于第二梯队。上海、江西、北京、海南、山西、河北、宁夏、云南、重庆、河南、山西、新疆、黑龙江、吉林和贵州 15 个省的得分在 0.1 到 0.2 之间,属于第三梯队。甘肃、天津和青海三个省的得分不足 0.1,是排名最后的三个省。图 4-8 是自然条件与环境治理综合指数 1 的柱状图,总体看来,在自然条件与环境治理方面,全国 31 个省市(自治区)具有明显的差异。

第二节　中国各省市(自治区)经济条件指标衡量

一、指标衡量数据

在经济条件指标 5 要素中,运用 5 项数据进行衡量,分别是地区生产总值、地区第二产业生产总值、地区第三产业生产总值、地区科学 R&D 经费投入总值和与 2005 年基期比较的增长指数。

表 4-5　经济条件指标要素衡量

系统分类	指标要素	指标衡量数据	单位	负债
经济条件	生产总值	地区生产总值	亿元	
	第二产业生产总值	地区第二产业生产总值	亿元	*
	第三产业生产总值	地区第三产业生产总值	亿元	
	科研投入	地区科学 R&D 经费总值	亿元	
	生产总值增长	与 2005 年基期比较的增长指数	%	

二、单位与指数化

以上各个指标衡量数据的单位有不同,我们按照同样的方法,以去除各指标要素不同单位的影响,将各个指标指数化。如"地区生产总值"指标指数化,根据全国各省市(自治区)2014 年地区生产总值(数据来源于《中国统计年鉴(2015)》),将生产总值最高的广东看成是指数 1,换算其他各个省市(自治区)生产总值指数。以下均是同样的道理,大部分数据来源于《中国统计年鉴(2015)》,将数值最高的省份看成是指数 1,换算其他各个省份的各项指标指数。"与 2005 年基期比较的增长指数"指标分别以各省市(自治区)2005 年生产总值为基期,计算 2014 年地区生产总值的增长率,重庆地区生产总值增长指数最高,看成是指数 1,换算其他各个省市(自治区)的地区生产总值增长指数。具体的指标要素指数结果如下表 4-6 所示。

表 4－6　经济条件指标要素指数

	地区生产总值指数	地区生产总值增长指数	第三产业生产总值指数	科研投入指数	第二产业生产总值指数
北京	0.315	0.670	0.500	0.170	0.145
天津	0.232	0.917	0.235	0.235	0.246
河北	0.434	0.596	0.330	0.189	0.478
山西	0.188	0.450	0.171	0.091	0.199
内蒙古	0.262	0.716	0.211	0.078	0.290
辽宁	0.422	0.532	0.360	0.236	0.458
吉林	0.204	0.596	0.150	0.057	0.232
黑龙江	0.222	0.514	0.207	0.069	0.176
上海	0.348	0.642	0.460	0.326	0.260
江苏	0.960	0.798	0.921	1.000	0.982
浙江	0.592	0.697	0.578	0.558	0.610
安徽	0.307	0.844	0.222	0.207	0.353
福建	0.355	0.908	0.287	0.229	0.398
江西	0.232	0.890	0.174	0.093	0.263
山东	0.876	0.798	0.778	0.854	0.916
河南	0.515	0.817	0.390	0.245	0.567
湖北	0.404	0.890	0.342	0.264	0.409
湖南	0.399	0.872	0.343	0.225	0.397
广东	1.000	0.716	1.000	0.999	1.000
广西	0.231	0.780	0.179	0.062	0.233
海南	0.052	0.780	0.055	0.008	0.028
重庆	0.210	1.000	0.201	0.121	0.208
四川	0.421	0.780	0.332	0.142	0.444
贵州	0.137	0.991	0.124	0.030	0.123
云南	0.189	0.743	0.167	0.038	0.168
西藏	0.014	0.991	0.015	0.000	0.011
陕西	0.261	0.890	0.197	0.117	0.305
甘肃	0.101	0.817	0.091	0.034	0.093
青海	0.034	0.844	0.026	0.007	0.039
宁夏	0.041	0.734	0.036	0.014	0.043
新疆	0.137	0.917	0.113	0.026	0.126

由表4-6经济条件指标要素指数,可以看出31个省市(自治区)在经济条件方面的差异。在地区生产总值方面,广东的地区生产总值最高,设定为1;江苏紧随其后,地区生产总值指数为0.960;山东名列第三,地区生产总值指数为0.876,这三个省是第一梯队。浙江、河南、河北、辽宁、四川、湖北、湖南、福建、上海、北京和安徽是第二梯队。排名靠后的省份依次是西藏、青海、宁夏和海南,这四个省份的地区生产总值指数都不足0.1。

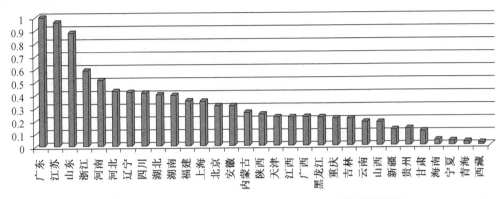

图4-9 全国31个省市(自治区)地区生产总值指数柱状图

在地区生产总值增长方面,重庆生产总值增长最快,设定为指数1,其次是贵州和西藏,地区生产总值增长率指数都是0.991。北京、上海和广东等发达地区的增长率指数都靠后;近几年东北经济持续坍塌,山西转型阵痛期,经济增长持续放缓,这导致了山西、黑龙江、辽宁和吉林四个省排名最后四位。下图4-10是全国31个省市(自治区)生产总值增长率指数的柱状图。

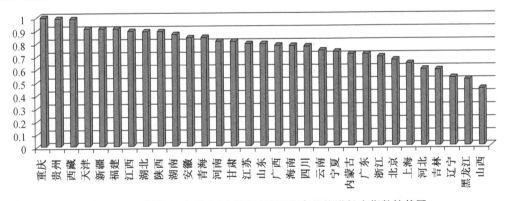

图4-10 全国31个省市(自治区)地区生产总值增长率指数柱状图

在第三产业生产总值方面,广东第三产业生产总值最高,设定为指数1;江苏第二名,指数为0.921;其余省份相差很大,山东名列第三,第三产业总值指数为0.778;浙江、北京和上海分列四到六位,第三产业总值指数分别为0.578、0.5和0.46。西藏、青海、宁夏、海南和甘肃五个省的第三产业总值指数不足0.1,其中西藏的第三产业总值指数仅有0.015,第三产业严重匮乏。详细的情况如下图4-11所示。

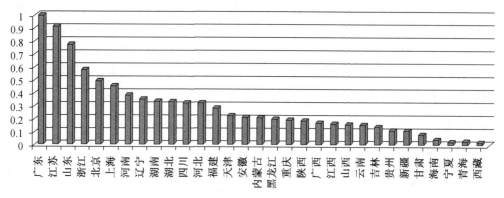

图4-11 全国31个省市(自治区)地区第三产业总值指数柱状图

在科研投入方面,江苏的科研投入金额最多,设定为指数1;其他省份依次换算。与排名第二的广东不相上下,研发投入指数为0.999,可以说,江苏和广东是我国目前最重视科研投入的地区。后面依次是山东、浙江和上海,研发投入指数分别为0.854、0.558和0.326,排名最后的西藏,其研发投入指数仅为0.0002。目前我国各个地区的研发投入差异相当大,分化明显。图4-12是我国31个省市(自治区)研发投入指数的柱状图。

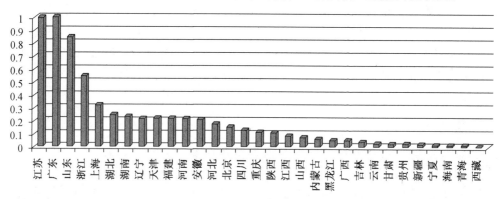

图4-12 全国31个省市(自治区)地区研发投入指数柱状图

在第二产业生产总值指数方面,广东第二产业生产总值最高,设定为指数1;江苏和山东的差异不大,分别为0.982和0.916,这三个省是第一梯队,与后面的省份差距明显。排名第四的浙江第二产业总值得分为0.61,和第三名差了近30个百分点。西藏、海南、青海、宁夏和甘肃五省的第二产业总值指数不足0.1,是最后一个梯队。下图4-13是全国31个省市(自治区)第二产业生产总值指数的柱状图,表现出第一梯队和第二梯队省份差距明显的特点。

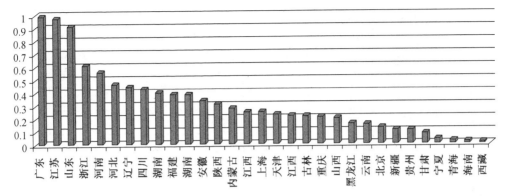

图 4-13　全国 31 个省市(自治区)地区第二产业总值指数柱状图

三、资产与负债的划分

按照表 4-6 所示,是经济条件指标要素的指数换算结果,各个统计指标用数据衡量,仍然有"资产"要素与"负债"要素的区分。

经济条件系统中的"资产",主要表现为有利于经济发展前景和可持续发展的要素,从数据上说是正的,表示越多越好,从表 4-5 可以看出,地区生产总值、地区第三产业生产总值、科研投入总额和地区生产总值增长指数等前 4 项指标指数都是"资产"要素指数,这些指标指数的数值越大,表明情况越好。

经济条件系统中的"负债",主要表现为虽然可能促进经济增长,但是不利于可持续发展的要素,从数据上说是负的,数据越大表示情况越差,从表 4-5 可以看出,第 5 项指标"第二产业生产总值指数"是"负债"要素指数,表明指标指数的数值越大,情况越差。

区分了经济条件系统中的"资产"要素指数和"负债"要素指数,可以综合计算表 4-7 最后两列"经济条件指数 1",它是前面 5 项"资产"要素指数与"负债"要素指数的算数平均数,具体公式仍参照公式(1)和(2)。

继续可以计算"经济条件指数 2",它是所有 5 项要素加总的算数平均数,作为后续研究的基础数据。

表 4-7　经济条件综合指数

	地区生产总值指数	第三产业生产总值指数	研发投入指数	地区生产总值增长指数	第二产业生产总值指数	经济条件综合指数1	经济条件综合指数2
北京	0.315	0.670	0.500	0.170	0.145	0.302	0.360
天津	0.232	0.917	0.235	0.235	0.246	0.275	0.373
河北	0.434	0.596	0.330	0.189	0.478	0.214	0.405
山西	0.188	0.450	0.171	0.091	0.199	0.140	0.220
内蒙古	0.262	0.716	0.211	0.078	0.290	0.195	0.311

（续表）

	地区生产总值指数	第三产业生产总值指数	研发投入指数	地区生产总值增长指数	第二产业生产总值指数	经济条件综合指数1	经济条件综合指数2
辽宁	0.422	0.532	0.360	0.236	0.458	0.218	0.402
吉林	0.204	0.596	0.150	0.057	0.232	0.155	0.248
黑龙江	0.222	0.514	0.207	0.069	0.176	0.167	0.238
上海	0.348	0.642	0.460	0.326	0.260	0.303	0.407
江苏	0.960	0.798	0.921	1.000	0.982	0.539	0.932
浙江	0.592	0.697	0.578	0.558	0.610	0.363	0.607
安徽	0.307	0.844	0.222	0.207	0.353	0.245	0.387
福建	0.355	0.908	0.287	0.229	0.398	0.276	0.435
江西	0.232	0.890	0.174	0.093	0.263	0.225	0.330
山东	0.876	0.798	0.778	0.854	0.916	0.478	0.844
河南	0.515	0.817	0.390	0.245	0.567	0.280	0.507
湖北	0.404	0.890	0.342	0.264	0.409	0.298	0.462
湖南	0.399	0.872	0.343	0.225	0.397	0.288	0.447
广东	1.000	0.716	1.000	0.999	1.000	0.543	0.943
广西	0.231	0.780	0.179	0.062	0.233	0.204	0.297
海南	0.052	0.780	0.055	0.008	0.028	0.173	0.185
重庆	0.210	1.000	0.201	0.121	0.208	0.265	0.348
四川	0.421	0.780	0.332	0.142	0.444	0.246	0.424
贵州	0.137	0.991	0.124	0.030	0.123	0.232	0.281
云南	0.189	0.743	0.167	0.038	0.168	0.194	0.261
西藏	0.014	0.991	0.015	0.000	0.011	0.202	0.206
陕西	0.261	0.890	0.197	0.117	0.305	0.232	0.354
甘肃	0.101	0.817	0.091	0.034	0.093	0.190	0.227
青海	0.034	0.844	0.026	0.007	0.039	0.174	0.190
宁夏	0.041	0.734	0.036	0.014	0.043	0.156	0.174
新疆	0.137	0.917	0.113	0.026	0.126	0.213	0.264

四、经济条件综合指数

经济条件综合指数结果如表4-7中最后两列所示,综合指数1是具有统计学意义的,在此只分析"经济条件综合指数1"。可以看出,在全国31个省市(自治区)中,经济条件指数排在前两位的是广东和江苏,得分为 0.543 和 0.539,这也是 31 个省级单位中仅有的超过 0.5 的省份,比较优势明显。第三名是山东,得分 0.478;第四名为浙江,得分 0.363;第五名是上海,得分 0.303;第六名是北京,得分 0.302。其他 24 个省市(自治区)的指数集中在0.15—0.3 这个区间内。31 个省份中只有山西的经济条件综合指数低于 0.15,仅有 0.14。图 4-14 是经济条件综合指数 1 的柱状图,总体看来,在经济条件方面,全国的区域特征明显,珠三角和长三角的优势明显,东北经济处于相对薄弱的地位。

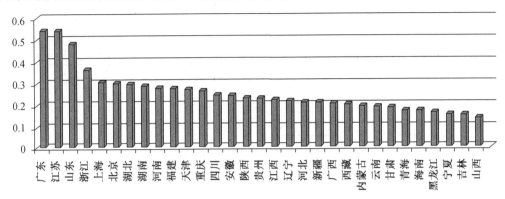

图 4-14 全国 31 个省市(自治区)地区经济条件综合指数 1 柱状图

第三节 中国各省市(自治区)社会条件指标衡量

一、指标衡量数据

社会条件指标只有 6 要素,但有些要素不能简单地运用一个指标进行衡量,需要运用多指标进行综合衡量,所以在社会条件系统中,涉及 11 项具体衡量指标。指标要素总人口,运用"省市(自治区)总人口数量"进行衡量;指标要素文化水平,运用"地区规模以上文化及相关产业法人单位数"和"地区文化制造企业资产总计"综合衡量,分别换算成指数,然后取两者的算数平均数,得出文化水平的指数值;指标要素科技水平,运用"地区新技术销售值"和"地区 R&D 研发人员数量"综合衡量,分别换算成指数,然后取两者的算数平均数,得出科技水平的指数值;指标要素教育水平,运用"普通高等学院数"、"普通中等学校招生数"和"普通高等教育毕业生数"综合衡量,将三项数据分别换算成指数,然后取三者的算数平均数,得出教育水平的指数值;指标要素城镇生活水平,运用"城镇常住居民人均可支配收入"和"城镇常住居民人均生活消费支出"综合衡量,将两项数据分别换算成指数,然后取两者的算数平均数,得出城镇生活水平的指数值;指标要素第三产业占比,运用"第三产业从业人员占比"衡量。

表4-8　社会条件指标要素衡量

系统分类	指标要素	指标衡量数据	单位
社会条件	总人口	省市(自治区)总人口数量	万人
	文化水平	地区规模以上文化及相关产业法人单位数	个
		地区文化制造企业资产总计	万元
	科技水平	地区新技术销售值	万元
		R&D研发人员数量	人
	教育水平	普通高等学院数	所
		普通中等学校招生数	人
		普通高等教育毕业生数	人
	城镇生活水平	城镇常住居民人均可支配收入	元
		城镇常住居民人均生活消费支出	元
	第三产业占比	第三产业从业人员占比	%

二、单位与指数化

以上各个指标衡量数据的单位有不同,按照同样的方法,去除单位的影响,将各个指标指数化。如总人口数量指数化,各省市(自治区)2014年总人口数值来自于《中国统计年鉴》(2015),将总人口数量最多的广东看成是指数1,换算成各个省市(自治区)总人口指数。文化水平指标要素具体运用两个指标进行衡量,分别是地区规模以上文化及相关产业法人单位数(个)和地区文化制造企业资产总计(万元),数据来源于2015年的《中国统计年鉴》,地区规模以上文化及相关产业法人单位数最多的为广东,看成指数1,换算成各个城市法人单位指数;地区文化制造业企业资产总计金额最多的为广东,看成指数1,换算成各个城市文化制造企业资产总计指数。然后将两指数进行算数平均,得到文化水平指数。科学水平指标要素也运用两个指标进行衡量,分别是各省新技术销售值(万元)和R&D研发人员数量(人),数据来源于2015年《中国统计年鉴》。江苏的高技术产业销售值最多,设定为1,进而换算其他省份的值;广东的R&D研发人员人数最多,设定为1,换算其他省份的值。最后再求这两个值的算术平均值,得出最终的科技水平指标。其他指标的指数化过程相似,不再赘述,各指标要素的指数化结果如表4-9所示。

表4-9　社会条件指标要素指数

	总人口指数	文化水平指数	科技水平指数	教育水平指数	城镇生活水平指数	第三产业从业人员占比指数
北京	0.201	0.316	0.158	0.317	0.976	0.948
天津	0.141	0.133	0.213	0.227	0.668	0.547
河北	0.689	0.136	0.159	0.670	0.477	0.679

(续表)

	总人口 指数	文化水平 指数	科技水平 指数	教育水平 指数	城镇生活 水平指数	第三产业 从业人员 占比指数
山西	0.340	0.032	0.062	0.409	0.454	0.628
内蒙古	0.234	0.020	0.044	0.257	0.587	0.698
辽宁	0.409	0.119	0.160	0.515	0.589	0.592
吉林	0.257	0.026	0.064	0.284	0.482	0.627
黑龙江	0.357	0.020	0.055	0.382	0.465	0.618
上海	0.226	0.220	0.290	0.260	1.000	0.742
江苏	0.742	0.889	0.998	0.820	0.685	0.380
浙江	0.514	0.529	0.692	0.515	0.801	0.447
安徽	0.567	0.187	0.224	0.633	0.483	0.592
福建	0.355	0.259	0.205	0.417	0.630	0.440
江西	0.424	0.110	0.071	0.518	0.464	0.546
山东	0.913	0.565	0.581	0.886	0.560	0.541
河南	0.880	0.283	0.268	0.889	0.472	0.540
湖北	0.542	0.157	0.220	0.671	0.491	0.574
湖南	0.628	0.263	0.225	0.641	0.533	0.663
广东	1.000	1.000	0.931	0.936	0.665	0.471
广西	0.443	0.069	0.055	0.414	0.466	0.711
海南	0.084	0.035	0.007	0.094	0.500	0.847
重庆	0.279	0.081	0.128	0.348	0.517	0.596
四川	0.759	0.176	0.131	0.698	0.500	0.634
贵州	0.327	0.027	0.027	0.351	0.448	0.737
云南	0.440	0.041	0.026	0.368	0.480	0.707
西藏	0.030	0.002	0.000	0.028	0.448	1.000
陕西	0.352	0.053	0.084	0.520	0.499	0.675
甘肃	0.242	0.017	0.032	0.272	0.450	0.690
青海	0.054	0.011	0.003	0.053	0.477	0.706
宁夏	0.062	0.008	0.011	0.080	0.483	0.705
新疆	0.214	0.012	0.018	0.222	0.489	0.663

由表4-9社会条件指标要素指数可以看出31个省市(自治区)在社会条件方面的差异。在总人口方面,广东人口最多,其次是山东和河南,指数都超过了0.8;四川、江苏、河北、湖南、安徽、湖北和浙江7个省的指数都超过了0.5,稳居第二梯队;海南、宁夏、青海和西藏的指数都不足0.1,是最后一个梯队。下图4-15是全国31个省市(自治区)总人口指数的柱状图,各省市(自治区)的总人口情况明确地反映在图中。

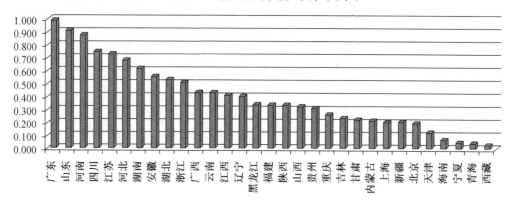

图4-15 全国31个省市(自治区)地区总人口指数柱状图

在文化水平方面,广东的文化水平指数最高,得分为1,说明广东在两个分项的排名都第一;第二名是江苏,其文化水平指数为0.889。这两个省份文化水平指数远高于其他省份。山东和浙江的文化水平指数分别为0.565和0.529,属于第二集团。西藏和宁夏的文化水平指数不足0.01,排名最后。第一名的广东是最后一名的西藏文化水平指数的440倍,这说明我国文化水平的区域差异明显。下图4-16是中国31个省市(自治区)文化水平指数的柱状图。

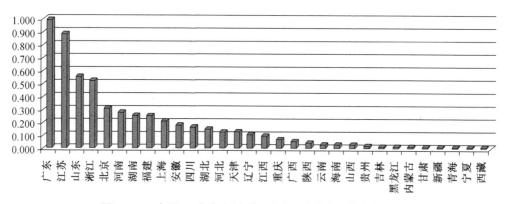

图4-16 全国31个省市(自治区)地区文化水平指数柱状图

在科技水平方面,全国也呈现出典型的双寡头特征,江苏和广东的科技水平得分分别为0.998和0.931(此处的科技水平指数是地区新技术销售值和R&D研发人员数量两个指数的算数平均数,两项分项指标的最高值出现在不同的省份,所以最高指数不是1),远远高于其他省份。浙江和山东的科技水平指数分别为0.692和0.581,属于第二梯队,远高于第五名的上海。大部分省市(自治区)科技水平指数都在0.1到0.3之间,海南和西藏的科技水平指数最低,几乎接近零。下图4-17是全国31个省市(自治区)科技水平指数的柱状图。

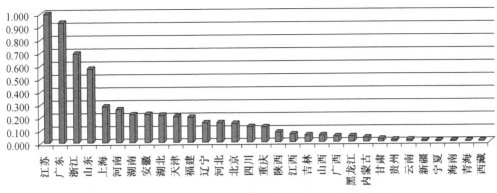

图 4‑17　全国 31 个省市(自治区)科技水平指数柱状图

在教育水平方面,广东最高,为 0.936;其次是河南,指数为 0.889;第三名是山东,指数为 0.886;第四名是江苏,指数为 0.82。这四个省份构成了第一梯队。大部分省市(自治区)的教育水平指数在 0.2 到 0.6 之间,最低的是西藏、青海、宁夏和海南 4 个省区,指数在 0.1以下。下图 4‑18 是全国 31 个省市(自治区)教育水平指数的柱状图。

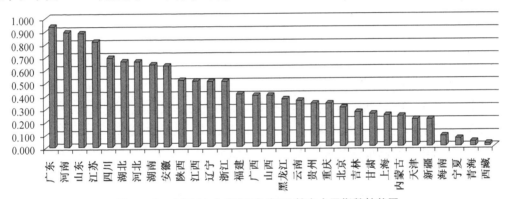

图 4‑18　全国 31 个省市(自治区)教育水平指数柱状图

在城镇生活水平方面,上海城镇生活水平指数最高,为 1;其次是北京和浙江,指数分别为 0.976 和 0.801。大部分省市区的城镇生活水平指数在 0.4 到 0.6 之间,城镇生活水平指数最低的为贵州,指数为 0.448,与其他省市区差别较大。下图4‑19 是全国 31 个省市(自治区)城镇生活水平指数的柱状图。

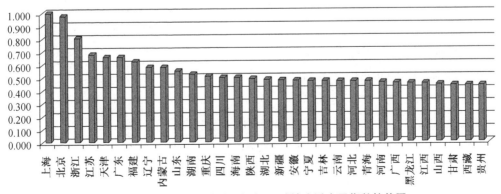

图 4‑19　全国 31 个省市(自治区)城镇生活水平指数柱状图

在第三产业从业人员占比方面,西藏由于缺乏工业,其主要的就业主要体现在第三产业,因此第三产业从业人员占比指数最高,为1;其次是北京,指数为0.948;排名第三的是海南,指数为0.847。大多数省份的第三产业从业人员占比指数在0.5到0.7之间,仅有广东、浙江、福建和江苏4个省的第三产业从业人员指数不足0.5。下图4-20是全国31个省市(自治区)第三产业从业人员占比指数的柱状图,各省市的第三产业从业人员占比总体水平较高,区域差别不是太大。

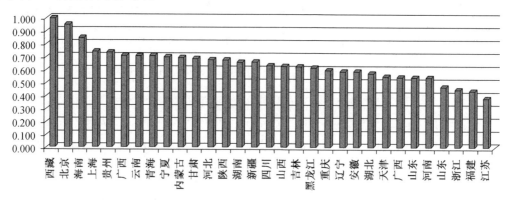

图4-20 全国31个省市(自治区)第三产业从业人员占比指数柱状图

三、资产与负债的划分

按照表4-10所示,是社会条件指标要素的指数换算结果。社会条件系统中的"资产",主要表现为有利于社会发展的要素,从数据上说是正的,表示越多越好,从表4-10可以看出,所有的社会条件要素指数都是"资产",都是正向促进社会发展的指标,不存在"负债"指标要素。

区分了社会条件系统中的"资产"要素指数和"负债"要素指数,可以综合计算表4-10最后两列"社会条件指数1",它是前面6项"资产"要素指数的算数平均数,具体公式仍参照公式(1)。由于社会条件指数中没有"负债"项,所以"社会条件指数1"和"社会条件指数2"是相同的。

表4-10 社会条件综合指数

	总人口指数	文化综合指数	科技综合指数	教育综合指数	城镇生活综合指数	第三产业从业人员占比指数	社会条件综合指数1	社会条件综合指数2
北京	0.201	0.316	0.158	0.317	0.976	0.948	0.486	0.486
天津	0.141	0.133	0.213	0.227	0.668	0.547	0.322	0.322
河北	0.689	0.136	0.159	0.670	0.477	0.679	0.468	0.468
山西	0.340	0.032	0.062	0.409	0.454	0.628	0.321	0.321
内蒙古	0.234	0.020	0.044	0.257	0.587	0.698	0.307	0.307
辽宁	0.409	0.119	0.160	0.515	0.589	0.592	0.398	0.398

（续表）

	总人口指数	文化综合指数	科技综合指数	教育综合指数	城镇生活综合指数	第三产业从业人员占比指数	社会条件综合指数1	社会条件综合指数2
吉林	0.257	0.026	0.064	0.284	0.482	0.627	0.290	0.290
黑龙江	0.357	0.020	0.055	0.382	0.465	0.618	0.317	0.317
上海	0.226	0.220	0.290	0.260	1.000	0.742	0.456	0.456
江苏	0.742	0.889	0.998	0.820	0.685	0.380	0.752	0.752
浙江	0.514	0.529	0.692	0.515	0.801	0.447	0.583	0.583
安徽	0.567	0.187	0.224	0.633	0.483	0.592	0.448	0.448
福建	0.355	0.259	0.205	0.417	0.630	0.440	0.384	0.384
江西	0.424	0.110	0.071	0.518	0.464	0.546	0.355	0.355
山东	0.913	0.565	0.581	0.886	0.560	0.541	0.674	0.674
河南	0.880	0.283	0.268	0.889	0.472	0.540	0.555	0.555
湖北	0.542	0.157	0.220	0.671	0.491	0.574	0.443	0.443
湖南	0.628	0.263	0.225	0.641	0.533	0.663	0.492	0.492
广东	1.000	1.000	0.931	0.936	0.665	0.471	0.834	0.834
广西	0.443	0.069	0.055	0.414	0.466	0.711	0.360	0.360
海南	0.084	0.035	0.007	0.094	0.500	0.847	0.261	0.261
重庆	0.279	0.081	0.128	0.348	0.517	0.596	0.325	0.325
四川	0.759	0.176	0.131	0.698	0.500	0.634	0.483	0.483
贵州	0.327	0.027	0.027	0.351	0.448	0.737	0.319	0.319
云南	0.440	0.041	0.026	0.368	0.480	0.707	0.344	0.344
西藏	0.030	0.002	0.000	0.028	0.448	1.000	0.251	0.251
陕西	0.352	0.053	0.084	0.520	0.499	0.675	0.364	0.364
甘肃	0.242	0.017	0.032	0.272	0.450	0.690	0.284	0.284
青海	0.054	0.011	0.003	0.053	0.477	0.706	0.217	0.217
宁夏	0.062	0.008	0.011	0.080	0.483	0.705	0.225	0.225
新疆	0.214	0.012	0.018	0.222	0.489	0.663	0.270	0.270

四、社会条件综合指数

社会条件综合指数结果如表4-10中最后两列所示,综合指数1和综合指数2相同,均是具有统计学意义的。可以看出,全国31个省市(自治区)中,社会条件指数排在前列的是广东(0.834)、江苏(0.752)和山东(0.674),处于社会条件的第一梯队;其次是浙江、河南、湖南、北京、四川、河北、上海、安徽和湖北,这9个省的指数在0.4到0.6之间,为第二梯队。

剩下的省份指数在 0.2 到 0.4 之间,为第三梯队,其中青海的社会条件指数为 0.217,排名最后。图 4 - 21 是社会条件综合指数 1 的柱状图,总体看来,在社会条件方面,全国 31 个省市(自治区)还是有差别的。

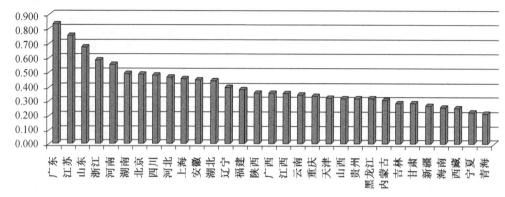

图 4 - 21 全国 31 个省市(自治区)社会条件综合指数 1 柱状图

第四节 中国各省市(自治区)资源利用指标衡量

一、指标衡量数据

在资源利用指标 9 要素中,运用 9 项指标衡量,分别是工业用电量(亿千瓦时)、人均日生活用水量(升)、生产用水量(万立方米)、工业废水排放量(万吨)、二氧化硫排放量(万吨)、一般工业固体废物产生量(万吨)、工业污染源治理项目本年完成投资(万元)、当年完成环保验收项目环保投资(万元)和地区污水日处理能力(万吨)。

表 4 - 11 资源利用指标要素数据衡量

系统分类	指标要素	指标衡量数据	单位	负债
资源利用	工业用电量	工业用电量	亿千瓦时	*
	人均日生活用水	人均日生活用水量	升	*
	生产用水量	生产用水量	万立方米	*
	工业废水排放	工业废水排放量	万吨	*
	二氧化硫排放	二氧化硫排放量	万吨	*
	一般工业固体废物产生量	一般工业固体废物产生量	万吨	*
	工业污染源治理项目本年投资	工业污染源治理项目本年完成投资	万元	
	当年完成环保验收项目环保投资	当年完成环保验收项目环保投资	亿元	
	城市污水日处理	地区污水日处理能力	万吨	

二、单位与指数化

以上各个指标衡量数据的单位有不同,按照同样的方法,去除单位的影响,将各个指标指数化。如省市(自治区)工业用电量指数化,各省市(自治区)2014 年的工业用电量数值来自于《中国统计年鉴》(2015),将工业用电量最多的广东看成是指数 1,换算成各个省份工业用电量指数。其他数据的指数化过程相似,不再赘述。资源利用指数化的结果如下表4－12所示。

表 4－12 资源利用指标要素指数

	工业用电量指数	人均日生活用水指数	生产用水量指数	工业废水排放指数	二氧化硫排放指数	一般工业固体废物产生量指数	老工业污染源治理项目本年完成投资指数	当年完成环保验收项目环保投资指数	城市污水日处理指数
北京	0.179	0.570	0.125	0.167	0.050	0.024	0.053	0.053	0.238
天津	0.152	0.378	0.136	0.099	0.132	0.041	0.156	0.156	0.141
河北	0.633	0.355	0.268	0.342	0.748	1.000	0.628	0.628	0.282
山西	0.348	0.348	0.136	0.160	0.760	0.720	0.220	0.220	0.112
内蒙古	0.462	0.315	0.125	0.124	0.825	0.553	0.547	0.547	0.102
辽宁	0.389	0.401	0.423	0.290	0.625	0.684	0.270	0.270	0.422
吉林	0.128	0.373	0.271	0.135	0.234	0.118	0.116	0.116	0.141
黑龙江	0.164	0.354	0.271	0.165	0.297	0.151	0.125	0.125	0.372
上海	0.262	0.567	0.243	0.244	0.118	0.046	0.126	0.126	0.424
江苏	0.957	0.637	0.837	0.664	0.569	0.261	0.342	0.342	0.873
浙江	0.670	0.599	0.526	0.462	0.361	0.108	0.477	0.477	0.451
安徽	0.303	0.507	0.227	0.301	0.310	0.286	0.124	0.124	0.332
福建	0.354	0.550	0.189	0.288	0.224	0.115	0.299	0.299	0.234
江西	0.195	0.543	0.073	0.230	0.336	0.258	0.087	0.087	0.130
山东	0.807	0.422	0.656	0.568	1.000	0.458	1.000	1.000	0.503
河南	0.558	0.326	0.310	0.467	0.753	0.380	0.392	0.392	0.303
湖北	0.316	0.640	0.300	0.333	0.367	0.191	0.186	0.186	0.329
湖南	0.273	0.617	0.191	0.342	0.392	0.165	0.122	0.122	0.297
广东	1.000	0.752	1.000	1.000	0.459	0.135	0.267	0.267	1.000
广西	0.250	0.714	0.279	0.242	0.293	0.192	0.126	0.126	0.362
海南	0.048	0.740	0.037	0.043	0.021	0.012	0.040	0.040	0.047
重庆	0.166	0.444	0.134	0.161	0.331	0.073	0.035	0.035	0.139

(续表)

	工业用电量指数	人均日生活用水指数	生产用水量指数	工业废水排放指数	二氧化硫排放指数	一般工业固体废物产生量指数	老工业污染源治理项目本年完成投资指数	当年完成环保验收项目环保投资指数	城市污水日处理指数
四川	0.385	0.657	0.187	0.366	0.501	0.340	0.164	0.164	0.284
贵州	0.224	0.485	0.035	0.123	0.582	0.176	0.130	0.130	0.076
云南	0.292	0.392	0.084	0.174	0.400	0.345	0.172	0.172	0.126
西藏	0.006	1.000	0.009	0.006	0.003	0.009	0.007	0.007	0.003
陕西	0.234	0.468	0.138	0.161	0.491	0.207	0.236	0.236	0.151
甘肃	0.202	0.445	0.088	0.073	0.362	0.146	0.124	0.124	0.087
青海	0.138	0.536	0.045	0.025	0.097	0.296	0.053	0.053	0.018
宁夏	0.162	0.452	0.053	0.041	0.237	0.088	0.193	0.193	0.035
新疆	0.363	0.522	0.123	0.114	0.536	0.186	0.223	0.223	0.126

由表4-12资源利用指标要素指数,可以看出,31个省市(自治区)在资源利用方面存在很大差异。在工业用电量方面,广东工业用电量最多,指数为1;江苏与广东差距不大,相差4.3个百分点;山东排名第三,工业用电量指数为0.807。31个省市(自治区)的工业用电量均值为0.343,有19个省市自治区的工业用电量指数低于均值。其中,海南和西藏的工业用电量不足0.1。图4-22是31个省市(自治区)工业用电量指数的柱状图,各省市(自治区)差别明显。

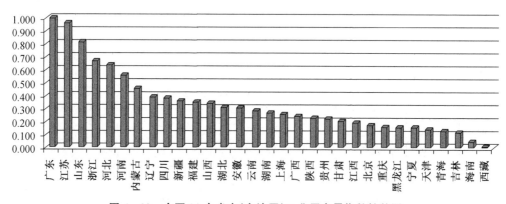

图4-22 全国31个省市(自治区)工业用电量指数柱状图

在人均日生活用水方面,西藏的人均日生活用水量最多,指数为1;广东和海南紧随其后;然后是广西和四川。大部分省份的人均生活用水指数在0.4到0.6之间。云南、天津、吉林、河北、黑龙江、山西、河南和内蒙古8个省的指数不足0.4,排名靠后。下图4-23是全国31个省市(自治区)人均日生活用水指数的柱状图。

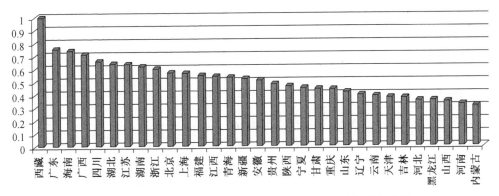

图 4-23　全国 31 个省市(自治区)人均日生活用水指数柱状图

在生产用水方面,广东的生产用水量指数依旧是最高的,指数为 1;江苏排名第二,指数为 0.837;第三名山东指数为 0.656,领先第四名浙江 13 个百分点。可以看出排名靠前的省份之间差距较大。中间大部分省份的生产用水指数在 0.1 到 0.3 之间。青海、海南、贵州和西藏 4 个省区的生产用水指数不足 0.05,排名最后四位。下图 4-24 是全国 31 个省市(自治区)生产用水指数的柱状图。

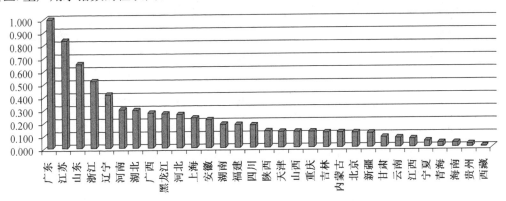

图 4-24　全国 31 个省市(自治区)生产用水指数柱状图

在工业废水排放方面,广东工业废水排放量最多,指数为 1,其余省份与广东相差很大。江苏的工业废水排放量排名第二,指数仅为 0.664,比广东低 33 个百分点。第三名为山东,工业废水排放指数为 0.568,比江苏少 9 个百分点,比第四名的河南多 10 个百分点。大多数的省份工业废水排放量指数在 0.1 到 0.3 之间。仅有天津、甘肃、海南、宁夏、青海和西藏 6 个省份的工业废水排放指数低于 0.1。其中,西藏的工业废水排放量指数仅有 0.006,排名最后。下图 4-25 是全国 31 个省市(自治区)工业废水排放量指数的柱状图。

在二氧化硫排放方面,山东二氧化硫排放量最多,指数为 1;其他省份和山东有一定的距离,内蒙古和山西二氧化硫排放量位居第二、第三位,排放量指数分别为 0.825 和 0.76。二氧化硫排放量指数最小的是海南和西藏,指数仅为 0.021 和 0.003,与山东差距巨大。下图4-26是全国 31 个省市(自治区)二氧化硫排放量指数的柱状图,各省份间差别明显,山东二氧化硫排放量一家独大。

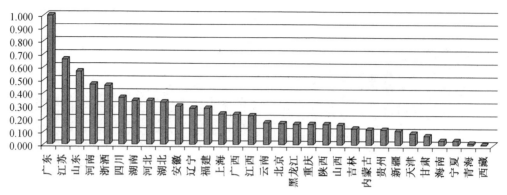

图4-25　全国31个省市(自治区)工业废水排放指数柱状图

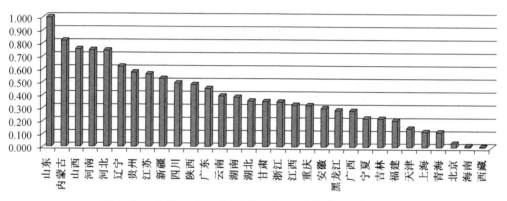

图4-26　全国31个省市(自治区)二氧化硫排放指数柱状图

在一般工业固体废物产生量方面,河北一般工业固体废物产生量最多,指数为1,其余省份与河北相差很大。山西一般工业固体废物产生量指数位居第二,仅为0.72。辽宁和内蒙古一般工业固体废物生产量指数位居第三和第四位,分别为0.684和0.553。其余省份一般工业固体废物产生量指数在0.1到0.4之间。西藏指数最低,为0.009,与河北差距巨大。下图4-27是全国31个省市(自治区)一般工业固体废物产生量指数的柱状图,各省市(自治区)间差别明显,河北一般工业固体废物产生量一家独大。

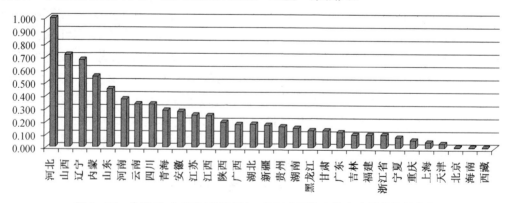

图4-27　全国31个省市(自治区)一般工业固体废物产生量指数柱状图

在工业污染源治理项目本年完成投资方面,山东工业污染源治理项目本年完成投资额最多,指数为1,远远高于其他省份。河北和内蒙古分别排名二、三位,指数仅有0.628和0.547。浙江名列第四,指数为0.477。其余大部分省市(自治区)工业污染源治理项目本年完成投资指数在0.1到0.4之间,西藏指数最低,为0.007,与山东差距巨大。下图4-28是全国31个省市(自治区)工业污染源治理项目本年完成投资指数的柱状图。

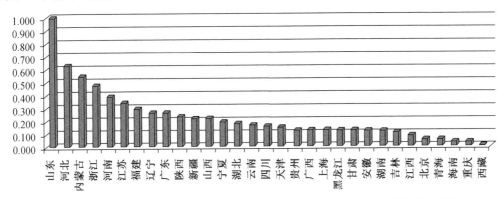

图4-28　全国31个省市(自治区)工业污染源治理项目本年完成投资指数柱状图

在当年完成环保验收项目环保投资方面,山东当年完成环保验收项目环保投资额最多,指数为1,河北完成投资额位居第二,指数为0.628,位于第三位的是内蒙古,指数为0.547。浙江、河南和江苏分列四到六位,指数分别为0.477、0.392和0.342。其余大部分省市(自治区)当年完成环保验收项目环保投资额指数在0.1到0.3之间。指数最低的西藏,仅为0.007,与山东差距巨大。下图4-29是全国31个省市(自治区)当年完成环保验收项目环保投资指数的柱状图,各省市(自治区)间差别较明显。

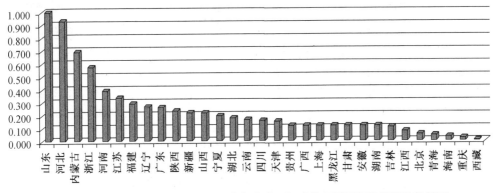

图4-29　全国31个省市(自治区)当年完成环保验收项目环保投资指数柱状图

在各省市(自治区)污水日处理方面,广东污水日处理量最大,指数为1;江苏污水日处理能力第二,指数为0.873。其余省市区城市污水日处理能力与前两名差别较大,山东位居第三,指数为0.503;浙江名列第四,指数为0.451;上海位于第五,指数为0.424;辽宁排名第六,指数为0.422。其余省市(自治区)污水日处理指数在0.1到0.3之间。指数最小的是西藏,为0.003,与广东差距巨大。下图4-30是全国31个省市(自治区)城市污水日处理指数的柱状图,各省市(自治区)间差别明显。

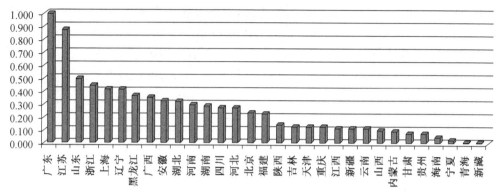

图 4-30　全国 31 个省市(自治区)城市污水日处理能力指数柱状图

三、资产与负债的划分

表 4-12 所示是资源利用指标要素的指数换算结果。资源利用系统中的"资产",主要表现为有利于社会发展的资源利用方式,从数据上说是正的,表示越多越好,从表 4-12 可以看出,后三项"老工业污染源治理项目本年完成投资"、"当年完成环保验收项目环保投资"和"城市污水日处理"三项指标都是"资产";资源利用系统中的"负债",主要表现为资源利用不利于可持续发展的方式,从数据上说是负的,数据越大表示资源利用情况越差,从表 4-12 可以看出,"工业用电量"、"人均日生活用水"、"生产用水量"、"工业废水排放"、"二氧化硫排放"和"一般工业固体废物产生量"六项指标都是"负债"。

资源利用系统中的"资源利用指数 1"如表 4-13 所示,是前面 6 项"负债"指数与后 3 项"资产"指数的算数平均数,具体公式仍参照公式(1)和(2)。可以看出,在全国 31 个省市(自治区)中,"资源利用指数 1"前所未有地出现了负数,这仅能说明在"资源利用系统"中,"负债"项比较多,"资源利用指数 1"仅进行省份间的比较,不与其他自然条件与环境治理指数、经济条件指数、社会条件指数系统进行横向比较。资源利用指数负值越大,说明省份资源利用状况越差,负值越小,说明城市资源利用状况越好。

继续可以计算"资源利用指数 2",它是所有 9 项要素加总的算数平均数,作为后续研究的基础数据。

表 4-13　资源利用综合指数

	工业用电量指数	人均日生活用水指数	生产用水量指数	工业废水排放指数	二氧化硫排放指数	一般工业固体废物产生量指数	工业污染源治理项目本年完成投资指数	当年完成环保验收项目环保投资指数	城市污水日处理指数	资源利用综合指数 1	资源利用综合指数 2
北京	0.179	0.570	0.125	0.167	0.050	0.024	0.053	0.053	0.238	-0.086	0.730
天津	0.152	0.378	0.136	0.099	0.132	0.041	0.156	0.156	0.141	-0.054	0.696
河北	0.633	0.355	0.268	0.342	0.748	1.000	0.628	0.628	0.282	-0.201	2.442

(续表)

	工业用电量指数	人均日生活用水指数	生产用水量指数	工业废水排放指数	二氧化硫排放指数	一般工业固体废物产生量指数	工业污染源治理项目本年完成投资指数	当年完成环保验收项目环保投资指数	城市污水日处理指数	资源利用综合指数1	资源利用综合指数2
山西	0.348	0.348	0.136	0.160	0.760	0.720	0.220	0.220	0.112	−0.213	1.512
内蒙古	0.462	0.315	0.125	0.124	0.825	0.553	0.547	0.547	0.102	−0.134	1.800
辽宁	0.389	0.401	0.423	0.290	0.625	0.684	0.270	0.270	0.422	−0.206	1.887
吉林	0.128	0.373	0.128	0.135	0.234	0.118	0.116	0.116	0.141	−0.083	0.745
黑龙江	0.164	0.354	0.271	0.165	0.297	0.151	0.125	0.125	0.372	−0.087	1.012
上海	0.262	0.567	0.243	0.244	0.118	0.046	0.126	0.126	0.424	−0.089	1.078
江苏	0.957	0.637	0.837	0.664	0.569	0.261	0.342	0.342	0.873	−0.263	2.741
浙江	0.670	0.599	0.526	0.462	0.361	0.108	0.477	0.477	0.451	−0.147	2.066
安徽	0.303	0.507	0.227	0.301	0.310	0.286	0.124	0.124	0.332	−0.150	1.257
福建	0.354	0.550	0.189	0.288	0.224	0.115	0.299	0.299	0.234	−0.099	1.276
江西	0.195	0.543	0.073	0.230	0.336	0.258	0.087	0.087	0.130	−0.148	0.970
山东	0.807	0.422	0.656	0.568	1.000	0.458	1.000	1.000	0.503	−0.156	3.207
河南	0.558	0.326	0.310	0.467	0.753	0.380	0.392	0.392	0.303	−0.190	1.941
湖北	0.316	0.640	0.300	0.333	0.367	0.191	0.186	0.186	0.329	−0.161	1.424
湖南	0.273	0.617	0.191	0.342	0.392	0.165	0.122	0.122	0.297	−0.160	1.261
广东	1.000	0.752	1.000	1.000	0.459	0.135	0.267	0.267	1.000	−0.312	2.940
广西	0.250	0.714	0.279	0.242	0.293	0.192	0.126	0.126	0.362	−0.151	1.292
海南	0.048	0.740	0.037	0.043	0.021	0.012	0.040	0.040	0.047	−0.086	0.514
重庆	0.166	0.444	0.134	0.161	0.331	0.073	0.035	0.035	0.139	−0.122	0.759
四川	0.385	0.657	0.187	0.366	0.501	0.340	0.164	0.164	0.284	−0.203	1.524
贵州	0.224	0.485	0.035	0.123	0.582	0.176	0.130	0.130	0.076	−0.143	0.981
云南	0.292	0.392	0.084	0.174	0.400	0.345	0.172	0.172	0.126	−0.135	1.079
西藏	0.006	1.000	0.009	0.006	0.003	0.009	0.007	0.007	0.003	−0.113	0.525
陕西	0.234	0.468	0.138	0.161	0.491	0.207	0.236	0.236	0.151	−0.120	1.161
甘肃	0.202	0.445	0.088	0.073	0.362	0.146	0.124	0.124	0.087	−0.109	0.826
青海	0.138	0.536	0.045	0.025	0.097	0.296	0.053	0.053	0.018	−0.113	0.631
宁夏	0.162	0.452	0.053	0.041	0.237	0.088	0.193	0.193	0.035	−0.068	0.727
新疆	0.363	0.522	0.123	0.114	0.536	0.186	0.223	0.223	0.126	−0.141	1.208

四、资源利用综合指数

资源利用综合指数结果如表 4-13 中最后两列所示,综合指数 1 是具有统计学意义的,在此只分析"资源利用综合指数 1"。资源利用最好的省市(自治区)有:天津(-0.054)、宁夏(-0.068)、吉林(-0.083)、北京和海南(均为-0.086)、黑龙江(-0.087)、上海(-0.089)、福建(-0.099)。资源利用略差的省份是:甘肃(-0.109)、青海和西藏(均为-0.113)、陕西(-0.12)、重庆(-0.122)、内蒙古(-0.134)、云南(-0.135)、新疆(-0.141)、贵州(-0.143)、浙江(-0.147)、江西(-0.148)、安徽(-0.15)、广西(-0.151)、山东(-0.156)、湖南(-0.16)、湖北(-0.161)、河南(-0.19)。资源利用指数较低的省份是河北(-0.201)、四川(-0.203)、辽宁(-0.206)、山西(-0.213)、江苏(-0.263)。资源利用最差的是广东(-0.312)。图 4-31 是全国 31 个省市(自治区)资源利用综合指数 1 的柱状图,可以看出,各省市(自治区)资源利用综合指数相差较大。

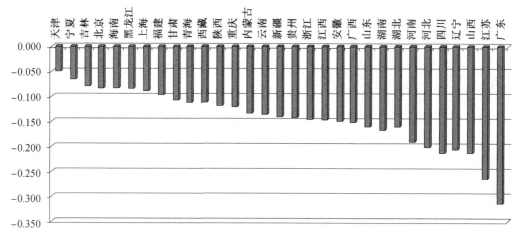

图 4-31　全国 31 个省市(自治区)资源综合利用指数 1 柱状图

第五节　中国各省市(自治区)绿色资源资产负债指数总水平

将表 4-4、表 4-7、表 4-10 和表 4-13 中的"综合指数 1",即四大系统换算的指数进行汇总成下表 4-14,需要再次强调的是,表 4-14 仅进行每一系统省市(自治区)间纵向数值的比较,比较结果已在前面说明,不再赘述。不进行自然条件与环境治理、经济条件、社会条件和资源利用条件四大系统的横向对比,因为指数要素中"资产"、"负债"所占的比例严重影响四大系统数值的大小,这样横向的比较主观性强,统计意义不大。

表 4－14　全国 31 个省市(自治区)绿色资源资产负债指数总水平

	自然条件与环境治理指数	经济条件指数	社会条件指数	资源利用指数	绿色资源资产负债总水平
北京	0.179	0.302	0.486	−0.086	0.220
天津	0.071	0.275	0.322	−0.054	0.154
河北	0.163	0.214	0.468	−0.201	0.161
山西	0.174	0.140	0.321	−0.213	0.106
内蒙古	0.269	0.195	0.307	−0.134	0.159
辽宁	0.224	0.218	0.398	−0.206	0.159
吉林	0.123	0.155	0.290	−0.083	0.121
黑龙江	0.131	0.167	0.317	−0.087	0.132
上海	0.194	0.303	0.456	−0.089	0.216
江苏	0.336	0.539	0.752	−0.263	0.341
浙江	0.406	0.363	0.583	−0.147	0.301
安徽	0.215	0.245	0.448	−0.150	0.190
福建	0.326	0.276	0.384	−0.099	0.222
江西	0.184	0.225	0.355	−0.148	0.154
山东	0.291	0.478	0.674	−0.156	0.322
河南	0.142	0.280	0.555	−0.190	0.197
湖北	0.222	0.298	0.443	−0.161	0.201
湖南	0.212	0.288	0.492	−0.160	0.208
广东	0.394	0.543	0.834	−0.312	0.365
广西	0.259	0.204	0.360	−0.151	0.168
海南	0.179	0.173	0.261	−0.086	0.132
重庆	0.143	0.265	0.325	−0.122	0.153
四川	0.265	0.246	0.483	−0.203	0.198
贵州	0.113	0.232	0.319	−0.143	0.130
云南	0.151	0.194	0.344	−0.135	0.139
西藏	0.277	0.202	0.251	−0.113	0.154
陕西	0.139	0.232	0.364	−0.120	0.154
甘肃	0.036	0.190	0.284	−0.109	0.100
青海	0.089	0.174	0.217	−0.113	0.092
宁夏	0.162	0.156	0.225	−0.068	0.119
新疆	0.133	0.213	0.270	−0.141	0.119

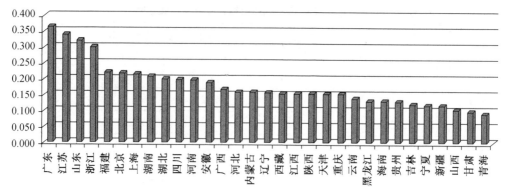

图4-32　全国31个省市(自治区)自然资源资产负债总水平指数柱状图

图4-32是全国31个省市(自治区)绿色资源资产负债指数总水平的柱状图,包含四大系统的指数水平。此图主要是用来从总体上直观地纵向比较全国31个省市(自治区)的四大指标系统的指数水平,比较省市之间的差别。

第六节　中国各省市(自治区)绿色资源资产负债表编制

一、绿色资源资产负债矩阵的构建

在绿色资源资产负债表的制定原理下,依据全国绿色资源资产负债的28项指标与全国31个省市(自治区),作为二维数据的矩阵构成,逐项、逐省市(自治区)统计每一指标的"资产"抑或"负债",共制定出28×31的基层位次矩阵(下表4-15至表4-18),将四大系统中的每一指标要素指数进行排序,形成各大系统的"资产负债矩阵",进一步去单位化,形成省市(自治区)间的资产、负债次序,作为计算全国31个省市(自治区)绿色资源资产负债四大系统中各项的"分资产负债"与"总资产负债"的基础。

如表4-15所示,在自然条件与环境治理系统中,按照每一指标要素的指数,排列出各项指标各城市1—31的次序,作为自然条件与环境治理资产负债矩阵的结果。其中,第一项区位划分为华东、华中、华南、华北、东北、西南和西北7个片区,相应的区位矩阵有1、5、10、15、20、25和30七个。其他指标的区位矩阵均为1—31的排位次序。其他三大系统的资产负债矩阵按照相同的原理排位,结果如下表4-15至4-18所示。

表4-15　自然条件与环境治理资产负债矩阵

	区位	水资源	森林覆盖	无害化日处理能力	污水处理能力	污水处理资金率	矿产资源	人口密度
北京	15	30	15	10	30	30	24	28
天津	15	31	29	21	18	18	19	10
河北	15	29	19	13	11	11	10	17

(续表)

	区位	水资源	森林覆盖	无害化日处理能力	污水处理能力	污水处理资金率	矿产资源	人口密度
山西	15	24	22	19	9	9	4	6
内蒙古	15	14	21	16	12	12	1	31
辽宁	20	23	14	7	21	21	13	27
吉林	20	19	11	18	29	29	15	11
黑龙江	20	12	9	17	27	27	7	3
上海	1	26	28	11	8	8	31	7
江苏	1	22	24	2	19	19	20	22
浙江	1	15	3	3	5	5	29	25
安徽	1	18	18	14	23	23	14	19
福建	1	8	1	12	4	4	23	15
江西	1	6	2	22	22	22	25	4
山东	1	28	23	4	15	15	9	29
河南	5	25	20	6	17	17	12	2
湖北	5	17	13	5	26	26	22	18
湖南	5	11	8	9	24	24	21	9
广东	10	16	6	1	25	25	28	13
广西	10	4	4	25	16	16	26	26
海南	10	3	5	28	31	31	27	21
重庆	25	13	12	23	28	28	6	23
四川	25	10	17	8	13	13	2	12
贵州	25	7	16	26	20	20	11	20
云南	25	5	7	20	10	10	17	14
西藏	25	1	25	31	2	2	30	24
陕西	30	20	10	15	14	14	5	1
甘肃	30	21	27	27	7	7	18	8
青海	30	2	30	30	3	3	8	16
宁夏	30	27	26	29	1	1	16	30
新疆	30	9	31	24	6	6	3	5

表 4-16 经济条件资产负债矩阵

	地区生产总值指数	地区生产总值增长指数	第三产业生产总值指数	科研投入指数	第二产业生产总值指数
北京	13	25	5	14	24
天津	17	4	14	9	17
河北	6	27	12	13	6
山西	24	31	22	19	21
内蒙古	15	23	16	20	14
辽宁	7	29	8	8	7
吉林	22	28	24	23	19
黑龙江	20	30	17	21	22
上海	12	26	6	5	16
江苏	2	15	2	1	2
浙江	4	24	4	4	4
安徽	14	11	15	12	12
福建	11	6	13	10	10
江西	18	9	21	18	15
山东	3	16	3	3	3
河南	5	13	7	7	5
湖北	9	7	10	6	9
湖南	10	10	9	11	11
广东	1	22	1	2	1
广西	19	18	20	22	18
海南	28	19	28	29	30
重庆	21	1	18	16	20
四川	8	17	11	15	8
贵州	25	2	25	26	26
云南	23	20	23	24	23
西藏	31	3	31	31	31
陕西	16	8	19	17	13
甘肃	27	14	27	25	27
青海	30	12	30	30	29
宁夏	29	21	29	28	28
新疆	26	5	26	27	25

表 4 - 17　社会条件资产负债矩阵

	总人口指数	文化水平指数	科技水平指数	教育水平指数	城镇生活水平指数	第三产业从业人员占比指数
北京	26	5	14	21	2	2
天津	27	14	10	26	5	24
河北	6	13	13	7	22	12
山西	18	22	20	16	28	17
内蒙古	23	26	23	25	9	10
辽宁	14	15	12	13	8	21
吉林	21	24	19	22	20	18
黑龙江	15	25	22	17	26	19
上海	24	9	5	24	1	4
江苏	5	2	1	4	4	31
浙江	10	4	3	12	3	29
安徽	8	10	8	9	18	22
福建	16	8	11	14	7	30
江西	13	16	18	11	27	25
山东	2	3	4	3	10	26
河南	3	6	6	2	24	27
湖北	9	12	9	6	16	23
湖南	7	7	7	8	11	14
广东	1	1	2	1	6	28
广西	11	18	21	15	25	6
海南	28	21	29	28	14	3
重庆	20	17	16	20	12	20
四川	4	11	15	5	13	16
贵州	19	23	25	19	30	5
云南	12	20	26	18	21	7
西藏	31	31	31	31	31	1
陕西	17	19	17	10	15	13
甘肃	22	27	24	23	29	11
青海	30	29	30	30	23	8
宁夏	29	30	28	29	19	9
新疆	25	28	27	27	17	15

表4－18 资源利用资产负债矩阵

	工业用电量指数	人均日生活用水指数	生产用水量指数	工业废水排放指数	二氧化硫排放指数	一般工业固体废物产生量指数	工业污染源治理项目本年完成投资指数	当年完成环保验收项目环保投资指数	城市污水日处理指数
北京	23	10	21	17	29	29	28	28	15
天津	27	25	17	26	26	28	17	17	18
河北	5	27	10	7	5	1	2	2	14
山西	12	29	18	21	3	2	12	12	24
内蒙古	7	31	22	23	2	4	3	3	25
辽宁	8	23	5	11	6	3	8	8	6
吉林	29	26	20	22	24	22	25	25	19
黑龙江	25	28	9	18	21	19	21	21	7
上海	17	11	11	13	27	27	20	20	5
江苏	2	7	2	2	8	11	6	6	2
浙江	4	9	4	5	17	24	4	4	4
安徽	14	16	12	10	20	10	22	22	9
福建	11	12	14	12	25	23	7	7	16
江西	22	13	26	15	18	12	26	26	21
山东	3	22	3	3	1	5	1	1	3
河南	6	30	6	4	4	6	5	5	11
湖北	13	6	7	9	15	15	14	14	10
湖南	16	8	13	8	14	18	24	24	12
广东	1	2	1	1	12	21	9	9	1
广西	18	4	8	14	22	14	19	19	8
海南	30	3	29	28	30	30	29	29	28
重庆	24	21	19	20	19	26	30	30	20
四川	9	5	15	6	10	8	16	16	13
贵州	20	17	30	24	7	17	18	18	27
云南	15	24	25	16	13	7	15	15	23
西藏	31	1	31	31	31	31	31	31	31
陕西	19	18	16	19	11	13	10	10	17
甘肃	21	20	24	27	16	20	23	23	26
青海	28	14	28	30	28	9	27	27	30
宁夏	26	19	27	29	23	25	13	13	29
新疆	10	15	23	25	9	16	11	11	22

二、资产和负债的算法基础

到目前为止,我们有 31 个省市(自治区)28 项指标的资产负债矩阵,分别是 31 个省市(自治区)28 项指标的指数排位情况,接下来我们需要对这些资产负债矩阵进行赋值和综合。所谓"赋值",即将每一个排位次序赋予一个合理的分值,能够准确评估某一地区的某一指标要素的资产或负债;所谓"综合",将 31 个省市(自治区)四大系统 28 个指标综合成一个指标,对地区的资产或负债情况进行评估。具体的"赋值"与"综合"步骤说明如下。

1. 资产负债赋值规定

经过对 31 个省市(自治区)28 项要素指标的位次排序,形成如上表 4-15—表 4-18 所示的位次,现需要将某城市 28 个位次按照相对比较优势的原理,形成一个综合位次,运用位次赋分的方法得到综合位次。在以上表 15—表 18 的要素排序中,有关"资产"的要素,形成 1,2,3…,31 的序列,位次为 1,2,3…,31,对应的资产得分为 31,30,29,…,1,组成绿色资源资产负债的"资产"。有关"负债"的要素位次为 1,2,3…,31,对应负债得分为 -1,-2,-3…,-31,组成绿色资源资产负债的"负债"。

根据"相对比较优势"的原理,28 项指标不再区分"资产指标"与"负债指标",按照每个指标即是资产也是负债的理念,以城市之间的排位体现"资产"抑或"负债"的概念,排在前面的资产要素得分高,排在后面的负债要素负分低,真正体现了"优中取优、劣中取轻"的比较优势概念。

2. 资产负债分值的确定

以上四大指数系统资产要素的总分值 x 利用以下公式(3)计算:

$$x = \frac{31 * n_1 + 30 * n_2 + 29 * n_3 + \cdots + 1 * n_{31}}{N} \tag{3}$$

式(3)中,n_i 分别对应该指数系统中的资产要素位次,分别是 1,2,3…,31,N 为资产要素总个数。

各指数系统负债要素的总分值 y 利用下式(4)计算:

$$y = \frac{(-1 * n_1) + (-2 * n_2) + \cdots + (-31 * n_{31})}{N} \tag{4}$$

式(4)中,n_i 分别对应该指数系统中的资产要素位次,分别是 1,2,3…,31,N 为资产要素总个数。

表 4-19　全国 31 个省市(自治区)自然条件与环境治理系统资产负债情况

	资产	负债
北京	9.25	-22.75
天津	11.88	-20.13
河北	16.38	-15.63
山西	18.50	-13.50
内蒙古	16.75	-15.25
辽宁	13.75	-18.25

（续表）

	资产	负债
吉林	13.00	−19.00
黑龙江	16.75	−15.25
上海	17.00	−15.00
江苏	15.88	−16.13
浙江	21.25	−10.75
安徽	15.75	−16.25
福建	23.50	−8.50
江西	19.00	−13.00
山东	16.50	−15.50
河南	19.00	−13.00
湖北	15.50	−16.50
湖南	18.13	−13.88
广东	16.50	−15.50
广西	16.13	−15.88
海南	12.50	−19.50
重庆	12.25	−19.75
四川	19.50	−12.50
贵州	13.88	−18.13
云南	18.50	−13.50
西藏	14.50	−17.50
陕西	18.38	−13.63
甘肃	13.88	−18.13
青海	16.75	−15.25
宁夏	12.00	−20.00
新疆	17.75	−14.25

表4-19是按照公式(3)和公式(4)的赋值得出的全国31个省市(自治区)自然条件与环境治理系统的资产、负债值,进一步地,为了直观表达各个省市(自治区)的资产负债结果,将结果具象为显性的图4-33。可以看出,各个省市(自治区)的自然条件与环境治理系统,资产、负债情况呈现相反的结果,资产值较高的省市,其负债值相对较低。资产值高、负债值低的省市(自治区)有:福建、浙江、四川、江西、河南、山西和云南这7个省份。资产值低、负债值高的省市(自治区)有:北京、天津、重庆、辽宁、吉林、海南和宁夏7个省份。剩下的17个省份的资产值和负债值居中。在自然条件与环境治理系统中,南部省份的资产高、负债相

对较低;东北部省份的负债值高、资产值低;其余省份的资产负债值居中。

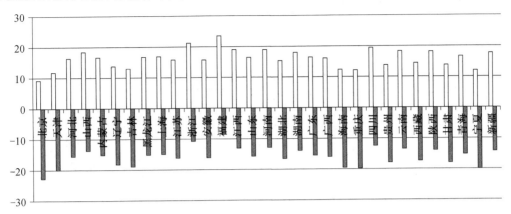

图 4 - 33　全国 31 个省市(自治区)自然条件与环境治理系统资产负债柱形图

表 4 - 20　全国 31 个省市(自治区)经济条件系统资产负债情况

	资产	负债
北京	15.8	−16.2
天津	19.8	−12.2
河北	19.2	−12.8
山西	8.6	−23.4
内蒙古	14.4	−17.6
辽宁	20.2	−11.8
吉林	8.8	−23.2
黑龙江	10	−22
上海	19	−13
江苏	27.6	−4.4
浙江	24	−8
安徽	19.2	−12.8
福建	22	−10
江西	15.8	−16.2
山东	26.4	−5.6
河南	24.6	−7.4
湖北	23.8	−8.2
湖南	21.8	−10.2
广东	26.6	−5.4

（续表）

	资产	负债
广西	12.6	−19.4
海南	5.2	−26.8
重庆	16.8	−15.2
四川	20.2	−11.8
贵州	11.2	−20.8
云南	9.4	−22.6
西藏	6.6	−25.4
陕西	17.4	−14.6
甘肃	8	−24
青海	5.8	−26.2
宁夏	5	−27
新疆	10.2	−21.8

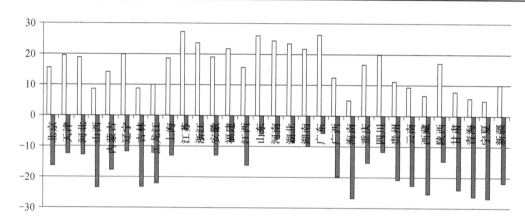

图 4-34　全国 31 个省市(自治区)经济条件系统资产负债柱形图

表 4-20 是按照公式(3)和公式(4)的赋值得出的全国 31 个省市(自治区)经济条件的资产、负债值,进一步地,为了直观表达各个省市(自治区)的资产负债结果,将结果具象为显性的图 4-34。可以看出,各个省市(自治区)的经济条件系统,资产、负债情况呈现相反的结果,例如江苏资产值最高,相应负债值最低,这是符合经济学规律的。

综合来说,在此系统中,资产值高、负债值低的省市(自治区)有:江苏、广东、山东、河南、浙江、湖北、福建和湖南,这 8 个省份经济条件分值高、经济总量大;相反,资产值低、负债值高的城市有:新疆、黑龙江、云南、吉林、山西、甘肃、西藏、青海、海南和宁夏,这 10 个省市(自治区)经济条件分值低、效果差;剩余 13 个省份资产值和负债值均居中。在经济条件系统中,大体呈现的结果是,长三角和珠三角两个经济圈的资产值高、负债值低,而西北和东北负债值高、资产值低,其他省市居中。

表 4 – 21　全国 31 个省市(自治区)社会条件系统资产负债情况

	资产	负债
北京	20.333	−11.667
天津	14.333	−17.667
河北	19.833	−12.167
山西	11.833	−20.167
内蒙古	12.667	−19.333
辽宁	18.167	−13.833
吉林	11.333	−20.667
黑龙江	11.333	−20.667
上海	20.833	−11.167
江苏	24.167	−7.833
浙江	21.833	−10.167
安徽	19.500	−12.500
福建	17.667	−14.333
江西	13.667	−18.333
山东	24.000	−8.000
河南	20.667	−11.333
湖北	19.500	−12.500
湖南	23.000	−9.000
广东	25.500	−6.500
广西	16.000	−16.000
海南	11.500	−20.500
重庆	14.500	−17.500
四川	21.333	−10.667
贵州	11.833	−20.167
云南	14.667	−17.333
西藏	6.000	−26.000
陕西	16.833	−15.167
甘肃	9.333	−22.667
青海	7.000	−25.000
宁夏	8.000	−24.000
新疆	8.833	−23.167

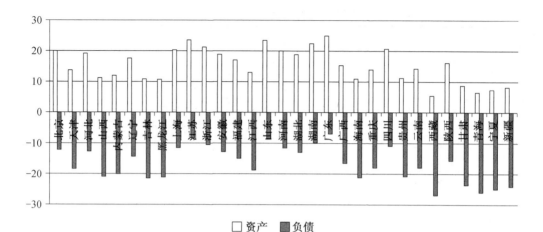

□ 资产　■ 负债

图4-35　全国31个省市(自治区)社会条件系统资产负债柱形图

表4-21是按照公式(3)和公式(4)的赋值得出的全国31个省市(自治区)社会条件的资产、负债值,进一步地,为了直观表达各个省市(自治区)的资产负债结果,将结果具象为显性的图4-35。可以看出,各个省市的社会条件系统,资产、负债情况呈现相反的结果,例如广东资产值最高,相应负债值最低,这是符合经济学规律的。

综合来说,在此系统中,资产值高、负债值低的省份有:广东、江苏、山东、湖南、浙江和四川,这6个省份社会条件分值高、社会条件好;相反,资产值低、负债值高的省份有:西藏、青海、宁夏、新疆、甘肃、黑龙江和吉林,这7个省份社会条件分值低、社会条件差;剩余18个省市(自治区)资产值和负债值均居中。在社会条件系统中,大体呈现的结果是,长三角和珠三角资产值高、负债值低,而西北和东北负债值高、资产值低,其他地域居中。

表4-22　全国31个省市(自治区)资源利用系统资产负债情况

	资产	负债
北京	9.778	−22.222
天津	9.667	−22.333
河北	23.889	−8.111
山西	17.222	−14.778
内蒙古	18.667	−13.333
辽宁	23.333	−8.667
吉林	8.444	−23.556
黑龙江	13.222	−18.778
上海	15.222	−16.778
江苏	26.889	−5.111
浙江	23.667	−8.333
安徽	17.000	−15.000

(续表)

	资产	负债
福建	17.889	−14.111
江西	12.111	−19.889
山东	27.333	−4.667
河南	23.444	−8.556
湖北	20.556	−11.444
湖南	16.778	−15.222
广东	25.667	−6.333
广西	18.000	−14.000
海南	5.778	−26.222
重庆	8.778	−23.222
四川	21.111	−10.889
贵州	12.222	−19.778
云南	15.000	−17.000
西藏	4.333	−27.667
陕西	17.222	−14.778
甘肃	9.778	−22.222
青海	7.444	−24.556
宁夏	9.333	−22.667
新疆	16.222	−15.778

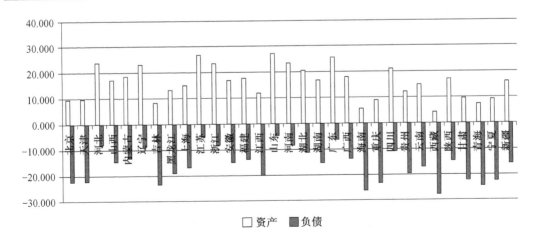

图 4-36 全国 31 个省市(自治区)资源利用系统资产负债柱形图

表 4-22 是按照公式(3)和公式(4)的赋值得出的全国 31 个省市(自治区)资源利用系统的资产、负债值,进一步地,为了直观表达各个省市(自治区)的资产负债结果,将结果具象

为显性的图 4 - 36。可以看出,各个省市(自治区)的资源利用系统,资产、负债情况呈现相反的结果,例如山东资产值最高,相应负债值最低,这是符合经济学规律的。

综合来说,在此系统中,资产值高、负债值低的省市(自治区)有:山东、江苏、广东、河北、浙江、河南、辽宁、四川和湖北,这 9 个省市资源利用分值高、资源利用整体水平高;相反,资产值低、负债值高的省市(自治区)有:西藏、海南、青海、吉林、重庆、宁夏、天津、甘肃和北京,这 9 个省市(自治区)资源利用分值低、资源利用差;剩余 13 个省市(自治区)资产值和负债值均居中。

表 4 - 23   全国 31 个省市(自治区)绿色资源资产负债情况

	资产	负债
北京	12.964	−19.036
天津	13.107	−18.893
河北	20.036	−11.964
山西	14.893	−17.107
内蒙古	16.071	−15.929
辽宁	18.929	−13.071
吉林	10.429	−21.571
黑龙江	13.250	−18.750
上海	17.607	−14.393
江苏	23.286	−8.714
浙江	22.643	−9.357
安徽	17.571	−14.429
福建	20.179	−11.821
江西	15.071	−16.929
山东	23.357	−8.643
河南	21.786	−10.214
湖北	19.464	−12.536
湖南	19.393	−12.607
广东	23.179	−8.821
广西	16.071	−15.929
海南	8.821	−23.179
重庆	12.429	−19.571
四川	20.536	−11.464
贵州	12.429	−19.571
云南	14.929	−17.071

(续表)

	资产	负债
西藏	8.000	−24.000
陕西	17.500	−14.500
甘肃	10.536	−21.464
青海	9.714	−22.286
宁夏	9.036	−22.964
新疆	14.000	−18.000

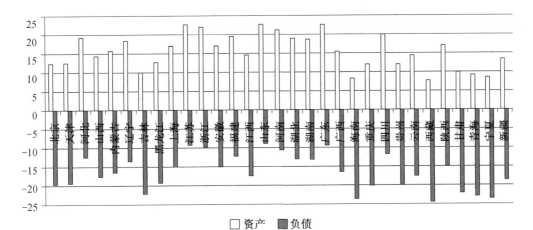

图 4−37　全国 31 个省市(自治区)绿色资源资产负债柱形图

将自然条件与环境治理系统、经济条件系统、社会条件系统和资源利用系统四大系统综合,根据公式(3)和公式(4)的赋值得出的全国 31 个省市(自治区)绿色资源的资产负债值总表,如表 4−23 所示,进一步地,为了直观表达各个省市(自治区)的绿色资源资产负债结果,将结果具象为显性的图 4−37。可以看出,各个省市(自治区)的绿色资源资产和负债情况呈现相反的结果,例如山东资产值最高,相应负债值最低,这是符合经济学规律的。

综合来说,绿色资源资产值高、负债值低的省份有:山东、江苏、广东、浙江、河南和四川6 个省份。相反,资产值低、负债值高的省份有:西藏、海南、宁夏、青海、吉林和甘肃6 个省市(自治区)。剩余 19 个省份资产值和负债值均居中,资产分值由高到低分别是:福建、河北、湖北、湖南、辽宁、上海、安徽、陕西、内蒙古、广西、江西、云南、山西、新疆、黑龙江、天津、北京、重庆和贵州。在绿色资源资产负债的结果中,大体呈现的区域格局是长三角和珠三角资产值高、负债值低,而西北负债值高、资产值低,其余地区居中。

第七节　中国各省市(自治区)绿色资源资产负债表

全国 31 个省市(自治区)绿色资源"资产负债表"基本原理和基本方法的提出,为区域"绿色资源资产负债"的精确评判迈出了奠基性的一步,从本质上揭示了区域可持续发展的整体质量以及整体质量的动态演化过程;可以定量、明晰地表达区域可持续发展的优势与劣势,为调控区域可持续发展朝向健康合理方向演进提供了清楚的指示;利于展开对一个区域不同发展阶段比较(过程比较)与同一时间不同区域比较(空间比较)的统一认识与对比研究;绿色资源资产负债表的数学表达和内部关系表达,可以为区域可持续发展战略的设计和运作提供充分的理论依据;认识可持续发展能力的培育,是各个要素群、指标组、系统层的综合关联及整体寻优的结果。从而把区域可持续发展能力建设置于充分综合与多维交互的领域之内,避免了单个要素的剧烈变动对区域"发展质量"带来的弊端与破坏。

一、绿色资源资产负债表的指标分析

1. 相对资产与相对负债的计算

相对资产与相对负债主要用来进行不同地理单元同类指数系统和同一地理单元内部不同指数系统资产或负债相对质量的横向和纵向比较。

相对资产 X 计算公式为: $X = \dfrac{x}{31} * 100\%$,将最高资产 31 映射为 100%,相对资产的映射变换由上式计算所得。相对资产其实就是各省市(自治区)资产占最高资产 31 的比重,反映了各省市资产的份额。

相对负债 Y 计算公式为: $Y = $ 相对资产 -100。

把各指数系统相对资产与该指数系统相对负债之和作为该指数系统"比较优势能力",即相对净资产 Z,即 $Z = X + Y$,公式中,X 为相对资产,Y 为相对负债。相对净资产为相对资产与相对负债之和。

2. 资产负债评估系数

资产评估系数:用各指数系统资产要素总分值 x 与最高资产 31 之比定义为该指数系统资产评估系数。

负债评估系数:用各指数系统负债要素总分值 y 与最高负债的绝对值 31 之比为该指数系统的负债评估系数。

二、全国 31 个省市(自治区)绿色资源资产负债表

利用全国 31 个省市(自治区)绿色资源资产负债表,可对各省份的绿色资源资产负债情况做出定量判别。其基本思想是用对应项的相对资产和相对负债相互抵消的净结果,作为各地资产负债的"质"的表征。本报告继续对各省市(自治区)四大系统的资产负债进行评估。根据以上阐述的计算方法和公式,在全国 31 个省市(自治区)绿色资源资产负债的基础上,可以继续计算绿色资源资产负债的其他指标。如表 4-24 所示。

表 4 - 24　全国 31 个省市(自治区)自然条件与环境治理系统资产负债表

地区	资产	负债	相对资产(%)	相对负债(%)	相对净资产(%)	资产评估系数	负债评估系数
北京	9.25	−22.75	29.839	−70.161	−40.323	0.298	−0.734
天津	11.88	−20.13	38.323	−61.677	−23.355	0.383	−0.649
河北	16.38	−15.63	52.839	−47.161	5.677	0.528	−0.504
山西	18.50	−13.50	59.677	−40.323	19.355	0.597	−0.435
内蒙古	16.75	−15.25	54.032	−45.968	8.065	0.540	−0.492
辽宁	13.75	−18.25	44.355	−55.645	−11.290	0.444	−0.589
吉林	13.00	−19.00	41.935	−58.065	−16.129	0.419	−0.613
黑龙江	16.75	−15.25	54.032	−45.968	8.065	0.540	−0.492
上海	17.00	−15.00	54.839	−45.161	9.677	0.548	−0.484
江苏	15.88	−16.13	51.226	−48.774	2.452	0.512	−0.520
浙江	21.25	−10.75	68.548	−31.452	37.097	0.685	−0.347
安徽	15.75	−16.25	50.806	−49.194	1.613	0.508	−0.524
福建	23.50	−8.50	75.806	−24.194	51.613	0.758	−0.274
江西	19.00	−13.00	61.290	−38.710	22.581	0.613	−0.419
山东	16.50	−15.50	53.226	−46.774	6.452	0.532	−0.500
河南	19.00	−13.00	61.290	−38.710	22.581	0.613	−0.419
湖北	15.50	−16.50	50.000	−50.000	0.000	0.500	−0.532
湖南	18.13	−13.88	58.484	−41.516	16.968	0.585	−0.448
广东	16.50	−15.50	53.226	−46.774	6.452	0.532	−0.500
广西	16.13	−15.88	52.032	−47.968	4.065	0.520	−0.512
海南	12.50	−19.50	40.323	−59.677	−19.355	0.403	−0.629
重庆	12.25	−19.75	39.516	−60.484	−20.968	0.395	−0.637
四川	19.50	−12.50	62.903	−37.097	25.806	0.629	−0.403
贵州	13.88	−18.13	44.774	−55.226	−10.452	0.448	−0.585
云南	18.50	−13.50	59.677	−40.323	19.355	0.597	−0.435
西藏	14.50	−17.50	46.774	−53.226	−6.452	0.468	−0.565
陕西	18.38	−13.63	59.290	−40.710	18.581	0.593	−0.440
甘肃	13.88	−18.13	44.774	−55.226	−10.452	0.448	−0.585
青海	16.75	−15.25	54.032	−45.968	8.065	0.540	−0.492
宁夏	12.00	−20.00	38.710	−61.290	−22.581	0.387	−0.645
新疆	17.75	−14.25	57.258	−42.742	14.516	0.573	−0.460

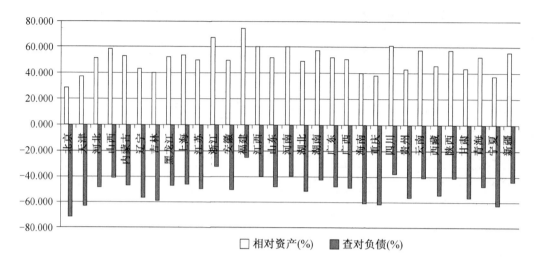

图 4 - 38　全国 31 个省市(自治区)自然条件与环境治理系统相对资产与相对负债柱形图

　　全国 31 个省市(自治区)自然条件与环境治理系统中,除了资产、负债指标,继续关注相对资产、相对负债、相对净资产、资产评估系数和负债评估系数指标。

　　表 4 - 24 中的相对资产主要是用来进行不同省市(自治区)自然条件与环境治理同一系统中资产相对质量的横向比较,它反映各省市(自治区)资产值占最高值 31 的比重。相对负债主要是用来进行不同省市(自治区)自然条件与环境治理同一系统中负债相对质量的横向比较,它反映各省市(自治区)负债值占最高值 31 的比重。从柱状图4 - 38 中可以看出,当正向柱子高于负向柱子时,净资产为正;当正向柱子低于负向柱子时,净资产为负。大部分省市(自治区)的相对资产大于相对负债的绝对值,说明资产情况高于负债。在此系统中,相对资产较高的省市(自治区)有:福建、浙江、四川、江西、河南、山西、云南、陕西、湖南、新疆、上海、内蒙古、黑龙江、山东、广东、河北、广西、江苏和安徽。湖北的相对资产和相对负债相当。在此系统中,相对负债绝对值较高的有:北京、天津、宁夏、重庆、海南、吉林、辽宁、甘肃、贵州和西藏 10 个省市(自治区)。说明这些省市的自然条件与环境治理系统中以负债为主,

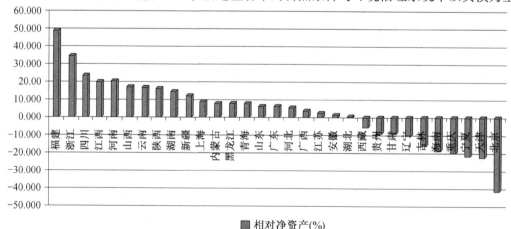

图 4 - 39　全国 31 个省市(自治区)自然条件与环境治理系统相对净资产柱状图

情况令人担忧。尤其是北京和天津,相对负债为-70.161和-61.677,分别位于倒数第一和第二,表明这两个省市的自然条件与环境治理较差,亟待改进。

相对净资产是资产的比较优势,是系统中相对资产与相对负债之和,反映各个省市在系统中的"比较优势能力",从表4-24和图4-39中可以看出,相对净资产为正且在20分以上的省市有:福建(51.613)、浙江(37.097)、四川(25.806)、江西(22.581)以及河南(22.581)。相对净资产值在10到20分之间的省市(自治区)有:山西(19.355)、云南(19.355)、陕西(18.581)、湖南(16.968)、新疆(14.516)。相对净资产值在0到10分之间有:上海(9.677)、内蒙古(8.065)、黑龙江(8.065)、青海(8.065)、山东(6.452)、广东(6.452)、河北(5.677)、广西(4.065)、江苏(2.452)、安徽(1.613)和湖北(0.000)。相对净资产值为负值的有:西藏(-6.452)、贵州(-10.452)、甘肃(-10.452)、辽宁(-11.290)、吉林(-16.129)、海南(-19.355)、重庆(-20.968)、宁夏(-22.581)、天津(-23.355)和北京(-40.323),自然条件与环境治理系统中的比较优势显而易见。

表4-25 全国31个省市(自治区)经济条件系统资产负债表

地区	资产	负债	相对资产 (%)	相对负债 (%)	相对净资产 (%)	资产评估 系数	负债评估 系数
北京	15.800	-16.200	50.968	-49.032	1.935	0.510	-0.523
天津	19.800	-12.200	63.871	-36.129	27.742	0.639	-0.394
河北	19.200	-12.800	61.935	-38.065	23.871	0.619	-0.413
山西	8.600	-23.400	27.742	-72.258	-44.516	0.277	-0.755
内蒙古	14.400	-17.600	46.452	-53.548	-7.097	0.465	-0.568
辽宁	20.200	-11.800	65.161	-34.839	30.323	0.652	-0.381
吉林	8.800	-23.200	28.387	-71.613	-43.226	0.284	-0.748
黑龙江	10.000	-22.000	32.258	-67.742	-35.484	0.323	-0.710
上海	19.000	-13.000	61.290	-38.710	22.581	0.613	-0.419
江苏	27.600	-4.400	89.032	-10.968	78.065	0.890	-0.142
浙江	24.000	-8.000	77.419	-22.581	54.839	0.774	-0.258
安徽	19.200	-12.800	61.935	-38.065	23.871	0.619	-0.413
福建	22.000	-10.000	70.968	-29.032	41.935	0.710	-0.323
江西	15.800	-16.200	50.968	-49.032	1.935	0.510	-0.523
山东	26.400	-5.600	85.161	-14.839	70.323	0.852	-0.181
河南	24.600	-7.400	79.355	-20.645	58.710	0.794	-0.239
湖北	23.800	-8.200	76.774	-23.226	53.548	0.768	-0.265

(续表)

地区	资产	负债	相对资产 (%)	相对负债 (%)	相对净资产 (%)	资产评估 系数	负债评估 系数
湖南	21.800	−10.200	70.323	−29.677	40.645	0.703	−0.329
广东	26.600	−5.400	85.806	−14.194	71.613	0.858	−0.174
广西	12.600	−19.400	40.645	−59.355	−18.710	0.406	−0.626
海南	5.200	−26.800	16.774	−83.226	−66.452	0.168	−0.865
重庆	16.800	−15.200	54.194	−45.806	8.387	0.542	−0.490
四川	20.200	−11.800	65.161	−34.839	30.323	0.652	−0.381
贵州	11.200	−20.800	36.129	−63.871	−27.742	0.361	−0.671
云南	9.400	−22.600	30.323	−69.677	−39.355	0.303	−0.729
西藏	6.600	−25.400	21.290	−78.710	−57.419	0.213	−0.819
陕西	17.400	−14.600	56.129	−43.871	12.258	0.561	−0.471
甘肃	8.000	−24.000	25.806	−74.194	−48.387	0.258	−0.774
青海	5.800	−26.200	18.710	−81.290	−62.581	0.187	−0.845
宁夏	5.000	−27.000	16.129	−83.871	−67.742	0.161	−0.871
新疆	10.200	−21.800	32.903	−67.097	−34.194	0.329	−0.703

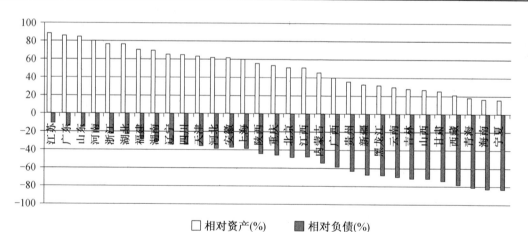

图4-40 全国31个省市(自治区)经济条件系统相对资产与相对负债柱形图

表4-25中的相对资产主要是用来进行不同省市(自治区)经济条件同一系统中资产相对质量的横向比较,它反映各省市(自治区)资产值占最高值31的比重。相对负债主要是用来进行不同省市(自治区)经济条件同一系统中负债相对质量的横向比较,它反映各省市(自治区)负债值占最高值31的比重。从图4-40的柱状图可以看出,经济条件系统中相对资产值为正,在坐标抽的上方;相对负债值为负,在坐标轴的下方。大部分省市(自治区)的相对资产大于相对负债的绝对值,说明资产情况高于负债。在此系统中,相对资产高、负债低,经济条件系统资产高的省市有:江苏、广东、山东、河南、浙江、湖北、福建、湖南、辽宁、四川、

天津、河北、安徽和上海,相对资产在60%以上。相对资产和相对负债居中的省市有:陕西、重庆、北京、江西。相对负债绝对值高于资产值的省市(自治区)有:内蒙古、广西、贵州、新疆、黑龙江、云南、吉林、山西、甘肃、西藏、青海、海南和宁夏,共13个省市(自治区)。这些省市(自治区)的经济条件系统中以负债为主,情况令人担忧。其中,宁夏的相对资产仅有16.129,相对负债高达−83.871,情况十分令人担忧。

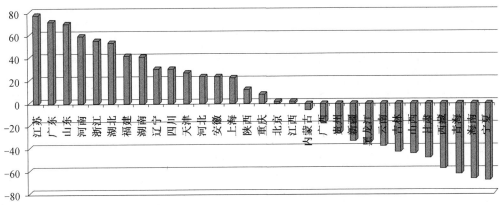

■相对净资产(%)

图4-41 全国31个省市(自治区)经济条件系统相对净资产柱状图

相对净资产是资产的比较优势,是系统中相对资产与相对负债之和,反映各个省市在系统中的"比较优势能力",从表4-25和图4-41可以看出,相对净资产为正且在50分以上的省市有:江苏(78.065)、广东(71.613)、山东(70.323)、河南(58.710)、浙江(54.839)、湖北(53.584)。相对资产净值在20到50分之间的有:福建(41.935)、湖南(40.645)、辽宁(30.323)、四川(30.323)、天津(27.742)、河北(23.871)、安徽(23.871)、上海(22.581)。相对资产净值在0到20分之间的有:陕西(12.258)、重庆(8.387)、北京(1.935)、江西(1.935)。相对净资产值为负的有:内蒙古(−7.097)、广西(−18.710)、贵州(−27.742)、新疆(−34.194)、黑龙江(−35.484)、云南(−39.355)、吉林(−43.226)、山西(−44.516)、甘肃(−48.387)、西藏(−57.419)、青海(−62.581)、海南(−66.452)和宁夏(−67.742)。经济条件系统中的比较优势显而易见,具有比较优势的省份数量较少。

表4-26 全国31个省市(自治区)社会条件系统资产负债表

地区	资产	负债	相对资产(%)	相对负债(%)	相对净资产(%)	资产评估系数	负债评估系数
北京	20.333	−11.667	65.590	−34.410	31.181	0.656	−0.376
天津	14.333	−17.667	46.235	−53.765	−7.529	0.462	−0.570
河北	19.833	−12.167	63.977	−36.023	27.955	0.640	−0.392
山西	11.833	−20.167	38.171	−61.829	−23.658	0.382	−0.651
内蒙古	12.667	−19.333	40.861	−59.139	−18.277	0.409	−0.624

(续表)

地区	资产	负债	相对资产 （%）	相对负债 （%）	相对净资产 （%）	资产评估 系数	负债评估 系数
辽宁	18.167	−13.833	58.603	−41.397	17.206	0.586	−0.446
吉林	11.333	−20.667	36.558	−63.442	−26.884	0.366	−0.667
黑龙江	11.333	−20.667	36.558	−63.442	−26.884	0.366	−0.667
上海	20.833	−11.167	67.203	−32.797	34.406	0.672	−0.360
江苏	24.167	−7.833	77.958	−22.042	55.916	0.780	−0.253
浙江	21.833	−10.167	70.429	−29.571	40.858	0.704	−0.328
安徽	19.500	−12.500	62.903	−37.097	25.806	0.629	−0.403
福建	17.667	−14.333	56.990	−43.010	13.981	0.570	−0.462
江西	13.667	−18.333	44.087	−55.913	−11.826	0.441	−0.591
山东	24.000	−8.000	77.419	−22.581	54.839	0.774	−0.258
河南	20.667	−11.333	66.668	−33.332	33.335	0.667	−0.366
湖北	19.500	−12.500	62.903	−37.097	25.806	0.629	−0.403
湖南	23.000	−9.000	74.194	−25.806	48.387	0.742	−0.290
广东	25.500	−6.500	82.258	−17.742	64.516	0.823	−0.210
广西	16.000	−16.000	51.613	−48.387	3.226	0.516	−0.516
海南	11.500	−20.500	37.097	−62.903	−25.806	0.371	−0.661
重庆	14.500	−17.500	46.774	−53.226	−6.452	0.468	−0.565
四川	21.333	−10.667	68.816	−31.184	37.632	0.688	−0.344
贵州	11.833	−20.167	38.171	−61.829	−23.658	0.382	−0.651
云南	14.667	−17.333	47.313	−52.687	−5.374	0.473	−0.559
西藏	6.000	−26.000	19.355	−80.645	−61.290	0.194	−0.839
陕西	16.833	−15.167	54.300	−45.700	8.600	0.543	−0.489
甘肃	9.333	−22.667	30.106	−69.894	−39.787	0.301	−0.731
青海	7.000	−25.000	22.581	−77.419	−54.839	0.226	−0.806
宁夏	8.000	−24.000	25.806	−74.194	−48.387	0.258	−0.774
新疆	8.833	−23.167	28.494	−71.506	−43.013	0.285	−0.747

　　表 4 - 26 中的相对资产主要是用来进行不同省市（自治区）社会条件同一系统中资产相对质量的横向比较，它反映各省市（自治区）资产值占最高值 31 的比重。相对负债主要是用来进行不同省市（自治区）社会条件同一系统中负债相对质量的横向比较，它反映各省市（自治区）负债值占最高值 31 的比重。从图 4 - 42 的柱状图可以看出，社会条件系统中相对资产值为正，在坐标抽的上方；相对负债值为负，在坐标轴的下方。大部分省市（自治区）的相

对资产大于相对负债的绝对值,说明资产情况高于负债。在此系统中,相对负债绝对值高于资产值的省市(自治区)有:云南、重庆、天津、江西、内蒙古、山西、贵州、海南、吉林、黑龙江、甘肃、新疆、宁夏、青海和西藏共 15 个省份,说明这些省份的社会条件系统中以负债为主,情况令人担忧。相对资产柱状图形状与相对负债柱状图形状基本相反,说明一个省份的相对资产值高,相对负债的绝对值就比较小,而相对资产值低,相对负债值得更多,这是符合经济学规律的。相对资产高、负债低,社会条件系统资产高的省份有:广东、江苏、山东、湖南、浙江、四川、上海、河南、北京、河北、安徽和湖北,相对资产在 60% 以上。相对资产和负债居中的省份是辽宁、福建、陕西和广西,相对资产在 50% 以上。最差的西藏相对资产值只有19.355%,相对负债值达到－80.645%,社会条件系统欠债最多。

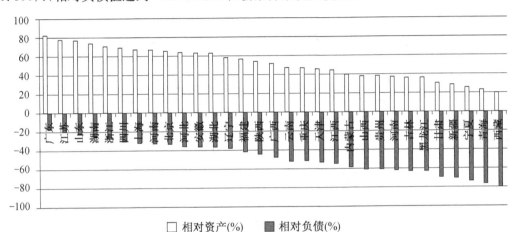

图 4－42　全国 31 个省市(自治区)社会条件系统相对资产和相对负债柱形图

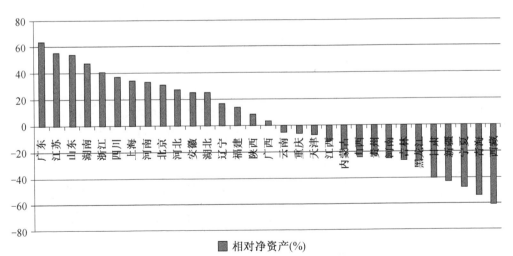

图 4－43　全国 31 个省市(自治区)社会条件系统相对净资产柱状图

相对净资产是资产的比较优势,是系统中相对资产与相对负债之和,反映各个省市(自治区)在系统中的"比较优势能力",从表4-26和图4-43可以看出,相对净资产为正且在50分以上的城市只有广东(64.516)、江苏(55.916)和山东(54.839)。相对净资产值在20到50分之间的省市有:湖南(48.387)、浙江(40.858)、四川(37.632)、上海(34.406)、河南(33.335)、北京(31.181)、河北(27.955)、安徽(25.806)和湖北(25.806)。相对净资产值在0到20分之间的有:辽宁(17.206)、福建(13.981)、陕西(8.600)和广西(3.226)。相对净资产值为负的省份有:云南(-5.374)、重庆(-6.425)、天津(-7.529)、江西(-11.826)、内蒙古(-18.277)、山西(-23.658)、贵州(-23.658)、海南(-25.806)、吉林(-26.884)、黑龙江(-26.884)、甘肃(-39.787)、新疆(-43.013)、宁夏(-48.387)、青海(-54.839)和西藏(-61.29)。

表4-27 全国31个省市(自治区)资源利用系统资产负债表

地区	资产	负债	相对资产(%)	相对负债(%)	相对净资产(%)	资产评估系数	负债评估系数
北京	9.778	-22.222	31.542	-68.458	-36.916	0.315	-0.717
天津	9.667	-22.333	31.184	-68.816	-37.632	0.312	-0.720
河北	23.889	-8.111	77.061	-22.939	54.123	0.771	-0.262
山西	17.222	-14.778	55.555	-44.445	11.110	0.556	-0.477
内蒙古	18.667	-13.333	60.216	-39.784	20.432	0.602	-0.430
辽宁	23.333	-8.667	75.268	-24.732	50.535	0.753	-0.280
吉林	8.444	-23.556	27.239	-72.761	-45.523	0.272	-0.760
黑龙江	13.222	-18.778	42.652	-57.348	-14.697	0.427	-0.606
上海	15.222	-16.778	49.103	-50.897	-1.794	0.491	-0.541
江苏	26.889	-5.111	86.739	-13.261	73.477	0.867	-0.165
浙江	23.667	-8.333	76.345	-23.655	52.690	0.763	-0.269
安徽	17.000	-15.000	54.839	-45.161	9.677	0.548	-0.484
福建	17.889	-14.111	57.706	-42.294	15.413	0.577	-0.455
江西	12.111	-19.889	39.068	-60.932	-21.865	0.391	-0.642
山东	27.333	-4.667	88.171	-11.829	76.342	0.882	-0.151
河南	23.444	-8.556	75.626	-24.374	51.252	0.756	-0.276
湖北	20.556	-11.444	66.310	-33.690	32.619	0.663	-0.369
湖南	16.778	-15.222	54.123	-45.877	8.245	0.541	-0.491
广东	25.667	-6.333	82.797	-17.203	65.594	0.828	-0.204
广西	18.000	-14.000	58.065	-41.935	16.129	0.581	-0.452
海南	5.778	-26.222	18.639	-81.361	-62.723	0.186	-0.846

(续表)

地区	资产	负债	相对资产(%)	相对负债(%)	相对净资产(%)	资产评估系数	负债评估系数
重庆	8.778	−23.222	28.316	−71.684	−43.368	0.283	−0.749
四川	21.111	−10.889	68.100	−31.900	36.200	0.681	−0.351
贵州	12.222	−19.778	39.426	−60.574	−21.148	0.394	−0.638
云南	15.000	−17.000	48.387	−51.613	−3.226	0.484	−0.548
西藏	4.333	−27.667	13.977	−86.023	−72.045	0.140	−0.892
陕西	17.222	−14.778	55.555	−44.445	11.110	0.556	−0.477
甘肃	9.778	−22.222	31.542	−68.458	−36.916	0.315	−0.717
青海	7.444	−24.556	24.013	−75.987	−51.974	0.240	−0.792
宁夏	9.333	−22.667	30.106	−69.894	−39.787	0.301	−0.731
新疆	16.222	−15.778	52.329	−47.671	4.658	0.523	−0.509

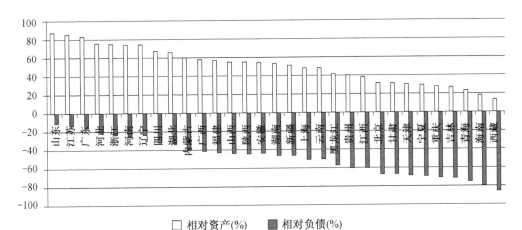

图 4-44　全国 31 个省市(自治区)资源利用系统相对资产和相对负债柱形图

　　表 4-27 中的相对资产主要是用来进行不同省市(自治区)资源利用同一系统中资产相对质量的横向比较,它反映各省市(自治区)资产值占最高值 31 的比重。相对负债主要是用来进行不同省市(自治区)资源利用同一系统中负债相对质量的横向比较,它反映各省市(自治区)负债值占最高值 31 的比重。从图 4-44 的柱状图可以看出,资源利用系统中相对资产值为正,在坐标抽的上方;相对负债值为负,在坐标轴的下方。大部分省市(自治区)的相对资产大于相对负债的绝对值,说明资产情况高于负债。在此系统中,相对负债绝对值高于资产值的省市有:上海、云南、黑龙江、贵州、江西、北京、甘肃、天津、宁夏、重庆、吉林、青海、海南和西藏,说明这些省市(自治区)的资源利用系统中以负债为主,情况令人担忧。相对资产柱状图形状与相对负债柱状图形状基本相反,说明一个省份的相对资产值高,相对负债的绝对值就比较小,而相对资产值低,相对负债值负得更多,这是符合经济学规律的。相对资产高、负债低,资源利用系统资产高的省份有:山东、江苏、广东、河北、浙江、河南、辽宁,相对

资产在70%以上。相对资产和负债居中的省份有：四川、湖北、内蒙古、广西、福建、山西、陕西、安徽、湖南和新疆,相对资产在50%以上。

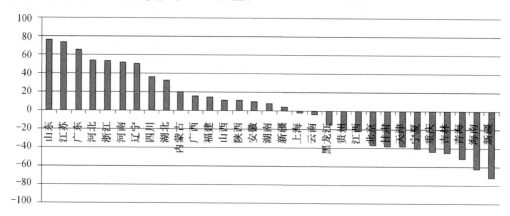

■ 相对净资产(%)

图4－45　全国31个省市(自治区)资源利用系统相对净资产柱状图

相对净资产是资产的比较优势,是系统中相对资产与相对负债之和,反映各个省份在系统中的"比较优势能力",从表4－27和图4－45可以看出,相对净资产为正且在60分以上的省份有：山东(76.342)、江苏(73.477)、广东(65.594)。接下来的省份相对净资产值由高到低是：河北(54.123)、浙江(52.690)、河南(51.252)、辽宁(50.535)、四川(36.2)、湖北(32.619)、内蒙古(20.432)、广西(16.129)、福建(15.413)、山西(11.110)、陕西(11.110)、安徽(9.677)、湖南(8.245)和新疆(4.658)。剩余14个省份的相对净资产值为负,分别是：上海(－1.794)、云南(－3.226)、黑龙江(－14.697)、贵州(－21.148)、江西(－21.865)、北京(－36.916)、甘肃(－36.916)、天津(－37.632)、宁夏(－39.787)、重庆(－43.368)、吉林(－45.523)、青海(－51.974)、海南(－62.723)和西藏(－72.045),说明这些省市(自治区)的资源利用系统中以负债为主,情况令人担忧。资源利用系统中的比较优势显而易见,具有比较优势的省份数量较多,省份间差距较大。

表4－28　全国31个省市(自治区)绿色资源资产负债总表

地区	资产	负债	相对资产(％)	相对负债(％)	相对净资产(％)	资产评估系数	负债评估系数
北京	12.964	－19.036	41.819	－58.181	－16.361	0.418	－0.614
天津	13.107	－18.893	42.281	－57.719	－15.439	0.423	－0.609
河北	20.036	－11.964	64.632	－35.368	29.265	0.646	－0.386
山西	14.893	－17.107	48.042	－51.958	－3.916	0.480	－0.552
内蒙古	16.071	－15.929	51.842	－48.158	3.684	0.518	－0.514
辽宁	18.929	－13.071	61.061	－38.939	22.123	0.611	－0.422

（续表）

地区	资产	负债	相对资产（%）	相对负债（%）	相对净资产（%）	资产评估系数	负债评估系数
吉林	10.429	−21.571	33.642	−66.358	−32.716	0.336	−0.696
黑龙江	13.250	−18.750	42.742	−57.258	−14.516	0.427	−0.605
上海	17.607	−14.393	56.797	−43.203	13.594	0.568	−0.464
江苏	23.286	−8.714	75.116	−24.884	50.232	0.751	−0.281
浙江	22.643	−9.357	73.042	−26.958	46.084	0.730	−0.302
安徽	17.571	−14.429	56.681	−43.319	13.361	0.567	−0.465
福建	20.179	−11.821	65.094	−34.906	30.187	0.651	−0.381
江西	15.071	−16.929	48.616	−51.384	−2.768	0.486	−0.546
山东	23.357	−8.643	75.345	−24.655	50.690	0.753	−0.279
河南	21.786	−10.214	70.277	−29.723	40.555	0.703	−0.329
湖北	19.464	−12.536	62.787	−37.213	25.574	0.628	−0.404
湖南	19.393	−12.607	62.558	−37.442	25.116	0.626	−0.407
广东	23.179	−8.821	74.771	−25.229	49.542	0.748	−0.285
广西	16.071	−15.929	51.842	−48.158	3.684	0.518	−0.514
海南	8.821	−23.179	28.455	−71.545	−43.090	0.285	−0.748
重庆	12.429	−19.571	40.094	−59.906	−19.813	0.401	−0.631
四川	20.536	−11.464	66.245	−33.755	32.490	0.662	−0.370
贵州	12.429	−19.571	40.094	−59.906	−19.813	0.401	−0.631
云南	14.929	−17.071	48.158	−51.842	−3.684	0.482	−0.551
西藏	8.000	−24.000	25.806	−74.194	−48.387	0.258	−0.774
陕西	17.500	−14.500	56.452	−43.548	12.903	0.565	−0.468
甘肃	10.536	−21.464	33.987	−66.013	−32.026	0.340	−0.692
青海	9.714	−22.286	31.335	−68.665	−37.329	0.313	−0.719
宁夏	9.036	−22.964	29.148	−70.852	−41.703	0.291	−0.741
新疆	14.000	−18.000	45.161	−54.839	−9.677	0.452	−0.581

表 4-28 是全国 31 个省市(自治区)绿色资源资产负债总表,相对资产反映各省市(自治区)资产值占最高值 31 的比重,相对负债反映各省市(自治区)负债值占最高值 31 的比重。从图 4-46 的柱状图可以看出,相对资产值为正,在坐标抽的上方;相对负债值为负,

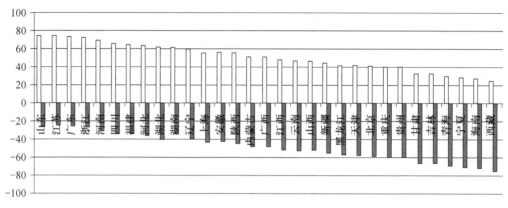

图 4-46　全国 31 个省市(自治区)绿色资源资产负债相对资产与相对负债柱形图

在坐标轴的下方。一半省市(自治区)的相对资产大于相对负债的绝对值,说明资产情况高于负债。在整体的绿色资源资产负债中,相对负债绝对值高于资产值的省份有:江西、云南、山西、新疆、黑龙江、天津、北京、重庆、贵州、甘肃、吉林、青海、宁夏、海南和西藏。说明这些省市(自治区)的绿色资源资产负债中,以负债为主,情况令人担忧。尤其是西藏,相对资产只有 25.806%,相对负债值达到−74.194%,绿色资源负债值最高。相对资产柱状图形状与相对负债柱状图形状基本相反,说明一个省份的相对资产值高,相对负债的绝对值就比较小,而相对资产值低,相对负债值负得更多,这是符合经济学规律的。相对资产高、负债低,绿色资源资产值高的省份有:山东、江苏、广东、浙江、河南、四川、福建、河北、湖北、湖南和辽宁,相对资产在 60%以上。相对资产和负债居中的省份有:上海、安徽、陕西、内蒙古、广西,这些省份相对资产在 50%以上。

相对净资产是资产的比较优势,是系统中相对资产与相对负债之和,反映各个省市(自治区)的"比较优势能力",从表 4-28 和图 4-47 可以看出,相对净资产为正且在 40 分以上的省份有:山东(50.690)、江苏(50.232)、广东(49.542)、浙江(46.084)和河南(40.555)。

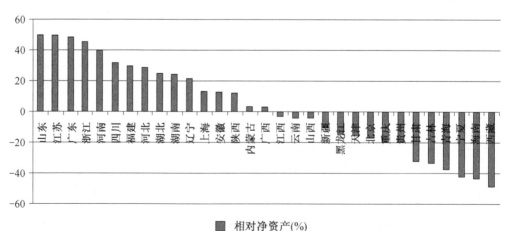

图 4-47　全国 31 个省市(自治区)绿色资源资产负债相对净资产柱状图

相对净资产为正的省份还有：四川(32.490)、福建(30.187)、河北(29.265)、湖北(25.574)、湖南(25.116)、辽宁(22.123)、上海(13.594)、安徽(13.361)、陕西(12.903)、内蒙古(3.684)和广西(3.684),这些省份在绿色资源上具有相对比较优势。剩余15个省份的相对净资产值为负,分别是:江西、云南、山西、新疆、黑龙江、天津、北京、重庆、贵州、甘肃、吉林、青海、宁夏、海南和西藏。相对净资产值为负,说明相对资产比例小,相对负债比例大,省市区绿色资源负债大于资产,绿色资源状况令人担忧。全国31个省市(自治区)绿色资源总资产负债表的状况不容乐观,有15个省市(自治区)的相对净资产为负,个别省市区负债值远超过资产值,具有比较优势的省市区数量较少,地区间差距较大。

第八节 中国31个省市(自治区)绿色资源资产负债分析

一、北京绿色资源资产负债分析

北京境处于华北平原与太行山脉、燕山山脉的交接部位。东距渤海150公里。她的东南部为平原,属于华北平原的西北边缘区;她的西部为山地,为太行山脉的东北余脉;她的北部、东北部为山地,是燕山山脉的西段支脉。北京位于北纬39°56′,东经116°20′,雄踞于华北大平原的西北端,西部、北部、东北部,由太行山(西山)与军都山及燕山山脉环抱,造成形似"海湾"之势,故自古就有"北京湾"之称。北京全市由11个区和7个县组成,总面积16 800平方公里,其中市区占地1 040平方公里,人口1 150万。北京为我国四大直辖市之首。北京属北温带大陆性季风气候,四季分明。春花、秋月、夏雨、冬雪,是其各季气候的不同特色。北京春秋季较短,夏冬季稍长。年均降雨量650毫米,无霜期180天。

表4－29 北京绿色资源资产负债表

指标		资产		负债		相对资产%		相对负债%		相对净资产%
		要素	指数	要素	指数	要素	指数	要素	指数	
自然条件与环境治理指数	区位	17	9.25	－15	－22.75	54.84	29.839	－45.16	－70.161	－40.323
	水资源	2		－30		6.45		－93.55		
	森林覆盖	17		－15		54.84		－45.16		
	无害化处理厂日处理能力	22		－10		70.97		－29.03		
	污水处理能力	2		－30		6.45		－93.55		
	污水处理率	2		－30		6.45		－93.55		
	矿产资源	8		－24		25.81		－74.19		
	人口密度	4		－28		12.90		－87.10		

(续表)

指标		资产		负债		相对资产%		相对负债%		相对净资产%
		要素	指数	要素	指数	要素	指数	要素	指数	
经济条件指数	地区生产总值	19		−13		61.29		−38.71		
	地区生产总值增长率	7		−25		22.581		−77.42		
	第三产业生产总值	27	15.8	−5	−16.2	87.097	50.968	−12.90	−49.032	1.935
	科研投入	18		−14		58.065		−41.94		
	第二产业生产总值	8		−24		25.806		−74.19		
社会条件指数	总人口	6		−26		19.35		−80.65		
	文化水平	27		−5		87.10		−12.90		
	科技水平	18	20.333	−14	−11.667	58.06	65.59	−41.94	−34.41	31.181
	教育水平	11		−21		35.48		−64.52		
	城镇生活水平	30		−2		96.77		−3.23		
	第三产业占比	30		−2		96.77		−3.23		
资源利用指数	工业用电量指数	9		−23		29.03		−70.97		
	人均日生活用水指数	22		−10		70.97		−29.03		
	生产用水量指数	11		−21		35.48		−64.52		
	工业废水排放指数	15		−17		48.39		−51.61		
	二氧化硫排放指数	3		−29		9.68		−90.32		
	一般工业固体废物产生量指数	3	9.778	−29	−22.222	9.68	31.542	−90.32	−68.458	−36.916
	工业污染源治理项目本年完成投资指数	4		−28		12.90		−87.10		
	当年完成环保验收项目环保投资指数	4		−28		12.90		−87.10		
	城市污水日处理指数	17		−15		54.84		−45.16		
绿色资源指数		13.790		−18.210		44.485		−55.515		−11.031

（1）自然条件与环境治理指数：资产累计为 9.25，相对资产得分为 29.839%。负债累计为 −22.75，相对负债得分为 −70.161%。在该大项中，相对净资产得分为 −40.323%。

（2）经济条件指数：资产累计为 15.8，相对资产得分为 50.968%。负债累计为 −16.2，相对负债得分为 −49.032%。在该大项中，相对净资产得分为 1.953%。

（3）社会条件指数：资产累计为 20.333，相对资产得分为 65.59%。负债累计为

−11.667,相对负债得分为−34.41%。在该大项中,相对净资产得分为31.181%。

(4)资源利用指数:资产累计为9.778,相对资产得分为31.542%。负债累计为−22.222,相对负债得分为−68.458%。在该大项中,相对净资产得分为−36.916%。

总计上述四大项,总资产累计为13.790,相对资产得分为44.485%。负债累计为−18.210,相对负债得分为−55.515%。在该大项中,相对净资产得分为−11.031%。

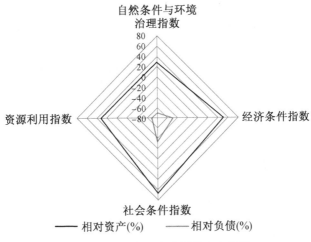

图 4 - 48　北京绿色资源资产负债图

图 4 - 48 是北京绿色资源资产负债雷达图。从相对资产来看,北京四大系统指数差异性明显。社会条件指数和经济条件指数相对较高,具有比较优势;资源利用指数和自然条件与环境治理指数较低,还具有提升的空间。从相对负债来看,资源利用指数和自然条件与环境治理指数的负债较高,需要认真对待,加以改善。

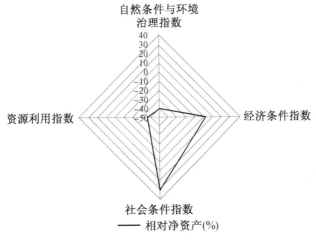

图 4 - 49　北京绿色资源相对净资产图

图 4 - 49 是北京绿色资源相对净资产图,可以看到,在四大系统中,北京的社会条件指数最高,经济条件指数尚可,资源利用指数和自然条件与环境治理指数还有较大的提升空间,与优势地区相差较大。

二、天津绿色资源资产负债分析

天津位于华北平原海河五大支流汇流处,东临渤海,北依燕山,海河在城中蜿蜒而过。天津位于东经 116°43′ 至 118°04′,北纬 38°34′ 至 40°15′ 之间。市中心位于东经 117°10′,北纬 39°10′。天津地处北温带,位于中纬度亚欧大陆东岸,主要受季风环流的支配,是东亚季风盛行的地区,属暖温带半湿润季风性气候。临近渤海湾,海洋气候对天津的影响比较明显。

天津已探明的金属矿、非金属矿和燃料矿有 20 多种。金属矿和非金属矿主要分布在天津北部山区。天津土地资源丰富。其中耕地面积 48.56 万公顷,占全市土地总面积的 40.7%。全市的土地,除北部蓟县山区、丘陵外,其余地区都是在深厚沉积物上发育的土壤。在海河下游的滨海地区,有待开发的荒地、滩涂 1 214 平方公里,是发展石油化工和海洋化工的理想场地。

表 4 – 30　天津绿色资源资产负债表

指标		资产		负债		相对资产%		相对负债%		相对净资产%
		要素	指数	要素	指数	要素	指数	要素	指数	
自然条件与环境治理指数	区位	17		−15		54.839		−45.161		
	水资源	1		−31		3.226		−96.774		
	森林覆盖	3		−29		9.677		−90.323		
	无害化处理厂日处理能力	11	11.88	−21	−20.13	35.484	38.323	−64.516	−61.677	−23.355
	污水处理能力	14		−18		45.161		−54.839		
	污水处理率	14		−18		45.161		−54.839		
	矿产资源	13		−19		41.935		−58.065		
	人口密度	22		−10		70.968		−29.032		
经济条件指数	地区生产总值	15		−17		48.387		−51.613		
	地区生产总值增长率	28		−4		90.323		−9.677		
	第三产业生产总值	18	19.8	−14	−12.2	58.065	63.871	−41.935	−36.129	27.742
	科研投入	23		−9		74.194		−25.806		
	第二产业生产总值	15		−17		48.387		−51.613		
社会条件指数	总人口	5		−27		16.129		−83.871		
	文化水平	18		−14		58.065		−41.935		
	科技水平	22	14.333	−10	−17.667	70.968	46.235	−29.032	−53.765	−7.529
	教育水平	6		−26		19.355		−80.645		
	城镇生活水平	27		−5		87.097		−12.903		
	第三产业占比	8		−24		25.806		−74.194		

(续表)

指标		资产		负债		相对资产%		相对负债%		相对净资产%
		要素	指数	要素	指数	要素	指数	要素	指数	
资源利用指数	工业用电量指数	5		−27		16.129		−83.871		
	人均日生活用水指数	7		−25		22.581		−77.419		
	生产用水量指数	15		−17		48.387		−51.613		
	工业废水排放指数	6		−26		19.355		−80.645		
	二氧化硫排放指数	6		−26		19.355		−80.645		
	一般工业固体废物产生量指数	4	9.667	−28	−22.333	12.903	31.184	−87.097	−68.816	−37.632
	工业污染源治理项目本年完成投资指数	15		−17		48.387		−51.613		
	当年完成环保验收项目环保投资指数	15		−17		48.387		−51.613		
	城市污水日处理指数	14		−18		45.161		−54.839		
绿色资源指数		13.92		−18.083		44.903		−55.097		−10.194

(1) 自然条件与环境治理指数:资产累计为 11.88,相对资产得分为 38.323%。负债累计为 −20.13,相对负债得分为 −61.677%。在该大项中,相对净资产得分为 −23.355%。

(2) 经济条件指数:资产累计为 19.8,相对资产得分为 63.817%。负债累计为 −12.2,相对负债得分为 −36.129%。在该大项中,相对净资产得分为 27.742%。

(3) 社会条件指数:资产累计为 14.333,相对资产得分为 46.235%。负债累计为 −17.667,相对负债得分为 −53.765%。在该大项中,相对净资产得分为 −7.529%。

(4) 资源利用指数:资产累计为 9.667,相对资产得分为 31.184%。负债累计为 −22.333,相对负债得分为 −68.816%。在该大项中,相对净资产得分为 −37.632%。

总计上述四大项,总资产累计为 13.92,相对资产得分为 44.903%。负债累计为 −18.083,相对负债得分为 −55.097%。在该大项中,相对净资产得分为 −10.194%。

图 4 - 50 是天津绿色资源资产负债雷达图。从相对资产来看,天津四大系统指数差异性明显,经济条件

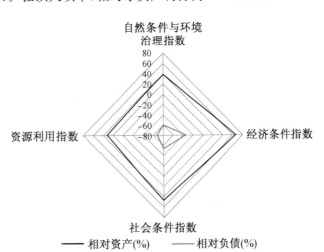

图 4 - 50 天津绿色资源资产负债图

指数相对较高,社会条件指数次之,具有比较优势;资源利用指数和自然条件与环境治理指数较低,还具有提升的空间。从相对负债来看,资源利用指数和自然条件与环境治理指数的负债较高,需要认真对待,加以改善。

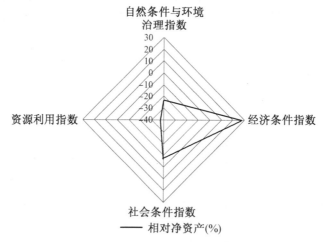

图 4-51　天津绿色资源相对净资产图

图 4-51 是天津绿色资源相对净资产图,可以看到,在四大系统中,天津的经济条件指数最高,其他三个指数都是负值,与优势地区相差较大。

三、河北绿色资源资产负债分析

河北环抱首都北京,地处东经 113°27′—119°50′,北纬 36°05′—42°40′。河北属温带大陆性季风气候,多年平均降水量 531.7 毫米,多年平均水资源总量 204.69 亿立方米,为全国水资源总量 28 412 亿立方米的 0.72%。

河北已发现各类矿种 151 种,查明资源储量的有 120 种,排在全国前 5 位的矿产有 34 种。河北境内有华北、冀东、大港三大油田,累积探明储量 27 亿吨,天然气储量 1 800 亿立方,天然气近 10 亿立方米。

表 4-31　河北绿色资源资产负债表

指标		资产		负债		相对资产%		相对负债%		相对净资产%
		要素	指数	要素	指数	要素	指数	要素	指数	
自然条件与环境治理指数	区位	17		−15		54.839		−45.161		
	水资源	3		−29		9.677		−90.323		
	森林覆盖	13		−19		41.935		−58.065		
	无害化处理厂日处理能力	19	16.38	−13	−15.63	61.290	52.839	−38.710	−47.161	5.677
	污水处理能力	21		−11		67.742		−32.258		
	污水处理率	21		−11		67.742		−32.258		
	矿产资源	22		−10		70.968		−29.032		
	人口密度	15		−17		48.387		−51.613		

(续表)

指标		资产		负债		相对资产%		相对负债%		相对净资产%
		要素	指数	要素	指数	要素	指数	要素	指数	
经济条件指数	地区生产总值	26		−6		83.871		−16.129		
	地区生产总值增长率	5		−27		16.129		−83.871		
	第三产业生产总值	20	19.2	−12	−12.8	64.516	61.935	−35.484	−38.065	23.871
	科研投入	19		−13		61.290		−38.710		
	第二产业生产总值	26		−6		83.871		−16.129		
社会条件指数	总人口	26		−6		83.871		−16.129		
	文化水平	19		−13		61.290		−38.710		
	科技水平	19		−13		61.290		−38.710		
	教育水平	25	19.833	−7	−12.167	80.645	63.977	−19.355	−36.023	27.955
	城镇生活水平	10		−22		32.258		−67.742		
	第三产业占比	20		−12		64.516		−35.484		
资源利用指数	工业用电量指数	27		−5		87.097		−12.903		
	人均日生活用水指数	5		−27		16.129		−83.871		
	生产用水量指数	22		−10		70.968		−29.032		
	工业废水排放指数	25		−7		80.645		−19.355		
	二氧化硫排放指数	27		−5		87.097		−12.903		
	一般工业固体废物产生量指数	31	23.889	−1	−8.111	100.000	77.061	0.000	−22.939	54.123
	工业污染源治理项目本年完成投资指数	30		−2		96.774		−3.226		
	当年完成环保验收项目环保投资指数	30		−2		96.774		−3.226		
	城市污水日处理指数	18		−14		58.065		−41.935		
绿色资源指数		19.826		−12.177		63.953		−36.047		27.907

(1)　自然条件与环境治理指数:资产累计为 16.38,相对资产得分为 52.839%。负债累计为 −15.63,相对负债得分为 −47.161%。在该大项中,相对净资产得分为 5.677%。

(2)　经济条件指数:资产累计为 19.2,相对资产得分为 61.935%。负债累计为 −12.8,相对负债得分为 −38.065%。在该大项中,相对净资产得分为 23.871%。

(3)　社会条件指数:资产累计为 19.833,相对资产得分为 63.977%。负债累计为

—12.167,相对负债得分为—36.023%。在该大项中,相对净资产得分为27.955%。

(4) 资源利用指数:资产累计为23.889,相对资产得分为77.061%。负债累计为—8.111,相对负债得分为—22.939%。在该大项中,相对净资产得分为54.123%。

总计上述四大项,总资产累计为19.826,相对资产得分为63.953%。负债累计为—12.177,相对负债得分为—36.047%。在该大项中,相对净资产得分为27.907%。

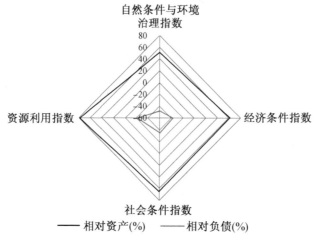

图 4-52　河北绿色资源资产负债图

图 4-52 是河北绿色资源资产负债雷达图。从相对资产来看,河北四大系统指数较为接近,资源利用指数最高,社会条件指数和经济条件指数分列二、三位,自然条件与环境治理指数相对较低。从相对负债来看,自然条件与环境治理指数的负债最高,资源利用指数的负债最低;经济条件指数和社会条件指数居中。

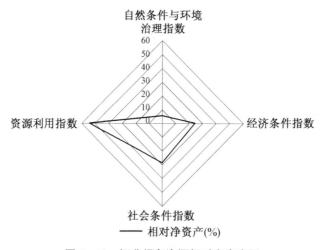

图 4-53　河北绿色资源相对净资产图

图 4-53 是河北绿色资源相对净资产图,可以看到,在四大系统中,河北的四个指数都为正值,说明整体情况较好。其中,资源利用指数远高于其他三个指数。自然条件与环境治理指数最低,具有潜在的上升空间。

四、山西绿色资源资产负债分析

山西是内陆省份,位于黄河中游东岸,华北平原西面的黄土高原上,辖区地理坐标为北纬 $34°34'—40°44'$,东经 $110°14'—114°33'$。山西地处大陆东岸中纬度的内陆,东距海岸虽只有 $300—500$ 千米,但由于省境东部山岭阻挡,气候受海洋影响较弱,在气候类型上属于温带大陆性季风气候。

山西矿产资源丰富,已发现矿种 120 种,其中,查明资源储量的有 70 种,保有资源储量居全中国前十位的有 36 种。具有资源优势的矿产有煤、煤层气、铝土矿等 13 种。山西植物资源丰富,已知的维管植物有 2 700 多种,其中,木本植物有 463 种。山西是全国水资源贫乏省份之一,主要水资源量由地表水资源和地下水资源组成,水资源的主要补给来源是当地降水。

表 4－32 山西绿色资源资产负债表

指标		资产		负债		相对资产%		相对负债%		相对净资产%
		要素	指数	要素	指数	要素	指数	要素	指数	
自然条件与环境治理指数	区位	17		—15		54.839		—45.161		
	水资源	8		—24		25.806		—74.194		
	森林覆盖	10		—22		32.258		—67.742		
	无害化处理厂日处理能力	13	18.5	—19	—13.5	41.935	59.677	—58.065	—40.323	19.355
	污水处理能力	23		—9		74.194		—25.806		
	污水处理率	23		—9		74.194		—25.806		
	矿产资源	28		—4		90.323		—9.677		
	人口密度	26		—6		83.871		—16.129		
经济条件指数	地区生产总值	8		—24		25.806		—74.194		
	地区生产总值增长率	1		—31		3.226		—96.774		
	第三产业生产总值	10	8.6	—22	—23.4	32.258	27.742	—67.742	—72.258	—44.516
	科研投入	13		—19		41.935		—58.065		
	第二产业生产总值	11		—21		35.484		—64.516		
社会条件指数	总人口	14		—18		45.161		—54.839		
	文化水平	10		—22		32.258		—67.742		
	科技水平	12	11.833	—20	—20.167	38.710	38.171	—61.290	—61.829	—23.658
	教育水平	16		—16		51.613		—48.387		
	城镇生活水平	4		—28		12.903		—87.097		
	第三产业占比	15		—17		48.387		—51.613		

（续表）

指标		资产		负债		相对资产%		相对负债%		相对净资产%
		要素	指数	要素	指数	要素	指数	要素	指数	
资源利用指数	工业用电量指数	20		−12		64.516		−35.484		
	人均日生活用水指数	3		−29		9.677		−90.323		
	生产用水量指数	14		−18		45.161		−54.839		
	工业废水排放指数	11		−21		35.484		−64.516		
	二氧化硫排放指数	29		−3		93.548		−6.452		
	一般工业固体废物产生量指数	30	17.222	−2	−14.778	96.774	55.555	−3.226	−44.445	11.11
	工业污染源治理项目本年完成投资指数	20		−12		64.516		−35.484		
	当年完成环保验收项目环保投资指数	20		−12		64.516		−35.484		
	城市污水日处理指数	8		−24		25.806		−74.194		
绿色资源指数		14.039		−17.961		45.286		−54.714		−9.427

（1）自然条件与环境治理指数：资产累计为 18.5，相对资产得分为 59.677%。负债累计为 −13.5，相对负债得分为 −40.323%。在该大项中，相对净资产得分为 19.355%。

（2）经济条件指数：资产累计为 8.6，相对资产得分为 27.742%。负债累计为 −23.4，相对负债得分为 −72.258%。在该大项中，相对净资产得分为 −44.516%。

（3）社会条件指数：资产累计为 11.833，相对资产得分为 38.171%。负债累计为 −20.167，相对负债得分为 −61.829%。在该大项中，相对净资产得分为 −23.658%。

（4）资源利用指数：资产累计为 17.222，相对资产得分为 55.555%。负债累计为 −14.778，相对负债得分为 −44.445%。在该大项中，相对净资产得分为 11.11%。

总计上述四大项，总资产累计为 14.039，相对资产得分为 45.286%。负债累计为 −17.961，相对负债得分为 −54.714%。在该大项中，相对净资产得分为 −9.427%。

图 4-54 是山西绿色资源资产负债雷达图。从相对资产来看，河北

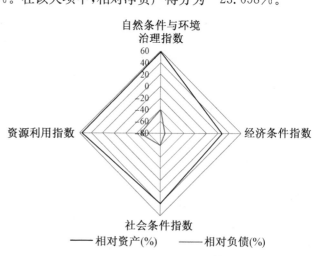

图 4-54 山西绿色资源资产负债图

四大系统指数差异性明显,自然条件与环境治理指数、资源利用指数相对较高;社会条件指数和经济条件指数相对较低。从相对负债来看,社会条件指数和经济条件指数负债较高,自然条件与环境治理指数、资源利用指数负债控制得较好。

图4-55是山西绿色然资源相对净资产图,可以看到,在四大系统中,自然条件与环境治理指数,资源利用指数为正值,具有相对的比较优势。经济条件指数最低,说明山西需要在增强经济发展方面多下功夫。

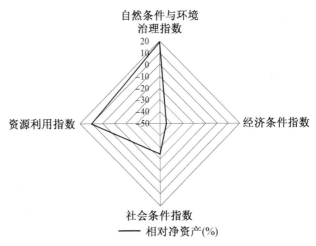

图4-55　山西绿色资源相对净资产图

五、内蒙古绿色资源资产负债分析

内蒙古,位于中华人民共和国北部边疆,首府呼和浩特,横跨东北、华北、西北地区,接邻八个省区,是中国邻省最多的省级行政区之一,北与蒙古国和俄罗斯联邦接壤,是中国五个少数民族自治区之一。内蒙古全区面积为118.3万平方公里,占全国总面积的12.3%,2014年末,全区常住人口为2 504.8万人,主要分布有汉族、蒙古族,以及满、回、达斡尔、鄂温克等49个民族,民族众多。

内蒙古资源储量丰富,有"东林西矿、南农北牧"之称,草原、森林和人均耕地面积居全中国第一,稀土金属储量居世界首位,同时也是中国最大的草原牧区。

表4-33　内蒙古绿色资源资产负债表

指标		资产		负债		相对资产%		相对负债%		相对净资产%
		要素	指数	要素	指数	要素	指数	要素	指数	
自然条件与环境治理指数	区位	17		−15		54.839		−45.161		
	水资源	18		−14		58.065		−41.935		
	森林覆盖	11		−21		35.484		−64.516		
	无害化处理厂日处理能力	16	16.75	−16	−15.25	51.613	54.032	−48.387	−45.968	8.065
	污水处理能力	20		−12		64.516		−35.484		
	污水处理率	20		−12		64.516		−35.484		
	矿产资源	31		−1		100.000		0.000		
	人口密度	1		−31		3.226		−96.774		

（续表）

指标		资产		负债		相对资产%		相对负债%		相对净资产%
		要素	指数	要素	指数	要素	指数	要素	指数	
经济条件指数	地区生产总值	17	14.4	−15	−17.6	54.839	46.452	−45.161	−53.548	−7.097
	地区生产总值增长率	9		−23		29.032		−70.968		
	第三产业生产总值	16		−16		51.613		−48.387		
	科研投入	12		−20		38.710		−61.290		
	第二产业生产总值	18		−14		58.065		−41.935		
社会条件指数	总人口	9	12.667	−23	−19.333	29.032	40.861	−70.968	−59.139	−18.277
	文化水平	6		−26		19.355		−80.645		
	科技水平	9		−23		29.032		−70.968		
	教育水平	7		−25		22.581		−77.419		
	城镇生活水平	23		−9		74.194		−25.806		
	第三产业占比	22		−10		70.968		−29.032		
资源利用指数	工业用电量指数	25	18.667	−7	−13.333	80.645	60.216	−19.355	−39.784	20.432
	人均日生活用水指数	1		−31		3.226		−96.774		
	生产用水量指数	10		−22		32.258		−67.742		
	工业废水排放指数	9		−23		29.032		−70.968		
	二氧化硫排放指数	30		−2		96.774		−3.226		
	一般工业固体废物产生量指数	28		−4		90.323		−9.677		
	工业污染源治理项目本年完成投资指数	29		−3		93.548		−6.452		
	当年完成环保验收项目环保投资指数	29		−3		93.548		−6.452		
	城市污水日处理指数	7		−25		22.581		−77.419		
绿色资源指数		15.621		−16.379		50.390		−49.610		0.781

（1）自然条件与环境治理指数：资产累计为 16.75，相对资产得分为 54.032%。负债累计为 −15.25，相对负债得分为 −45.968%。在该大项中，相对净资产得分为 8.065%。

（2）经济条件指数：资产累计为 14.4，相对资产得分为 46.452%。负债累计为 −17.6，相对负债得分为 −53.548%。在该大项中，相对净资产得分为 −7.097%。

（3）社会条件指数：资产累计为 12.667，相对资产得分为 40.861%。负债累计为

－19.333,相对负债得分为－59.139%。在该大项中,相对净资产得分为－18.277%。

（4）资源利用指数:资产累计为 18.667,相对资产得分为 60.216%。负债累计为 －13.333,相对负债得分为－39.784%。在该大项中,相对净资产得分为 20.432%。

总计上述四大项,总资产累计为 15.621,相对资产得分为 50.39%。负债累计为 －16.379,相对负债得分为－49.610%。在该大项中,相对净资产得分为 0.781%。

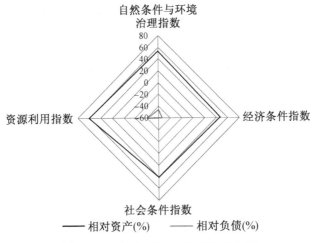

图 4－56　内蒙古绿色资源资产负债图

图 4－56 是内蒙古绿色资源资产负债雷达图。从相对资产来看,内蒙古四大系统指数较为接近,资源利用指数最高;自然条件与环境治理指数紧随其后;经济条件指数和社会条件指数位列三、四位。从相对负债来看,社会条件指数负债最高,经济条件指数排在后面;自然条件与环境治理指数排名第三,资源利用指数的负债最低。

图 4－57 是内蒙古绿色资源相对净资产图,可以看到,在四大系统中,两正两负,说明整体情况一般。其中,资源利用指数与自然条件与环境治理指数为正,经济条件指数和社会条件指数为负,具有潜在的上升空间。

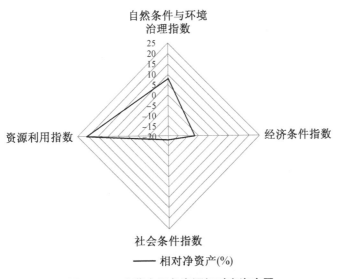

图 4－57　内蒙古绿色资源相对净资产图

六、辽宁绿色资源资产负债分析

辽宁地处欧亚大陆东岸、中纬度地区,属于温带大陆性季风气候区。辽宁是东北地区降水量最多的省份,年降水量在 600—1 100 毫米。东部山地丘陵区年降水量在 1 100 毫米以上;西部山地丘陵区与内蒙古高原相连,年降水量在 400 毫米左右,是全省降水最少的地区;中部平原降水量比较适中,年平均在 600 毫米左右。辽宁耕地面积 409.29 万公顷,占全省土地总面积的 27.65%,人均占有耕地约 0.096 公顷,其中有 80% 左右分布在辽宁中部平原区和辽西北低山丘陵的河谷地带。

辽宁动物种类繁多,近海生物资源丰富,有各种植物 161 科 2 200 余种,其中具有经济价值的 1 300 种以上。辽宁有林业用地面积 634.4 万公顷,其中有林地面积 464.1 万公顷(含经济林面积 141.5 万公顷),占林业用地的 73.16%;疏林地面积 5.69 万公顷,占 0.9%;灌木林面积 22.75 万公顷,占 3.58%;辽宁处于环太平洋成矿北缘,地质成矿条件优越,矿产资源丰富,已发现各类矿产 110 种,其中已获得探明储量的有 66 种,矿产地 672 处。

表 4‑34　辽宁绿色资源资产负债表

指标		资产		负债		相对资产%		相对负债%		相对净资产%
		要素	指数	要素	指数	要素	指数	要素	指数	
自然条件与环境治理指数	区位	12	13.75	−20	−18.25	38.710	44.355	−61.290	−55.645	−11.29
	水资源	9		−23		29.032		−70.968		
	森林覆盖	18		−14		58.065		−41.935		
	无害化处理厂日处理能力	25		−7		80.645		−19.355		
	污水处理能力	11		−21		35.484		−64.516		
	污水处理率	11		−21		35.484		−64.516		
	矿产资源	19		−13		61.290		−38.710		
	人口密度	5		−27		16.129		−83.871		
经济条件指数	地区生产总值	25	20.2	−7	−11.8	80.645	65.161	−19.355	−34.839	30.323
	地区生产总值增长率	3		−29		9.677		−90.323		
	第三产业生产总值	24		−8		77.419		−22.581		
	科研投入	24		−8		77.419		−22.581		
	第二产业生产总值	25		−7		80.645		−19.355		

(续表)

指标		资产		负债		相对资产%		相对负债%		相对净资产%
		要素	指数	要素	指数	要素	指数	要素	指数	
社会条件指数	总人口	18	18.167	−14	−13.833	58.065	58.603	−41.935	−41.397	17.206
	文化水平	17		−15		54.839		−45.161		
	科技水平	20		−12		64.516		−35.484		
	教育水平	19		−13		61.290		−38.710		
	城镇生活水平	24		−8		77.419		−22.581		
	第三产业占比	11		−21		35.484		−64.516		
资源利用指数	工业用电量指数	24	23.333	−8	−8.667	77.419	75.268	−22.581	−24.732	50.535
	人均日生活用水指数	9		−23		29.032		−70.968		
	生产用水量指数	27		−5		87.097		−12.903		
	工业废水排放指数	21		−11		67.742		−32.258		
	二氧化硫排放指数	26		−6		83.871		−16.129		
	一般工业固体废物产生量指数	29		−3		93.548		−6.452		
	工业污染源治理项目本年完成投资指数	24		−8		77.419		−22.581		
	当年完成环保验收项目环保投资指数	24		−8		77.419		−22.581		
	城市污水日处理指数	26		−6		83.871		−16.129		
绿色资源指数		18.863		−13.14		60.85		−39.15		21.69

(1) 自然条件与环境治理指数:资产累计为 13.75,相对资产得分为 44.355%。负债累计为 −18.25,相对负债得分为 −55.645%。在该大项中,相对净资产得分为 −11.29%。

(2) 经济条件指数:资产累计为 20.2,相对资产得分为 65.161%。负债累计为 −11.8,相对负债得分为 −34.839%。在该大项中,相对净资产得分为 30.323%。

(3) 社会条件指数:资产累计为 18.167,相对资产得分为 58.603%。负债累计为 −13.833,相对负债得分为 −41.397%。在该大项中,相对净资产得分为 17.206%。

(4) 资源利用指数:资产累计为 23.333,相对资产得分为 75.268%。负债累计为 −8.667,相对负债得分为 −24.732%。在该大项中,相对净资产得分为 50.535%。

总计上述四大项,总资产累计为 18.863,相对资产得分为 60.85%。负债累计为 −13.14,相对负债得分为 −39.15%。在该大项中,相对净资产得分为 21.69%。

图 4-58 是辽宁绿色资源资产负债雷达图。从相对资产来看,辽宁四大系统指数都较高;其中,资源利用指数最高,为 75.268%;经济条件指数排名第二;随后是社会条件指数;

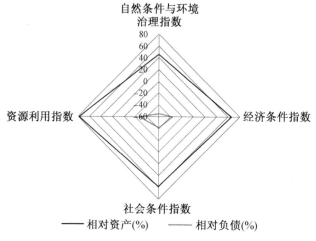

图 4-58　辽宁绿色资源资产负债图

最后是自然条件与环境治理指标。从相对负债来看,自然条件与环境治理指数的绝对值最高,说明辽宁的自然资源治理方面是薄弱环节,需要进一步加强。社会条件指数、经济条件指数和资源利用指数相对较为接近。

图 4-59 是辽宁绿色资源相对净资产图,可以看到,在四大系统中,三正一负,说明整体情况尚可。其中,资源利用相对净资产指数为 50.535%,远高于其他指数;经济条件和社会条件相对净资产值居中,自然条件与环境治理相对净资产值是唯一的负值。

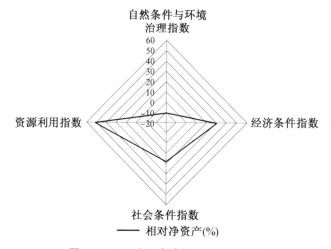

图 4-59　辽宁绿色资源相对净资产图

七、吉林绿色资源资产负债分析

吉林地处中国东北中部,东北亚地理中心,地跨东经 121°38′—131°19′、北纬 40°50′—46°19′。东西长 769.62 公里,南北宽 606.57 公里,土地面积 18.74 万平方千米,占全国面积的 2%。吉林属于温带大陆性季风气候,四季分明,雨热同季。夏季高温多雨,冬季寒冷干燥。

吉林东部水能资源丰富,有 13 座大型水库,水能资源 98% 分布在东部山区。吉林素有"黑土地之乡"之称。现有耕地面积 553.78 万公顷,占吉林土地面积的 28.98%;人均耕地 0.21 公顷(3.05 亩),是全国平均的 2.18 倍;土地肥沃,土壤表层有机质含量为 3%—6%,高者达 15% 以上。

吉林已探明储量的矿产资源有 89 种。其中油页岩、硅藻土、硅灰石、火山渣等 11 种矿产储量居全国首位,另有钼、锗、镍等 41 种矿产储量居全国前十位。其中,油页岩已查明储量占全国的 54%,开发潜力十分巨大,集中在松原地区。长白山区拥有全国最大最好的矿泉水资源,是世界三大优质矿泉水源地之一。吉林是中国重要的林业基地,森林覆盖率高达 42.5%。现有活立木总蓄量 86 089 万立方米,列全国第 6 位。吉林有陆生野生动物 445 种,其中两栖类 14 种,爬行类 16 种,鸟类 335 种,兽类 80 种,约占全国野生动物各类数量的 17.66%,其中鸟类占全国各类数量的 30.36%。吉林有野生植物 3 890 种,其中地衣类 270 余种、真菌类 900 余种、蕨类 140 余种、裸子植物 30 种、被子植物 2 200 余种。

表 4-35　吉林绿色资源资产负债表

指标		资产		负债		相对资产%		相对负债%		相对净资产%
		要素	指数	要素	指数	要素	指数	要素	指数	
自然条件与环境治理指数	区位	12		−20		38.710		−61.290		
	水资源	13		−19		41.935		−58.065		
	森林覆盖	21		−11		67.742		−32.258		
	无害化处理厂日处理能力	14	13	−18	−19	45.161	41.935	−54.839	−58.065	−16.129
	污水处理能力	3		−29		9.677		−90.323		
	污水处理率	3		−29		9.677		−90.323		
	矿产资源	17		−15		54.839		−45.161		
	人口密度	21		−11		67.742		−32.258		
经济条件指数	地区生产总值	10		−22		32.258		−67.742		
	地区生产总值增长率	4		−28		12.903		−87.097		
	第三产业生产总值	8	8.8	−24	−23.2	25.806	28.387	−74.194	−71.613	−43.226
	科研投入	9		−23		29.032		−70.968		
	第二产业生产总值	13		−19		41.935		−58.065		
社会条件指数	总人口	11		−21		35.484		−64.516		
	文化水平	8		−24		25.806		−74.194		
	科技水平	13	11.333	−19	−20.667	41.935	36.558	−58.065	−63.442	−26.884
	教育水平	10		−22		32.258		−67.742		
	城镇生活水平	12		−20		38.710		−61.290		
	第三产业占比	14		−18		45.161		−54.839		

(续表)

指标		资产		负债		相对资产%		相对负债%		相对净资产%
		要素	指数	要素	指数	要素	指数	要素	指数	
资源利用指数	工业用电量指数	3		-29		9.677		-90.323		
	人均日生活用水指数	6		-26		19.355		-80.645		
	生产用水量指数	12		-20		38.710		-61.290		
	工业废水排放指数	10		-22		32.258		-67.742		
	二氧化硫排放指数	8		-24		25.806		-74.194		
	一般工业固体废物产生量指数	10	8.444	-22	-23.556	32.258	27.239	-67.742	-72.761	-45.523
	工业污染源治理项目本年完成投资指数	7		-25		22.581		-77.419		
	当年完成环保验收项目环保投资指数	7		-25		22.581		-77.419		
	城市污水日处理指数	13		-19		41.935		-58.065		
绿色资源指数		10.429		-21.571		33.642		-66.358		-32.716

(1) 自然条件与环境治理指数:资产累计为 13,相对资产得分为 41.935%。负债累计为 -19,相对负债得分为 -58.065%。在该大项中,相对净资产得分为 -16.129%。

(2) 经济条件指数:资产累计为 8.8,相对资产得分为 28.387%。负债累计为 -23.2,相对负债得分为 -71.613%。在该大项中,相对净资产得分为 -43.226%。

(3) 社会条件指数:资产累计为 11.333,相对资产得分为 36.558%。负债累计为 -20.667,相对负债得分为 -63.442%。在该大项中,相对净资产得分为 -26.884%。

(4) 资源利用指数:资产累计为 8.444,相对资产得分为 27.239%。负债累计为 -23.556,相对负债得分为 -72.761%。在该大项中,相对净资产得分为 -45.523%。

总计上述四大项,总资产累计为 10.429,相对资产得分为 33.642%。负债累计为 -21.571,相对负债得分为 -66.358%。在该大项中,相对净资产得分为 -32.716%。

图 4-60 是吉林绿色资源资产负债雷达图。从相对资产来看,吉林四大系统指数较为接近,自然条件与环境治理指数最高,随后是社会条件指数,经济条件指数和资源利用指数分列三、四位。从相对负债来看,资源利用指数和经济条件指数的负债相对较高,社会条件指数负债位居第三,自然条件与环境治理指数排在后面。

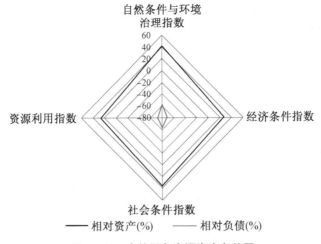

图 4 - 60　吉林绿色资源资产负债图

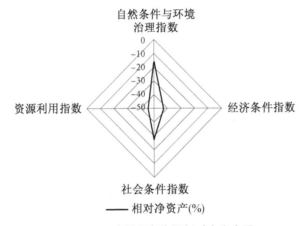

图 4 - 61　吉林绿色资源相对净资产图

图 4 - 61 是吉林绿色资源相对净资产图,可以看到,四大系统中的相对净资产全部为负,说明吉林的整体情况相当严峻。其中,资源利用指数和经济条件指数负债最多,相对净值为－45.523 和－43.226。

八、黑龙江绿色资源资产负债分析

黑龙江东部和北部以乌苏里江、黑龙江为界河与俄罗斯为邻,与俄罗斯的水陆边界长约3 045 公里;西接内蒙古,南连吉林。介于北纬 43°26′—53°33′,东经121°11′—135°05′,南北长约 1 120 公里,东西宽约 930 公里,面积47.3 万平方公里。黑龙江辖 12 个地级市,1 个地区,共 64 个市辖区、18 个县级市、45 个县、1 个自治县。所辖哈尔滨为副省级市,齐齐哈尔为较大的市(拥有地方立法权)。黑龙江西部属松嫩平原,东北部为三江平原,北部、东南部为山地,多处平原海拔 50—200 米。黑龙江位于欧亚大陆东部、太平洋西岸、中国最东北部,气候为温带大陆性季风气候。

全省已发现各类矿产 132 种,占全国已发现 234 种各类矿产的 56.4%。已查明储量的矿产有 81 种,占全国已查明矿产资源储量种数(223 种)的 36.3%。黑龙江是全国最大的林业省份之一,天然林资源是黑龙江森林资源的主体,主要分布在大小兴安岭和长白山脉及完达山。黑龙江林业经营总面积 3 175 万公顷,占全省土地面积的2/3。有林地面积 2 007 万公顷,活立木总蓄积 15 亿立方米,森林覆盖率达 43.6%,森林面积、森林总蓄积和木材产量均居全国前列,是国家最重要的国有林区和最大的木材生产基地。

黑龙江是国家重要的能源工业基地,是主煤炭调出省之一。其中东部地区为优质煤炭产区,有鸡西、鹤岗、双鸭山及七台河四大煤矿,是我国煤油焦煤的重要产区之一。省内有目前中国最大的油田——大庆油田。

表 4-36 黑龙江绿色资源资产负债表

指标		资产		负债		相对资产%		相对负债%		相对净资产%
		要素	指数	要素	指数	要素	指数	要素	指数	
自然条件与环境治理指数	区位	12		−20		38.710		−61.290		
	水资源	20		−12		64.516		−35.484		
	森林覆盖	23		−9		74.194		−25.806		
	无害化处理厂日处理能力	15	16.75	−17	−15.25	48.387	54.032	−51.613	−45.968	8.065
	污水处理能力	5		−27		16.129		−83.871		
	污水处理率	5		−27		16.129		−83.871		
	矿产资源	25		−7		80.645		−19.355		
	人口密度	29		−3		93.548		−6.452		
经济条件指数	地区生产总值	12		−20		38.710		−61.290		
	地区生产总值增长率	2		−30		6.452		−93.548		
	第三产业生产总值	15	10	−17	−22	48.387	32.258	−51.613	−67.742	−35.484
	科研投入	11		−21		35.484		−64.516		
	第二产业生产总值	10		−22		32.258		−67.742		
社会条件指数	总人口	17		−15		54.839		−45.161		
	文化水平	7		−25		22.581		−77.419		
	科技水平	10	11.333	−22	−20.667	32.258	36.558	−67.742	−63.442	−26.884
	教育水平	15		−17		48.387		−51.613		
	城镇生活水平	6		−26		19.355		−80.645		
	第三产业占比	13		−19		41.935		−58.065		

（续表）

指标		资产		负债		相对资产%		相对负债%		相对净资产%
		要素	指数	要素	指数	要素	指数	要素	指数	
资源利用指数	工业用电量指数	7		−25		22.581		−77.419		
	人均日生活用水指数	4		−28		12.903		−87.097		
	生产用水量指数	23		−9		74.194		−25.806		
	工业废水排放指数	14		−18		45.161		−54.839		
	二氧化硫排放指数	11		−21		35.484		−64.516		
	一般工业固体废物产生量指数	13	13.222	−19	−18.778	41.935	42.652	−58.065	−57.348	−14.697
	工业污染源治理项目本年完成投资指数	11		−21		35.484		−64.516		
	当年完成环保验收项目环保投资指数	11		−21		35.484		−64.516		
	城市污水日处理指数	25		−7		80.645		−19.355		
绿色资源指数		12.826		−19.174		41.375		−58.625		−17.250

（1）自然条件与环境治理指数:资产累计为 16.75,相对资产得分为 54.032%。负债累计为 −15.25,相对负债得分为 −45.968%。在该大项中,相对净资产得分为 8.065%。

（2）经济条件指数:资产累计为 10,相对资产得分为 32.258%。负债累计为 −22,相对负债得分为 −67.742。在该大项中,相对净资产得分为 −35.484%。

（3）社会条件指数:资产累计为 11.333,相对资产得分为 36.558%。负债累计为 −20.667,相对负债得分为 −63.442%。在该大项中,相对净资产得分为 −26.884%。

（4）资源利用指数:资产累计为 13.222,相对资产得分为 42.652%。负债累计为 −18.778,相对负债得分为 −57.348%。在该大项中,相对净资产得分为 −14.697 2%。

总计上述四大项,总资产累计为 12.826,相对资产得分为 41.375%。负债累计为 −19.174,相对负债得分为 −58.625%。在该大项中,相对净资产得分为 −17.250%。

图 4-62 是黑龙江绿色资源资产负债雷达图。从相对资产来看,黑龙江四大系统指数差距不大,自然条件与环境治理指数最高,资源利用指数紧随其后;社会条件指数和经济条件指数列三、四位。从相对负债来看,社会条件指数和经济条件指数负债较高,资源利用指数的负债排名第三,自然条件与环境治理负债指数最低。

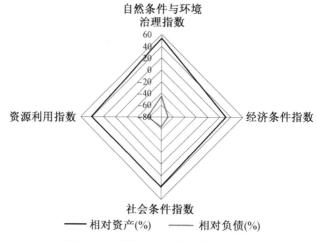

图 4-62 黑龙江绿色资源资产负债图

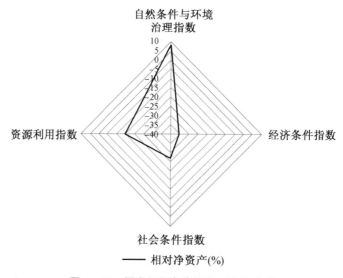

图 4-63 黑龙江绿色资源相对净资产图

图 4-63 是黑龙江绿色资源相对净资产图,可以看到,在四大系统中,一正三负,说明整体情况较差。其中,仅有自然条件与环境治理指数为正;其他三个指数均为负值,经济条件指数的相对净值最低,具有潜在的上升空间。

九、上海绿色资源资产负债分析

上海地处东经 120°52′至 122°12′,北纬 30°40′至 31°53′之间,位于太平洋西岸,亚洲大陆东沿,中国南北海岸中心点,长江和黄浦江入海汇合处。上海属亚热带季风性气候,四季分明,日照充分,雨量充沛。

上海境内缺乏金属矿产资源,建筑石料也很稀少,陆上的能源矿产同样匮乏。70 年代以来开始在近海寻找油气资源,在多口钻井中获得工业原油和天然气。据初步估算,东海大陆架油气资源储量约有 60 亿吨,是中国近海海域最大的含油气盆地。上海境内天然植被残剩不多,绝大部分是人工栽培作物和林木。天然的木本植物群落,仅分布于大金山岛和佘山等局部地区,天然草本植物群落分布在沙洲、滩地和港汊。

上海是中国重要的经济、交通、科技、工业、金融、会展和航运中心,是世界上规模和面积最大的都会区之一。2014 年上海 GDP 总量居中国城市第一,亚洲城市第二。上海港货物吞吐量和集装箱吞吐量均居世界第一,是一个良好的滨江滨海国际性港口。上海也是中国大陆首个自贸区"中国(上海)自由贸易试验区"所在地。

表 4－37　上海绿色资源资产负债表

指标		资产		负债		相对资产%		相对负债%		相对净资产%
		要素	指数	要素	指数	要素	指数	要素	指数	
自然条件与环境治理指数	区位	31	17	－1	－15	100.000	54.839	0.000	－45.161	9.677
	水资源	6		－26		19.355		－80.645		
	森林覆盖	4		－28		12.903		－87.097		
	无害化处理厂日处理能力	21		－11		67.742		－32.258		
	污水处理能力	24		－8		77.419		－22.581		
	污水处理率	24		－8		77.419		－22.581		
	矿产资源	1		－31		3.226		－96.774		
	人口密度	25		－7		80.645		－19.355		
经济条件指数	地区生产总值	20	19	－12	－13	64.516	61.29	－35.484	－38.71	22.581
	地区生产总值增长率	6		－26		19.355		－80.645		
	第三产业生产总值	26		－6		83.871		－16.129		
	科研投入	27		－5		87.097		－12.903		
	第二产业生产总值	16		－16		51.613		－48.387		
社会条件指数	总人口	8	20.833	－24	－11.167	25.806	67.203	－74.194	－32.797	34.406
	文化水平	23		－9		74.194		－25.806		
	科技水平	27		－5		87.097		－12.903		
	教育水平	8		－24		25.806		－74.194		
	城镇生活水平	31		－1		100.000		0.000		
	第三产业占比	28		－4		90.323		－9.677		

（续表）

指标		资产		负债		相对资产%		相对负债%		相对净资产%
		要素	指数	要素	指数	要素	指数	要素	指数	
资源利用指数	工业用电量指数	15		−17		48.387		−51.613		
	人均日生活用水指数	21		−11		67.742		−32.258		
	生产用水量指数	21		−11		67.742		−32.258		
	工业废水排放指数	19		−13		61.290		−38.710		
	二氧化硫排放指数	5	15.222	−27	−16.778	16.129	49.103	−83.871	−50.897	−1.794
	一般工业固体废物产生量指数	5		−27		16.129		−83.871		
	工业污染源治理项目本年完成投资指数	12		−20		38.710		−61.290		
	当年完成环保验收项目环保投资指数	12		−20		38.710		−61.290		
	城市污水日处理指数	27		−5		87.097		−12.903		
绿色资源指数		18.014		−13.986		58.109		−41.891		16.218

（1）自然条件与环境治理指数:资产累计为17,相对资产得分为54.839%。负债累计为−15,相对负债得分为−45.161%。在该大项中,相对净资产得分为9.677%。

（2）经济条件指数:资产累计为19,相对资产得分为61.29%。负债累计为−13,相对负债得分为−38.71%。在该大项中,相对净资产得分为22.581%。

（3）社会条件指数:资产累计为20.833,相对资产得分为67.203%。负债累计为−11.167,相对负债得分为−32.797%。在该大项中,相对净资产得分为34.406%。

（4）资源利用指数:资产累计为15.222,相对资产得分为49.103%。负债累计为−16.778,相对负债得分为−50.897%。在该大项中,相对净资产得分为−1.794%。

总计上述四大项,总资产累计为18.014,相对资产得分为58.109%。负债累计为−13.986,相对负债得分为−41.891%。在该大项中,相对净资产得分为16.218%。

图4−64是上海绿色资源资产负债雷达图。从相对资产来看,上海四大系统指数数值都较高。其中,社会条件指数最高,经济条件指数紧随其后,自然条件与环境治理指数和资源利用指数列三、四位。从相对负债来看,资源利用指数的负债最高,社会条件指数负债最低。自然条件与环境治理指数、经济条件指数居中。

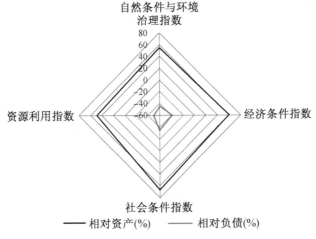

图 4 - 64 上海绿色资源资产负债图

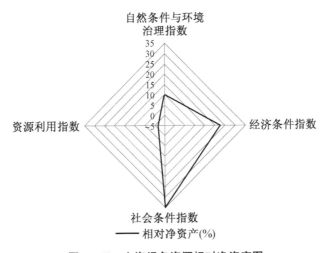

图 4 - 65 上海绿色资源相对净资产图

图 4 - 65 是上海绿色资源相对净资产图,可以看到,在四大系统中,三正一负,且负值极小,说明整体情况良好。其中,社会条件指数的净值最高,资源利用指数为负值,具有潜在的上升空间。

十、江苏绿色资源资产负债分析

江苏,简称"苏",省会南京,位于中国大陆东部沿海中心,介于东经116°18′—121°57′,北纬30°45′—35°20′。江苏省际陆地边界线 3 383 公里,面积 10.72 万平方公里,占中国的1.12%,人均国土面积在中国各省区中最少。江苏地形以平原为主,平原面积达 7 万多平方公里,占江苏面积的 70%以上,比例居中国各省之首。长江横贯江苏东西 425 千米,京杭大运河纵贯南北 718 千米,海岸线长 954 千米。

江苏属于温带向亚热带的过渡性气候,气候温和,雨量适中,四季分明,以淮河、苏北灌溉总渠一线为界,以北属暖温带湿润、半湿润季风气候,以南属亚热带湿润季风气候。中国五大淡水湖,有两个位于江苏,太湖2 250平方公里,居第三,洪泽湖2 069平方公里,居第四,此外还有大小湖泊290多个,其中50平方公里以上的湖泊12个。江苏水资源十分丰富,境内降雨年径流深在150—400毫米。江苏平原地区广泛分布着深厚的第四纪松散堆积物,地下水源丰富。

江苏矿产资源发现的有133种,其中查明资源储量的有67种,有色金属类、建材类、膏盐类、特种非金属类矿产构成了江苏矿产资源的特色和优势。江苏植物资源非常丰富,截至2013年,约有850多种,尚有可利用和开发前途的野生植物资源600多种。

表4-38　江苏绿色资源资产负债表

指标		资产		负债		相对资产%		相对负债%		相对净资产%
		要素	指数	要素	指数	要素	指数	要素	指数	
自然条件与环境治理指数	区位	31	15.88	−1	−16.13	100.000	51.226	0.000	−48.774	2.452
	水资源	10		−22		32.258		−67.742		
	森林覆盖	8		−24		25.806		−74.194		
	无害化处理厂日处理能力	30		−2		96.774		−3.226		
	污水处理能力	13		−19		41.935		−58.065		
	污水处理率	13		−19		41.935		−58.065		
	矿产资源	12		−20		38.710		−61.290		
	人口密度	10		−22		32.258		−67.742		
经济条件指数	地区生产总值	30	27.6	−2	−4.4	96.774	89.032	−3.226	−10.968	78.065
	地区生产总值增长率	17		−15		54.839		−45.161		
	第三产业生产总值	30		−2		96.774		−3.226		
	科研投入	31		−1		100.000		0.000		
	第二产业生产总值	30		−2		96.774		−3.226		
社会条件指数	总人口	27	24.167	−5	−7.833	87.097	77.958	−12.903	−22.042	55.916
	文化水平	30		−2		96.774		−3.226		
	科技水平	31		−1		100.000		0.000		
	教育水平	28		−4		90.323		−9.677		
	城镇生活水平	28		−4		90.323		−9.677		
	第三产业占比	1		−31		3.226		−96.774		

（续表）

指标		资产		负债		相对资产%		相对负债%		相对净资产%
		要素	指数	要素	指数	要素	指数	要素	指数	
资源利用指数	工业用电量指数	30		−2		96.774		−3.226		
	人均日生活用水指数	25		−7		80.645		−19.355		
	生产用水量指数	30		−2		96.774		−3.226		
	工业废水排放指数	30		−2		96.774		−3.226		
	二氧化硫排放指数	24		−8		77.419		−22.581		
	一般工业固体废物产生量指数	21	26.889	−11	−5.111	67.742	86.739	−32.258	−13.261	73.477
	工业污染源治理项目本年完成投资指数	26		−6		83.871		−16.129		
	当年完成环保验收项目环保投资指数	26		−6		83.871		−16.129		
	城市污水日处理指数	30		−2		96.774		−3.226		
绿色资源指数		23.634		−8.369		76.239		−23.761		52.478

（1）自然条件与环境治理指数:资产累计为15.88,相对资产得分为51.226%。负债累计为−16.13,相对负债得分为−48.774%。在该大项中,相对净资产得分为2.452%。

（2）经济条件指数:资产累计为27.6,相对资产得分为89.032%。负债累计为−4.4,相对负债得分为−10.968%。在该大项中,相对净资产得分为78.065%。

（3）社会条件指数:资产累计为24.167,相对资产得分为77.958%。负债累计为−7.833,相对负债得分为−22.042%。在该大项中,相对净资产得分为55.916%。

（4）资源利用指数:资产累计为26.889,相对资产得分为86.739%。负债累计为−5.111,相对负债得分为−13.261%。在该大项中,相对净资产得分为73.477%。

总计上述四大项,总资产累计为23.634,相对资产得分为76.239%。负债累计为−8.369,相对负债得分为−23.761%。在该大项中,相对净资产得分为52.478%。

图4−66是江苏绿色资源资产负债雷达图。从相对资产来看,江苏的四大系统指数都相对较高。其中,经济条件指数高达89.032%,资源利用指数紧随其后,社会条件指数名列第三,自然条件与环境治理指数最后。从相对负债来看,自然条件与环境治理指数负债最高,社会条件指数负债排名第二,经济条件指数和资源利用指数的负债较低。

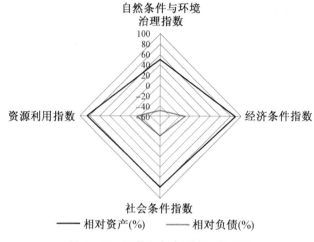

图 4 - 66 江苏绿色资源资产负债图

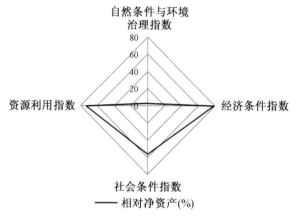

图 4 - 67 江苏绿色资源相对净资产图

图 4 - 67 是江苏绿色资源相对净资产图,可以看到,四大系统全部都是正值,说明整体情况良好。其中,经济条件指数和资源利用指数都超过 70%,具有相当强烈的比较优势。自然条件与环境治理指数相对薄弱,具有潜在的上升空间。

十一、浙江绿色资源资产负债分析

浙江东西和南北的直线距离均为 450 公里左右,陆域面积 10.18 万平方公里,为中国的 1.06%,是中国面积最小的省份之一。浙江山地和丘陵占 70.4%,平原和盆地占 23.2%,河流和湖泊占 6.4%。浙江属亚热带季风气候,四季分明,年气温适中,光照较多,雨量丰沛,空气湿润,雨热季节变化同步,气候资源配置多样。

浙江境内有西湖、东钱湖等容积 100 万立方米以上湖泊 30 余个,海岸线(包括海岛)长 6 400 余公里。浙江年均降水量为 1 600 毫米左右,是中国降水较丰富的地区之一。浙江多年平均水资源总量为 937 亿立方米,但由于人口密度高,人均水资源占有量只有 2 008 立方米。浙江海洋资源十分丰富,海岸线总长 6 486.24 公里,占中国的 20.3%,居中国首位。有沿海岛屿 3 000 余个,水深在 200 米以内的大陆架面积达 23 万平方公里,海域面积 26 万平方公里。浙江耕地 2 980.03 万亩,占 18.83％。

浙江矿产种类繁多,有铁、铜、铅、锌、金、钼、铝、锑、钨、锰等,以及明矾石,萤石、叶蜡石、石灰石、煤、大理石、膨润土、碲石等。明矾石矿储量居世界第一(60％),萤石矿储量居中国第二。浙江植被资源在 3 000 种以上,属国家重点保护的野生植物有 45 种。树种资源丰富,素有"东南植物宝库"之称。浙江林地面积 667.97 万公顷,其中森林面积 584.42 万公顷。森林覆盖率为 60.5％,活立木总蓄积 1.94 亿立方米。

表 4－39　浙江绿色资源资产负债表

指标		资产		负债		相对资产%		相对负债%		相对净资产%
		要素	指数	要素	指数	要素	指数	要素	指数	
自然条件与环境治理指数	区位	31		－1		100.000		0.000		
	水资源	17		－15		54.839		－45.161		
	森林覆盖	29		－3		93.548		－6.452		
	无害化处理厂日处理能力	29	21.25	－3	－10.753	93.548	68.548	－6.452	－31.452	37.097
	污水处理能力	27		－5		87.097		－12.903		
	污水处理率	27		－5		87.097		－12.903		
	矿产资源	3		－29		9.677		－90.323		
	人口密度	7		－25		22.581		－77.419		
经济条件指数	地区生产总值	28		－4		90.323		－9.677		
	地区生产总值增长率	8		－24		25.806		－74.194		
	第三产业生产总值	28	24	－4	－8	90.323	77.419	－9.677	－22.581	54.839
	科研投入	28		－4		90.323		－9.677		
	第二产业生产总值	28		－4		90.323		－9.677		
社会条件指数	总人口	22		－10		70.968		－29.032		
	文化水平	28		－4		90.323		－9.677		
	科技水平	29	21.833	－3	－10.167	93.548	70.429	－6.452	－29.571	40.858
	教育水平	20		－12		64.516		－35.484		
	城镇生活水平	29		－3		93.548		－6.452		
	第三产业占比	3		－29		9.677		－90.323		

（续表）

指标		资产		负债		相对资产%		相对负债%		相对净资产%
		要素	指数	要素	指数	要素	指数	要素	指数	
资源利用指数	工业用电量指数	28		−4		90.323		−9.677		
	人均日生活用水指数	23		−9		74.194		−25.806		
	生产用水量指数	28		−4		90.323		−9.677		
	工业废水排放指数	27		−5		87.097		−12.903		
	二氧化硫排放指数	15		−17		48.387		−51.613		
	一般工业固体废物产生量指数	8	23.667	−24	−8.33	25.806	76.345	−74.194	−23.655	52.69
	工业污染源治理项目本年完成投资指数	28		−4		90.323		−9.677		
	当年完成环保验收项目环保投资指数	28		−4		90.323		−9.677		
	城市污水日处理指数	28		−4		90.323		−9.677		
绿色资源指数		22.688		−9.313		73.185		−26.815		46.371

（1）自然条件与环境治理指数:资产累计为 21.25,相对资产得分为 68.548%。负债累计为 −10.753,相对负债得分为 −31.452%。在该大项中,相对净资产得分为 37.097%。

（2）经济条件指数:资产累计为 24,相对资产得分为 77.419%。负债累计为 −8,相对负债得分为 −22.581%。在该大项中,相对净资产得分为 54.839%。

（3）社会条件指数:资产累计为 21.833,相对资产得分为 70.429%。负债累计为 −10.167,相对负债得分为 −29.571%。在该大项中,相对净资产得分为 40.858%。

（4）资源利用指数:资产累计为 23.667,相对资产得分为 76.345%。负债累计为 −8.33,相对负债得分为 −23.655%。在该大项中,相对净资产得分为 52.69%。

总计上述四大项,总资产累计为 22.688,相对资产得分为 73.185%。负债累计为 −9.313,相对负债得分为 −26.815%。在该大项中,相对净资产得分为 46.371%。

图 4−68 是浙江绿色资源资产负债雷达图。从相对资产来看,浙江的四大系统指数都相对较高,且几乎接近。经济条件指数最高,为 77.419%;排名最后的自然条件与环境治理指数,也有 68.548%。其余两个指数居中。这意味着浙江的相对资产均较好。从相对负债来看,四个指标也较为接近,且相对较低。负债最多的自然条件与环境治理指数为 −31.452%;最低的经济条件指数为 −22.581%。

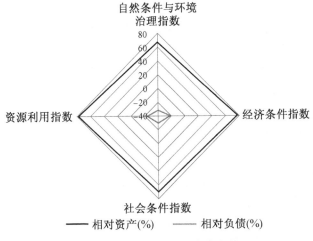

图 4-68 浙江绿色资源资产负债图

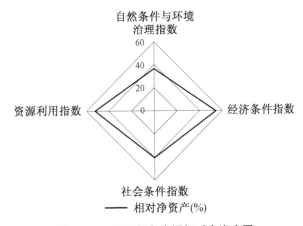

图 4-69 浙江绿色资源相对净资产图

图 4-69 是浙江绿色资源相对净资产图，可以看到，四大系统全部都是正值，且不存在明显的差异，说明整体情况良好。其中，经济条件指数和资源利用指数都超过 50%，具有一定的比较优势。自然条件与环境治理指数也超过了 35%。

十二、安徽绿色资源资产负债分析

安徽，位于中国大陆东部，介于东经 114°54′—119°37′，北纬 29°41′—34°38′，公元 1667 年因江南省东西分治而建省。安徽平原、台地（岗地）、丘陵、山地等类型齐全，可将全省分成淮河平原区、江淮台地丘陵区、皖西丘陵山地区、沿江平原区、皖南丘陵山地五个地貌区。平原面积占安徽面积的 45% 以上，丘陵区占全省总面积 55%。

安徽在气候上属暖温带与亚热带的过渡地区。淮河以北属暖温带半湿润季风气候，淮河以南属亚热湿润季风气候。安徽共有湖泊 500 余个，总面积 1 750 平方公里，其中大型湖泊 12 个、中型湖泊 37 个。安徽地下水在淮河平原和沿江平原最为丰沛，占全省地下水总储量的 78%。

全省维管束植物3 200多种,分属205科,1 006属,约占全国维管束植物科的60.3%、属的31.7%、种的11.7%。全省野生动植物资源丰富、种类繁多。安徽矿产种类较全,截至2011年,全省已发现的矿种为158种(含亚矿种)。查明资源储量的矿种126种(含普通建筑石料矿种),其中能源矿种6种,金属矿种22种,非金属矿种96种,水气矿产2种。安徽全省耕地422万公顷,林地329万公顷,水面105万公顷。安徽全省水资源总量约680亿立方米。主要河流分属长江、淮河、钱塘江三大水系,其中淮河水系6.69万平方公里(包括废黄河470平方公里、复兴河163平方公里),长江水系6.6万平方公里,钱塘江水系6 500平方公里。

表4－40　安徽绿色资源资产负债表

指标		资产		负债		相对资产%		相对负债%		相对净资产%
		要素	指数	要素	指数	要素	指数	要素	指数	
自然条件与环境治理指数	区位	31		－1		100.000		0.000		
	水资源	14		－18		45.161		－54.839		
	森林覆盖	14		－18		45.161		－54.839		
	无害化处理厂日处理能力	18	15.75	－14	－16.25	58.065	50.806	－41.935	－49.194	1.613
	污水处理能力	9		－23		29.032		－70.968		
	污水处理率	9		－23		29.032		－70.968		
	矿产资源	18		－14		58.065		－41.935		
	人口密度	13		－19		41.935		－58.065		
经济条件指数	地区生产总值	18		－14		58.065		－41.935		
	地区生产总值增长率	21		－11		67.742		－32.258		
	第三产业生产总值	17	19.2	－15	－12.8	54.839	61.935	－45.161	－38.065	23.871
	科研投入	20		－12		64.516		－35.484		
	第二产业生产总值	20		－12		64.516		－35.484		
社会条件指数	总人口	24		－8		77.419		－22.581		
	文化水平	22		－10		70.968		－29.032		
	科技水平	24	19.5	－8	－12.5	77.419	62.903	－22.581	－37.097	25.806
	教育水平	23		－9		74.194		－25.806		
	城镇生活水平	14		－18		45.161		－54.839		
	第三产业占比	10		－22		32.258		－67.742		

(续表)

指标		资产		负债		相对资产%		相对负债%		相对净资产%
		要素	指数	要素	指数	要素	指数	要素	指数	
资源利用指数	工业用电量指数	18		−14		58.065		−41.935		
	人均日生活用水指数	16		−16		51.613		−48.387		
	生产用水量指数	20		−12		64.516		−35.484		
	工业废水排放指数	22		−10		70.968		−29.032		
	二氧化硫排放指数	12		−20		38.710		−61.290		
	一般工业固体废物产生量指数	22	17	−10	−15	70.968	54.839	−29.032	−45.161	9.677
	工业污染源治理项目本年完成投资指数	10		−22		32.258		−67.742		
	当年完成环保验收项目环保投资指数	10		−22		32.258		−67.742		
	城市污水日处理指数	23		−9		74.194		−25.806		
绿色资源指数		17.863		−14.138		57.621		−42.379		15.242

(1) 自然条件与环境治理指数:资产累计为 15.75,相对资产得分为 50.806%。负债累计为−16.25,相对负债得分为−49.194%。在该大项中,相对净资产得分为 1.613%。

(2) 经济条件指数:资产累计为 19.2,相对资产得分为 61.935%。负债累计为−12.8,相对负债得分为−38.065%。在该大项中,相对净资产得分为 23.871%。

(3) 社会条件指数:资产累计为 19.5,相对资产得分为 62.903%。负债累计为−12.5,相对负债得分为−37.097%。在该大项中,相对净资产得分为 25.806%。

(4) 资源利用指数:资产累计为 17,相对资产得分为 54.839%。负债累计为−15,相对负债得分为−45.161%。在该大项中,相对净资产得分为 9.677%。

总计上述四大项,总资产累计为 17.863,相对资产得分为 57.621%。负债累计为−14.138,相对负债得分为−42.379%。在该大项中,相对净资产得分为 15.242%。

图 4-70 是安徽绿色资源资产负债雷达图。从相对资产来看,安徽的四大系统指数都相对较高,且相当接近。社会条件指数最高,为 62.903%;排名最后的自然条件与环境治理指数,也有 50.806%。其余两个指数居中,这意味着安徽的相对资产均较好。从相对负债来看,四个指标也较为接近,但是相对也负得较多。负债最多的自然条件与环境治理指数为−49.194%;最低的社会条件指数也有−37.097%。

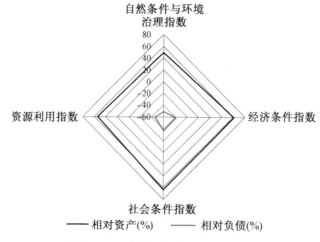

图 4-70 安徽绿色资源资产负债图

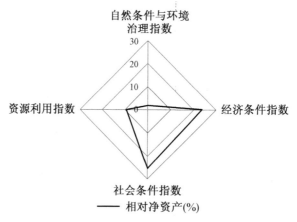

图 4-71 安徽绿色资源相对净资产图

图 4-71 是安徽绿色资源相对净资产图,可以看到,四大系统全部都是正值但是数值普遍不高,说明整体一般。其中,社会条件指数排名第一,自然条件与环境治理指数相对薄弱,仅高于零值。其余两个指数居中。

十三、福建绿色资源资产负债分析

福建,位于中国东南沿海,东北与浙江毗邻,西、西北与江西接界,西南与广东相连,东隔台湾海峡与台湾岛相望。北南最长为 530 千米,西东最宽为 480 千米。福建的森林覆盖率达 65.95%,居全国第一。福建的海岸线长度居全国第二。由于靠近北回归线,受季风环流和地形的影响,形成暖热湿润的亚热带海洋性季风气候。

福建全省土地总面积 1 239.34 万公顷,其中农用地面积 1 095.55 万公顷,建设用地面积 72.92 万公顷,未利用地面积 70.87 万公顷。农用地中,耕地面积 133.85 万公顷。福建属于环太平洋成矿带中的重要成矿区之一,矿产资源比较丰富。植物种类较为丰富,以亚热带区系成分为主,区系成分较复杂,全省植物种类有 4 500 种以上。

表 4－41 福建绿色资源资产负债表

指标		资产		负债		相对资产％		相对负债％		相对净资产％
		要素	指数	要素	指数	要素	指数	要素	指数	
自然条件与环境治理指数	区位	31		－1		100.000		0.000		
	水资源	24		－8		77.419		－22.581		
	森林覆盖	31		－1		100.000		0.000		
	无害化处理厂日处理能力	20	23.5	－12	－8.5	64.516	75.806	－35.484	－24.194	51.613
	污水处理能力	28		－4		90.323		－9.677		
	污水处理率	28		－4		90.323		－9.677		
	矿产资源	9		－23		29.032		－70.968		
	人口密度	17		－15		54.839		－45.161		
经济条件指数	地区生产总值	21		－11		67.742		－32.258		
	地区生产总值增长率	26		－6		83.871		－16.129		
	第三产业生产总值	19	22	－13	－10	61.290	70.968	－38.710	－29.032	41.935
	科研投入	22		－10		70.968		－29.032		
	第二产业生产总值	22		－10		70.968		－29.032		
社会条件指数	总人口	16		－16		51.613		－48.387		
	文化水平	24		－8		77.419		－22.581		
	科技水平	21		－11		67.742		－32.258		
	教育水平	18	17.667	－14	－14.333	58.065	56.99	－41.935	－43.01	13.981
	城镇生活水平	25		－7		80.645		－19.355		
	第三产业占比	2		－30		6.452		－93.548		
资源利用指数	工业用电量指数	21		－11		67.742		－32.258		
	人均日生活用水指数	20		－12		64.516		－35.484		
	生产用水量指数	18		－14		58.065		－41.935		
	工业废水排放指数	20		－12		64.516		－35.484		
	二氧化硫排放指数	7	17.889	－25	－14.111	22.581	57.706	－77.419	－42.294	15.413
	一般工业固体废物产生量指数	9		－23		29.032		－70.968		
	工业污染源治理项目本年完成投资指数	25		－7		80.645		－19.355		

（续表）

指标	资产		负债		相对资产%		相对负债%		相对净资产%
	要素	指数	要素	指数	要素	指数	要素	指数	
当年完成环保验收项目环保投资指数	25		—7		80.645		—19.355		
城市污水日处理指数	16		—16		51.613		—48.387		
绿色资源指数	20.264		—11.736		65.368		—34.633		30.736

（1）自然条件与环境治理指数:资产累计为23.5,相对资产得分为75.806%。负债累计为—8.5,相对负债得分为—24.194%。在该大项中,相对净资产得分为51.613%。

（2）经济条件指数:资产累计为22,相对资产得分为70.968%。负债累计为—10,相对负债得分为—29.032%。在该大项中,相对净资产得分为41.935%。

（3）社会条件指数:资产累计为17.667,相对资产得分为56.99%。负债累计为—14.333,相对负债得分为—43.01%。在该大项中,相对净资产得分为13.981%。

（4）资源利用指数:资产累计为17.889,相对资产得分为57.706%。负债累计为—14.111,相对负债得分为—42.294%。在该大项中,相对净资产得分为15.413%。

总计上述四大项,总资产累计为20.264,相对资产得分为65.368%。负债累计为—11.736,相对负债得分为—34.633%。在该大项中,相对净资产得分为30.736%。

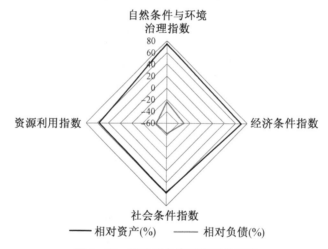

图4-72　福建绿色资源资产负债图

图4-72是福建绿色资源资产负债雷达图。从相对资产来看,福建的四大系统指数都相对较高。其中,自然条件与环境治理指数、经济条件指数超过70%,资源利用指数和社会条件指数分别为57.706%和56.99%,说明整体情况较好。从相对负债来看,资源利用指数和社会条件指数略高,自然条件与环境治理指数、经济条件指数相对较低,情况较好。

图4-73是福建绿色资源相对净资产图,可以看到,四大系统全部都是正值,说明整体情况较好。其中,自然条件与环境治理指数相对净资产值最高,具备比较优势,经济条件指数紧随其后,社会条件指数和资源利用指数较为接近。

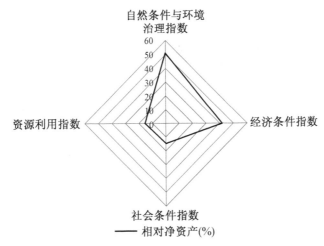

图 4－73　福建绿色资源相对净资产图

十四、江西绿色资源资产负债分析

江西地处中国东南部,北纬 24°29′14″至 30°04′41″、东经 113°34′36″至 118°28′58″之间,东邻浙江、福建,南连广东,西接湖南,北毗湖北、安徽,属于华东地区。江西的地形以江南丘陵、山地为主,盆地、谷地广布,北部为鄱阳湖平原。全境有大小河流 2 400 余条,赣江、抚河、信江、修河、饶河为江西五大河流。气候属中亚热带温暖湿润季风气候。

截至 2013 年底,江西已发现各种有用矿产 193 种(以亚矿种计)。其中,已探明有资源储量的 139 种,居全国前十位的有 71 种。江西平均年降水深 1 600 毫米,相应平均每年降水总量约 2 670 亿立方米。河川多年平均径流总量 1 385 亿立方米,折合平均径流深 828 毫米,径流总量居全国第七位,人均居全国第五位,按耕地平均居全国第六位。

江西植被以常绿阔叶林为主,具有典型的亚热带森林植物群落。有种子植物约 4 000 余种,蕨类植物约 470 种,苔藓类植物约 100 种以上。江西有脊椎动物 600 余种。其中鱼类 170 余种,约占全国的 21.4%(淡水鱼);两栖类 40 余种,约占全国的 20.4%;爬行类 70 余种,约占全国的 23.5%;鸟类 270 余种,约占全国的 23.2%;兽类 50 多种,约占全国的 13.3%。

表 4－42　江西绿色资源资产负债表

指标		资产		负债		相对资产%		相对负债%		相对净资产%
		要素	指数	要素	指数	要素	指数	要素	指数	
自然条件与环境治理指数	区位	31	19	−1	−13	100.000	61.29	0.000	−38.71	22.581
	水资源	26		−6		83.871		−16.129		
	森林覆盖	30		−2		96.774		−3.226		
	无害化处理厂日处理能力	10		−22		32.258		−67.742		
	污水处理能力	10		−22		32.258		−67.742		
	污水处理率	10		−22		32.258		−67.742		
	矿产资源	7		−25		22.581		−77.419		
	人口密度	28		−4		90.323		−9.677		

（续表）

指标		资产		负债		相对资产%		相对负债%		相对净资产%
		要素	指数	要素	指数	要素	指数	要素	指数	
经济条件指数	地区生产总值	14		−18		45.161		−54.839		
	地区生产总值增长率	23		−9		74.194		−25.806		
	第三产业生产总值	11	15.8	−21	−16.2	35.484	50.968	−64.516	−49.032	1.935
	科研投入	14		−18		45.161		−54.839		
	第二产业生产总值	17		−15		54.839		−45.161		
社会条件指数	总人口	19		−13		61.290		−38.710		
	文化水平	16		−16		51.613		−48.387		
	科技水平	14	13.667	−18	−18.333	45.161	44.087	−54.839	−55.913	−11.826
	教育水平	21		−11		67.742		−32.258		
	城镇生活水平	5		−27		16.129		−83.871		
	第三产业占比	7		−25		22.581		−77.419		
资源利用指数	工业用电量指数	10		−22		32.258		−67.742		
	人均日生活用水指数	19		−13		61.290		−38.710		
	生产用水量指数	6		−26		19.355		−80.645		
	工业废水排放指数	17		−15		54.839		−45.161		
	二氧化硫排放指数	14	12.111	−18	−19.889	45.161	39.068	−54.839	−60.932	−21.865
	一般工业固体废物产生量指数	20		−12		64.516		−35.484		
	工业污染源治理项目本年完成投资指数	6		−26		19.355		−80.645		
	当年完成环保验收项目环保投资指数	6		−26		19.355		−80.645		
	城市污水日处理指数	11		−21		35.484		−64.516		
绿色资源指数		15.145		−16.856		48.853		−51.147		−2.294

（1）自然条件与环境治理指数:资产累计为19,相对资产得分为61.29%。负债累计为−13,相对负债得分为−38.71%。在该大项中,相对净资产得分为22.581%。

（2）经济条件指数:资产累计为15.8,相对资产得分为50.968%。负债累计为−16.2,相对负债得分为−49.032%。在该大项中,相对净资产得分为1.935%。

（3）社会条件指数:资产累计为13.667,相对资产得分为44.087%。负债累计为

−18.333,相对负债得分为−55.913%。在该大项中,相对净资产得分为−11.826%。

(4) 资源利用指数:资产累计为 12.111,相对资产得分为 39.068%。负债累计为−19.889,相对负债得分为−60.932%。在该大项中,相对净资产得分为−21.865%。

总计上述四大项,总资产累计为 15.145,相对资产得分为 48.853%。负债累计为−16.856,相对负债得分为−51.147%。在该大项中,相对净资产得分为−2.294%。

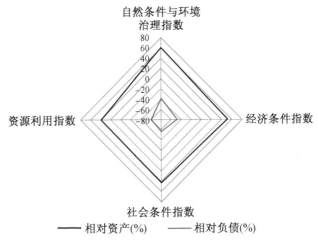

图 4 - 74 江西绿色资源资产负债图

图 4 - 74 是江西绿色资源资产负债雷达图。从相对资产来看,江西的四大系统指数呈现了明显的差异性。自然条件与环境治理指数最高,经济条件指数排名第二,社会条件指数紧随其后,资源利用指数最低。相对负债也呈现出明显的梯度特征,资源利用指数的负债绝对值最高,其次是社会条件指数,经济条件指数名列负债第三,自然条件与环境治理指数负债最小。

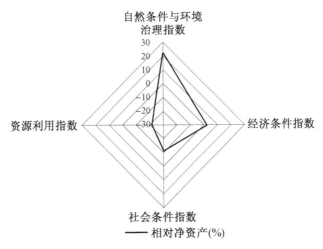

图 4 - 75 江西绿色资源相对净资产图

图 4 - 75 是江西绿色资源相对净资产图,可以看到,四大系统两正两负,说明整体情况一般。其中,自然条件与环境治理指数具备一定的比较优势,经济条件指数略高于零值,社

会条件指数较差,资源利用指数最差,亟待改善。

十五、山东绿色资源资产负债分析

山东位于中国东部沿海、黄河下游,北纬34°22.9′—38°24.01′、东经114°47.5′—122°42.3′。境域包括半岛和内陆两部分,山东半岛突出于渤海、黄海之中,同辽东半岛遥相对峙;内陆部分自北而南与河北、河南、安徽、江苏四省接壤。山东的气候属暖温带季风气候类型。

山东水资源主要来源于大气降水,多年平均降水量为676.5毫米,多年平均天然径流量为222.9亿立方米,多年平均地下水资源量为152.6亿立方米,扣除重复计算,多年平均淡水资源总量为305.8亿立方米。山东海洋资源得天独厚,近海海域占渤海和黄海总面积的37%,滩涂面积占全国的15%。山东土地面积1 571.26万公顷,约占全国总面积的1.63%,居全国第19位。其中,农用地1 156.6万公顷,占土地总面积的73.61%。

截至2010年底,山东已发现矿产150种(贝壳砂、球石、彩石不在全国统计范围内),查明资源储量的有81种,其中石油、天然气、煤炭、地热等能源矿产7种;金、铁、铜、铝、锌等金属矿产25种;石墨、石膏、滑石、金刚石、蓝宝石等非金属矿产46种;地下水、矿泉水等水气矿产3种。山东查明的矿产资源储量较丰富,资源储量在全国占有重要的地位。山东生物资源种类多、数量大。境内有各种植物3 100余种,其中野生经济植物645种。树木600多种,分属74种209属,以北温带针、阔叶树种为主。山东是全国粮食作物和经济作物重点产区,素有"粮棉油之库,水果水产之乡"之称。陆栖野生脊椎动物500种,其中,兽类73种,鸟类406种(含亚种),爬行类28种,两栖类10种。

表4-43　山东绿色资源资产负债表

指标		资产		负债		相对资产%		相对负债%		相对净资产%
		要素	指数	要素	指数	要素	指数	要素	指数	
自然条件与环境治理指数	区位	31		−1		100.000		0.000		
	水资源	4		−28		12.903		−87.097		
	森林覆盖	9		−23		29.032		−70.968		
	无害化处理厂日处理能力	28	16.5	−4	−15.5	90.323	53.226	−9.677	−46.774	6.452
	污水处理能力	17		−15		54.839		−45.161		
	污水处理率	17		−15		54.839		−45.161		
	矿产资源	23		−9		74.194		−25.806		
	人口密度	3		−29		9.677		−90.323		

(续表)

指标		资产		负债		相对资产%		相对负债%		相对净资产%
		要素	指数	要素	指数	要素	指数	要素	指数	
经济条件指数	地区生产总值	29	26.4	−3	−5.6	93.548	85.161	−6.452	−14.839	70.323
	地区生产总值增长率	16		−16		51.613		−48.387		
	第三产业生产总值	29		−3		93.548		−6.452		
	科研投入	29		−3		93.548		−6.452		
	第二产业生产总值	29		−3		93.548		−6.452		
社会条件指数	总人口	30	24	−2	−8	96.774	77.419	−3.226	−22.581	54.839
	文化水平	29		−3		93.548		−6.452		
	科技水平	28		−4		90.323		−9.677		
	教育水平	29		−3		93.548		−6.452		
	城镇生活水平	22		−10		70.968		−29.032		
	第三产业占比	6		−26		19.355		−80.645		
资源利用指数	工业用电量指数	29	27.333	−3	−4.667	93.548	88.171	−6.452	−11.829	76.342
	人均日生活用水指数	10		−22		32.258		−67.742		
	生产用水量指数	29		−3		93.548		−6.452		
	工业废水排放指数	29		−3		93.548		−6.452		
	二氧化硫排放指数	31		−1		100.000		0.000		
	一般工业固体废物产生量指数	27		−5		87.097		−12.903		
	工业污染源治理项目本年完成投资指数	31		−1		100.000		0.000		
	当年完成环保验收项目环保投资指数	31		−1		100.000		0.000		
	城市污水日处理指数	29		−3		93.548		−6.452		
绿色资源指数		23.558		−8.442		75.994		−24.006		51.989

(1) 自然条件与环境治理指数:资产累计为 16.5,相对资产得分为 53.226%。负债累计为 −15.5,相对负债得分为 −46.774%。在该大项中,相对净资产得分为 6.452%。

(2) 经济条件指数:资产累计为 26.4,相对资产得分为 85.161%。负债累计为 −5.6,相对负债得分为 −14.839%。在该大项中,相对净资产得分为 70.323%。

(3) 社会条件指数:资产累计为 24,相对资产得分为 77.419%。负债累计为 −8,相对负债得分为-22.581%。在该大项中,相对净资产得分为54.839%。

(4) 资源利用指数:资产累计为27.333,相对资产得分为88.171%。负债累计为-4.667,相对负债得分为-11.829%。在该大项中,相对净资产得分为76.342%。

总计上述四大项,总资产累计为23.558,相对资产得分为75.994%。负债累计为-8.442,相对负债得分为-24.006%。在该大项中,相对净资产得分为51.989%。

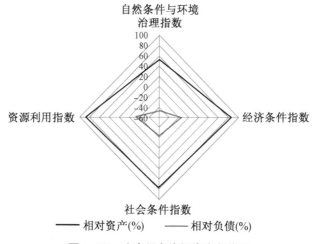

图 4-76　山东绿色资源资产负债图

图 4-76 是山东绿色资源资产负债雷达图。从相对资产来看,山东的四大系统指数都相对较高。其中,资源利用指数高达 88.171%,经济条件指数紧随其后,社会条件指数名列第三,自然条件与环境治理指数最后。从相对负债来看,自然条件与环境治理指数负债最高,社会条件指数排名第二,经济条件指数和资源利用指数负债相对较低。

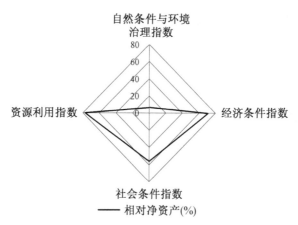

图 4-77　山东绿色资源相对净资产图

图 4-77 是山东绿色资源相对净资产图,可以看到,四大系统全部都是正值,说明整体情况良好。其中,经济条件指数和资源利用指数都超过 70%,具有相当强的比较优势。自然条件与环境治理指数相对薄弱,具有潜在的上升空间。

十六、河南绿色资源资产负债分析

河南位于中国中东部、黄河中下游,介于北纬 31°23′—36°22′、东经 110°21′—116°39′,东接安徽、山东,北界河北、山西,西接陕西,南临湖北。河南呈西高东低地势,北、西、南三面千里太行山脉、伏牛山脉、桐柏山脉、大别山脉沿省界呈半环形分布;中、东部为黄淮海平原;西南部为南阳盆地。河南境内平原和盆地、山地、丘陵分别占总面积的 55.7%、26.6%、17.7%。

河南横跨海河、黄河、淮河、长江四大水系,境内 1 500 多条河流纵横交织,流域面积 100 平方公里以上的河流有 493 条。河南属暖温带—亚热带、湿润—半湿润季风气候。河南耕地面积 7 179.2 万公顷,山地丘陵面积 7.4 万平方公里,占全省总面积的 44.3%;平原和盆地面积 9.3 万平方公里,占总面积的 55.7%。

截至 2015 年,河南发现的矿种 143 种,已查明资源储量的矿种 110 种,已开发利用的矿种 93 种。其中,能源矿产 6 种,金属矿产 23 种,非金属矿产 62 种,水气矿产 2 种。全年新发现大中型矿产地 11 处。河南有林业用地 7 053.03 万亩,森林覆盖率 17.32%,林木覆盖率 23.77%。全省建立各类自然保护区 35 个,总面积 1 135.4 万亩。

表 4-44　河南绿色资源资产负债表

指标		资产		负债		相对资产%		相对负债%		相对净资产%
		要素	指数	要素	指数	要素	指数	要素	指数	
自然条件与环境治理指数	区位	27		−5		87.097		−12.903		
	水资源	7		−25		22.581		−77.419		
	森林覆盖	12		−20		38.710		−61.290		
	无害化处理厂日处理能力	26	19	−6	−13	83.871	61.29	−16.129	−38.71	22.581
	污水处理能力	15		−17		48.387		−51.613		
	污水处理率	15		−17		48.387		−51.613		
	矿产资源	20		−12		64.516		−35.484		
	人口密度	30		−2		96.774		−3.226		
经济条件指数	地区生产总值	27		−5		87.097		−12.903		
	地区生产总值增长率	19		−13		61.290		−38.710		
	第三产业生产总值	25	24.6	−7	−7.4	80.645	79.355	−19.355	−20.645	58.71
	科研投入	25		−7		80.645		−19.355		
	第二产业生产总值	27		−5		87.097		−12.903		

（续表）

指标		资产		负债		相对资产%		相对负债%		相对净资产%
		要素	指数	要素	指数	要素	指数	要素	指数	
社会条件指数	总人口	29	20.667	−3	−11.333	93.548	66.668	−6.452	−33.332	33.335
	文化水平	26		−6		83.871		−16.129		
	科技水平	26		−6		83.871		−16.129		
	教育水平	30		−2		96.774		−3.226		
	城镇生活水平	8		−24		25.806		−74.194		
	第三产业占比	5		−27		16.129		−83.871		
资源利用指数	工业用电量指数	26	23.444	−6	−8.556	83.871	75.626	−16.129	−24.374	51.252
	人均日生活用水指数	2		−30		6.452		−93.548		
	生产用水量指数	26		−6		83.871		−16.129		
	工业废水排放指数	28		−4		90.323		−9.677		
	二氧化硫排放指数	28		−4		90.323		−9.677		
	一般工业固体废物产生量指数	26		−6		83.871		−16.129		
	工业污染源治理项目本年完成投资指数	27		−5		87.097		−12.903		
	当年完成环保验收项目环保投资指数	27		−5		87.097		−12.903		
	城市污水日处理指数	21		−11		67.742		−32.258		
绿色资源指数		21.928		−10.072		70.735		−29.265		41.470

（1）自然条件与环境治理指数：资产累计为 19，相对资产得分为 61.29%。负债累计为 −13，相对负债得分为 −38.71%。在该大项中，相对净资产得分为 22.581%。

（2）经济条件指数：资产累计为 24.6，相对资产得分为 79.355%。负债累计为 −7.4，相对负债得分为 −20.645%。在该大项中，相对净资产得分为 58.71%。

（3）社会条件指数：资产累计为 20.667，相对资产得分为 66.668%。负债累计为 −11.333，相对负债得分为 −33.332%。在该大项中，相对净资产得分为 33.335%。

（4）资源利用指数：资产累计为 23.444，相对资产得分为 75.626%。负债累计为 −8.556，相对负债得分为 −24.374%。在该大项中，相对净资产得分为 51.252%。

总计上述四大项，总资产累计为 21.928，相对资产得分为 70.735%。负债累计为 −10.072，相对负债得分为 −29.265%。在该大项中，相对净资产得分为 41.470%。

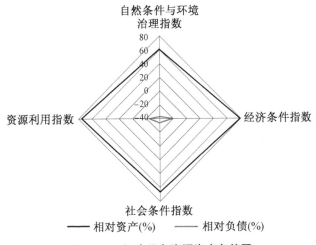

图4-78　河南绿色资源资产负债图

图4-78是河南绿色资源资产负债雷达图。从相对资产来看,河南的四大系统指数都相对较高,且指数较为接近。其中,最高的经济条件指数为79.355%,最低的自然条件与环境治理指数也有61.29%。从相对负债来看,河南的相对负债指数都较低,自然条件与环境治理指数负债最高,社会条件指数排名第二,经济条件指数和资源利用指数相对较低。

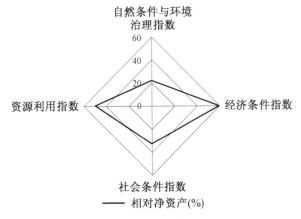

图4-79　河南绿色资源相对净资产图

图4-70是河南绿色资源相对净资产图,可以看到,四大系统全部是正值,说明整体情况良好。其中,经济条件指数和资源利用指数都超过50%,具有相当强的比较优势。自然条件与环境治理指数相对薄弱,具有潜在的上升空间。

十七、湖北绿色资源资产负债分析

湖北位于中华人民共和国的中部,长江中游,地跨东经108°21′42″—116°07′50″、北纬29°01′53″—33°6′47″。东邻安徽,南接江西、湖南,西连重庆,西北与陕西接壤,北与河南毗邻。东西长约740公里,南北宽约470公里。全省总面积18.59万平方公里,占全国总面积的1.94%。在全省总面积中,山地占56%,丘陵占24%,平原湖区占20%。湖北地处亚热带,位于典型的季风区内。全省拥有水资源总量为 825.28 亿立方米。其中人均水资源1 347 立方米,耕地亩均水资源总量 1 347 立方米。

湖北已发现的木本植物有 105 科、370 属、1 300 种,其中乔木 425 种、灌木 760 种、木质藤本 115 种。湖北已发现矿产 136 种,矿产地 2 700 余处。其中探明储量的矿产有 90 种,已探明储量的矿产地 1 363 处,查明大中型矿床 359 个。

表 4-45　湖北绿色资源资产负债表

指标		资产		负债		相对资产%		相对负债%		相对净资产%
		要素	指数	要素	指数	要素	指数	要素	指数	
自然条件与环境治理指数	区位	27		−5		87.097		−12.903		
	水资源	15		−17		48.387		−51.613		
	森林覆盖	19		−13		61.290		−38.710		
	无害化处理厂日处理能力	27	15.5	−5	−16.5	87.097	50	−12.903	−50	0
	污水处理能力	6		−26		19.355		−80.645		
	污水处理率	6		−26		19.355		−80.645		
	矿产资源	10		−22		32.258		−67.742		
	人口密度	14		−18		45.161		−54.839		
经济条件指数	地区生产总值	23		−9		74.194		−25.806		
	地区生产总值增长率	25		−7		80.645		−19.355		
	第三产业生产总值	22	23.8	−10	−8.2	70.968	76.774	−29.032	−23.226	53.548
	科研投入	26		−6		83.871		−16.129		
	第二产业生产总值	23		−9		74.194		−25.806		
社会条件指数	总人口	23		−9		74.194		−25.806		
	文化水平	20		−12		64.516		−35.484		
	科技水平	23	19.5	−9	−12.5	74.194	62.903	−25.806	−37.097	25.806
	教育水平	26		−6		83.871		−16.129		
	城镇生活水平	16		−16		51.613		−48.387		
	第三产业占比	9		−23		29.032		−70.968		

（续表）

指标		资产		负债		相对资产%		相对负债%		相对净资产%
		要素	指数	要素	指数	要素	指数	要素	指数	
资源利用指数	工业用电量指数	19		−13		61.290		−38.710		
	人均日生活用水指数	26		−6		83.871		−16.129		
	生产用水量指数	25		−7		80.645		−19.355		
	工业废水排放指数	23		−9		74.194		−25.806		
	二氧化硫排放指数	17		−15		54.839		−45.161		
	一般工业固体废物产生量指数	17	20.556	−15	−11.444	54.839	66.31	−45.161	−33.69	32.619
	工业污染源治理项目本年完成投资指数	18		−14		58.065		−41.935		
	当年完成环保验收项目环保投资指数	18		−14		58.065		−41.935		
	城市污水日处理指数	22		−10		70.968		−29.032		
绿色资源指数		19.839		−12.161		63.997		−36.003		27.993

（1）自然条件与环境治理指数:资产累计为15.5,相对资产得分为50%。负债累计为−16.5,相对负债得分为−50%。在该大项中,相对净资产得分为0。

（2）经济条件指数:资产累计为23.8,相对资产得分为76.774%。负债累计为−8.2,相对负债得分为−23.226%。在该大项中,相对净资产得分为53.548%。

（3）社会条件指数:资产累计为19.5,相对资产得分为62.903%。负债累计为−12.5,相对负债得分为−37.097%。在该大项中,相对净资产得分为25.806%。

（4）资源利用指数:资产累计为20.556,相对资产得分为66.31%。负债累计为−11.444,相对负债得分为−33.69%。在该大项中,相对净资产得分为32.619%。

总计上述四大项,总资产累计为19.839,相对资产得分为63.997%。负债累计为−12.161,相对负债得分为−36.003%。在该大项中,相对净资产得分为27.993%。

图4-80是湖北绿色资源资产负债雷达图。从相对资产来看,湖北的四大系统指数都相对较高。其中,经济条件指数名列第一,资源利用指数紧随其后,社会条件指数名列第三,自然条件与环境治理指数最后。从相对负债来看,自然条件与环境治理指数负债最高,社会条件指数排名第二,经济条件指数和资源利用指数的负债相对较低。

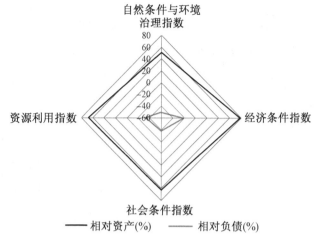

图 4-80 湖北绿色资源资产负债图

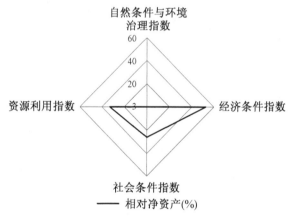

图 4-81 湖北绿色资源相对净资产图

图 4-81 是湖北绿色资源相对净资产图,可以看到,四大系统没有负值,说明整体情况良好。其中,经济条件指数超过 50%,具有相当的比较优势。资源利用指数和社会条件指数尚可,自然条件与环境治理指数相对薄弱,具有潜在的上升空间。

十八、湖南绿色资源资产负债分析

湖南属于长江中游地区,地处东经 108°47′—114°15′,北以滨湖平原与湖北接壤。湖南地势属于云贵高原向江南丘陵和南岭山地向江汉平原的过渡地带。湖南全省可划分为六个地貌区:湘西北山原山地区、湘西山地区、湘南丘山区、湘东山丘区、湘中丘陵区、湘北平原区。湖南河网密布,流长 5 000 米以上的河流 5 341 条,总长度 9 万千米,其中流域面积在 55 000 平方公里以上的大河 11 117 条。湖南为大陆性亚热带季风湿润气候。

湖南植物种类多样,群种丰富,是中国植物资源丰富的省份之一。主要树种有马尾松、杉、樟、檫、栲、青山栎、枫香以及竹类,此外有银杏、红豆杉、水杉、珙桐、黄杉、杜仲、伯乐树等60 多种珍贵树种。省内野生动物主要有华南虎、金钱豹、穿山甲、羚羊、白鳍豚、花面狸、云豹、金猫等。湖南内河网密布,水系发达,淡水面积达 1.35 万平方千米。湘北有洞庭湖,为中国第二大淡水湖。

湖南矿藏丰富,素以"有色金属之乡"和"非金属之乡"著称。已探明储量的 80 多种矿藏中,锑的储量居世界首位,钨、铋、铷、锰、钒、铅、锌以及非金属雄黄、萤石、海泡石、独居石、金刚石等居中国前列。

表 4－46　湖南绿色资源资产负债表

指标		资产		负债		相对资产%		相对负债%		相对净资产%
		要素	指数	要素	指数	要素	指数	要素	指数	
自然条件与环境治理指数	区位	27	18.13	－5	－13.88	87.097	58.484	－12.903	－41.516	16.968
	水资源	21		－11		67.742		－32.258		
	森林覆盖	24		－8		77.419		－22.581		
	无害化处理厂日处理能力	23		－9		74.194		－25.806		
	污水处理能力	8		－24		25.806		－74.194		
	污水处理率	8		－24		25.806		－74.194		
	矿产资源	11		－21		35.484		－64.516		
	人口密度	23		－9		74.194		－25.806		
经济条件指数	地区生产总值	22	21.8	－10	－10.2	70.968	70.323	－29.032	－29.677	40.645
	地区生产总值增长率	22		－10		70.968		－29.032		
	第三产业生产总值	23		－9		74.194		－25.806		
	科研投入	21		－11		67.742		－32.258		
	第二产业生产总值	21		－11		67.742		－32.258		
社会条件指数	总人口	25	23	－7	－9	80.645	74.194	－19.355	－25.806	48.387
	文化水平	25		－7		80.645		－19.355		
	科技水平	25		－7		80.645		－19.355		
	教育水平	24		－8		77.419		－22.581		
	城镇生活水平	21		－11		67.742		－32.258		
	第三产业占比	18		－14		58.065		－41.935		

（续表）

指标		资产		负债		相对资产％		相对负债％		相对净资产％
		要素	指数	要素	指数	要素	指数	要素	指数	
资源利用指数	工业用电量指数	16		−16		51.613		−48.387		
	人均日生活用水指数	24		−8		77.419		−22.581		
	生产用水量指数	19		−13		61.290		−38.710		
	工业废水排放指数	24		−8		77.419		−22.581		
	二氧化硫排放指数	18		−14		58.065		−41.935		
	一般工业固体废物产生量指数	14	16.778	−18	−15.222	45.161	54.123	−54.839	−45.877	8.245
	工业污染源治理项目本年完成投资指数	8		−24		25.806		−74.194		
	当年完成环保验收项目环保投资指数	8		−24		25.806		−74.194		
	城市污水日处理指数	20		−12		64.516		−35.484		
绿色资源指数		19.927		−12.076		64.281		−35.719		28.561

（1）自然条件与环境治理指数:资产累计为18.13,相对资产得分为58.484％。负债累计为−13.88,相对负债得分为−41.516％。在该大项中,相对净资产得分为16.968％。

（2）经济条件指数:资产累计为21.8,相对资产得分为70.323％。负债累计为−10.2,相对负债得分为−29.677％。在该大项中,相对净资产得分为40.645％。

（3）社会条件指数:资产累计为23,相对资产得分为74.194％。负债累计为−9,相对负债得分为−25.806％。在该大项中,相对净资产得分为48.387％。

（4）资源利用指数:资产累计为16.778,相对资产得分为54.123％。负债累计为−15.222,相对负债得分为−45.877％。在该大项中,相对净资产得分为8.245％。

总计上述四大项,总资产累计为19.927,相对资产得分为64.281％。负债累计为−12.076,相对负债得分为−35.719％。在该大项中,相对净资产得分为28.561％。

图4-82是湖南绿色资源资产负债雷达图。从相对资产来看,湖南的四大系统指数都为正值。其中,社会条件指数和经济条件指数相对较高,自然条件与环境治理指数、资源利用指数次之。从相对负债来看,资源利用指数负债最高,自然条件与环境治理指数排名第二,社会条件指数和经济条件指数负债相对较低。

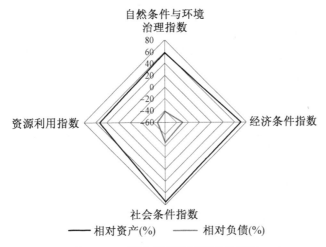

图 4－82　湖南绿色资源资产负债图

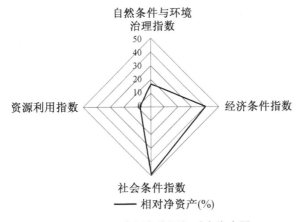

图 4－83　湖南绿色资源相对净资产图

图 4－83 是湖南绿色资源相对净资产图,可以看到,四大系统全部都是正值,说明整体情况良好。其中,经济条件指数和社会条件指数都超过 40％,具有比较优势。资源利用指数相对薄弱,具有潜在的上升空间。

十九、广东绿色资源资产负债分析

广东位于南岭以南,南海之滨,与香港、澳门、广西、湖南、江西及福建接壤,与海南隔海相望。广东属于东亚季风区,从北向南分别为中亚热带、南亚热带和热带气候,是中国光、热和水资源最丰富的地区之一。广东面积为 17.977 万平方公里,其中宜农地 434 万公顷,宜林地 1 100 万公顷。

广东水资源相当丰富,年降水总量 3 194 亿立方米,河川径流总量 1 819 亿立方米,加上邻省从西江和韩江等流入广东的客水量 2 330 亿立方米,此外还有深层地下水 60 亿立方米,可供开采的人均水资源占有量达 4 735 立方米,大大高于全国平均水平。广东为稀有金属和有色金属之乡,全省已找到矿产 116 种,探明储量的有 88 种。其中高岭土、泥炭土、冶金用脉英石、水泥用粗面岩、锗、碲的储量列中国第一位。

广东动植物种类繁多。属于国家一级保护植物的有桫椤、银杉和虎颜花3种,属于二级保护的有白豆杉、水杉、野荔枝和观光木等24种。广东海洋资源十分丰富,远洋和近海捕捞以及海洋网箱养鱼和沿海养殖的牡蛎、虾类等海洋水产品年产量达374万吨,海水养殖可养面积77.57万公顷。

表 4-47　广东绿色资源资产负债表

指标		资产		负债		相对资产%		相对负债%		相对净资产%
		要素	指数	要素	指数	要素	指数	要素	指数	
自然条件与环境治理指数	区位	22	16.5	−10	−15.5	70.968	53.226	−29.032	−46.774	6.452
	水资源	16		−16		51.613		−48.387		
	森林覆盖	26		−6		83.871		−16.129		
	无害化处理厂日处理能力	31		−1		100.000		0.000		
	污水处理能力	7		−25		22.581		−77.419		
	污水处理率	7		−25		22.581		−77.419		
	矿产资源	4		−28		12.903		−87.097		
	人口密度	19		−13		61.290		−38.710		
经济条件指数	地区生产总值	31	26.6	−1	−5.4	100.000	85.806	0.000	−14.194	71.613
	地区生产总值增长率	10		−22		32.258		−67.742		
	第三产业生产总值	31		−1		100.000		0.000		
	科研投入	30		−2		96.774		−3.226		
	第二产业生产总值	31		−1		100.000		0.000		
社会条件指数	总人口	31	25.5	−1	−6.5	100.000	82.258	0.000	−17.742	64.516
	文化水平	31		−1		100.000		0.000		
	科技水平	30		−2		96.774		−3.226		
	教育水平	31		−1		100.000		0.000		
	城镇生活水平	26		−6		83.871		−16.129		
	第三产业占比	4		−28		12.903		−87.097		

（续表）

指标		资产		负债		相对资产%		相对负债%		相对净资产%
		要素	指数	要素	指数	要素	指数	要素	指数	
资源利用指数	工业用电量指数	31		−1		100.000		0.000		
	人均日生活用水指数	30		−2		96.774		−3.226		
	生产用水量指数	31		−1		100.000		0.000		
	工业废水排放指数	31		−1		100.000		0.000		
	二氧化硫排放指数	20		−12		64.516		−35.484		
	一般工业固体废物产生量指数	11	25.667	−21	−6.333	35.484	82.797	−64.516	−17.203	65.594
	工业污染源治理项目本年完成投资指数	23		−9		74.194		−25.806		
	当年完成环保验收项目环保投资指数	23		−9		74.194		−25.806		
	城市污水日处理指数	31		−1		100.000		0.000		
绿色资源指数		23.567		−8.433		76.022		−23.978		52.044

（1）自然条件与环境治理指数：资产累计为 16.5，相对资产得分为 53.226%。负债累计为−15.5，相对负债得分为−46.774%。在该大项中，相对净资产得分为 6.452%。

（2）经济条件指数：资产累计为 26.6，相对资产得分为 85.806%。负债累计为−5.4，相对负债得分为−14.194%。在该大项中，相对净资产得分为 71.613%。

（3）社会条件指数：资产累计为 25.5，相对资产得分为 82.258%。负债累计为−6.5，相对负债得分为−17.742%。在该大项中，相对净资产得分为 64.516%。

（4）资源利用指数：资产累计为 25.667，相对资产得分为 82.797%。负债累计为−6.333，相对负债得分为−17.203。在该大项中，相对净资产得分为 65.594%。

总计上述四大项，总资产累计为 23.567，相对资产得分为 76.022%。负债累计为−8.433，相对负债得分为−23.978%。在该大项中，相对净资产得分为 52.044%。

图 4-84 是广东绿色资源资产负债雷达图。从相对资产来看，广东的四大系统指数都相对较高。资源利用指数、经济条件指数和社会条件指数都超过 80%，自然条件与环境治理指数稍逊一等。从相对负债来看，负债控制得较好，除了自然条件与环境治理指数负债略高，其余三个指数都在−20%以内。

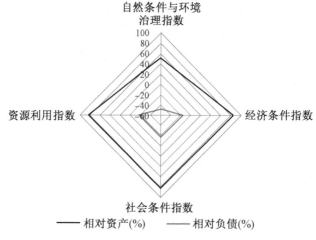

图4-84 广东绿色资源资产负债图

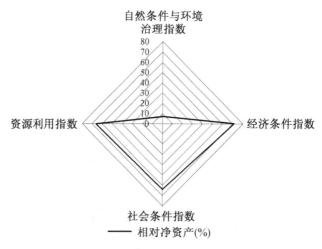

图4-85 广东绿色资源相对净资产图

图4-85是广东绿色资源相对净资产图,可以看到,四大系统全部是正值,说明整体情况良好。资源利用指数、经济条件指数和社会条件指数的相对净资产值都在60%以上,具有相当强的比较优势。自然条件与环境治理指数相对薄弱,不足10%,具有较大的上升空间。

二十、广西绿色资源资产负债分析

广西壮族自治区地处中国南方沿海,位于东经104°26′—112°04′,北纬20°54′—26°24′,北回归线横贯全区中部,是中国五个少数民族自治区之一,是中国唯一一个沿海自治区。广西位于中国华南地区西部,从东至西分别与广东、湖南、贵州、云南接壤,南濒北部湾、面向东南亚,西南与越南毗邻,是西南地区最便捷的出海通道,在中国与东南亚的经济交往中占有重要地位。

广西的大陆海岸线长约1595千米,区内交通便利。广西属亚热带季风气候区,孕育了大量珍贵的动植物资源。尤其盛产水果,被誉为"水果之乡",主要品种有火龙果、番石榴、荔枝、金桔、蜜橘、龙眼。广西地貌总体是山地丘陵性盆地地貌,呈盆地状。

广西海洋资源丰富。北部湾鱼类、虾类、头足类、蟹类、贝类和其他海产动物、藻类等海洋生物资源种类繁多。广西壮族矿产资源丰富,种类繁多,储量较大,是中国 10 个重点有色金属产区之一。部分矿藏储量更是位于全国甚至世界前列,所以广西亦称"有色金属之乡"。

表 4 - 48　广西绿色资源资产负债表

指标		资产		负债		相对资产%		相对负债%		相对净资产%
		要素	指数	要素	指数	要素	指数	要素	指数	
自然条件与环境治理指数	区位	22		−10		70.968		−29.032		
	水资源	28		−4		90.323		−9.677		
	森林覆盖	28		−4		90.323		−9.677		
	无害化处理厂日处理能力	7	16.13	−25	−15.88	22.581	52.032	−77.419	−47.968	4.065
	污水处理能力	16		−16		51.613		−48.387		
	污水处理率	16		−16		51.613		−48.387		
	矿产资源	6		−26		19.355		−80.645		
	人口密度	6		−26		19.355		−80.645		
经济条件指数	地区生产总值	13		−19		41.935		−58.065		
	地区生产总值增长率	14		−18		45.161		−54.839		
	第三产业生产总值	12	12.6	−20	−19.4	38.710	40.645	−61.290	−59.355	−18.71
	科研投入	10		−22		32.258		−67.742		
	第二产业生产总值	14		−18		45.161		−54.839		
社会条件指数	总人口	21		−11		67.742		−32.258		
	文化水平	14		−18		45.161		−54.839		
	科技水平	11	16	−21	−16	35.484	51.613	−64.516	−48.387	3.226
	教育水平	17		−15		54.839		−45.161		
	城镇生活水平	7		−25		22.581		−77.419		
	第三产业占比	26		−6		83.871		−16.129		

（续表）

指标		资产		负债		相对资产%		相对负债%		相对净资产%
		要素	指数	要素	指数	要素	指数	要素	指数	
资源利用指数	工业用电量指数	14	18	−18	−14	45.161	58.065	−54.839	−41.935	16.129
	人均日生活用水指数	28		−4		90.323		−9.677		
	生产用水量指数	24		−8		77.419		−22.581		
	工业废水排放指数	18		−14		58.065		−41.935		
	二氧化硫排放指数	10		−22		32.258		−67.742		
	一般工业固体废物产生量指数	18		−14		58.065		−41.935		
	工业污染源治理项目本年完成投资指数	13		−19		41.935		−58.065		
	当年完成环保验收项目环保投资指数	13		−19		41.935		−58.065		
	城市污水日处理指数	24		−8		77.419		−22.581		
绿色资源指数		15.683		−16.320		50.589		−49.411		1.178

（1）自然条件与环境治理指数：资产累计为 16.13，相对资产得分为 52.032%。负债累计为−15.88，相对负债得分为−47.968%。在该大项中，相对净资产得分为 4.065%。

（2）经济条件指数：资产累计为 12.6，相对资产得分为 40.645%。负债累计为−19.4，相对负债得分为−59.355%。在该大项中，相对净资产得分为−18.71%。

（3）社会条件指数：资产累计为 16，相对资产得分为 51.613%。负债累计为−16，相对负债得分为−48.387%。在该大项中，相对净资产得分为 3.226%。

（4）资源利用指数：资产累计为 18，相对资产得分为 58.065%。负债累计为−14，相对负债得分为−41.935%。在该大项中，相对净资产得分为 16.129%。

总计上述四大项，总资产累计为 15.683，相对资产得分为 50.589%。负债累计为−16.320，相对负债得分为−49.411%。在该大项中，相对净资产得分为 1.178%。

图 4-86 是广西壮族自治区绿色资源资产负债雷达图。从相对资产来看，广西的四大系统指数较为接近。其中，资源利用指数高达 58.065%，名列四大系统之首；自然条件与环境治理指数紧随其后；社会条件指数和经济条件指数排名第三和第四。从相对负债来看，经济条件指数负债的绝对值最高，其余三个指数较为接近，都在 45%左右。

图 4-87 是广西壮族自治区绿色资源相对净资产图，可以看到，四大系统净资产值三正一负，且没有明显较高的得分，说明整体情况一般。资源利用指数以 16.129%的净资产值排名第一，资源和环境治理指数、社会条件指数分列二、三位，经济条件指数为负值，亟待改进。

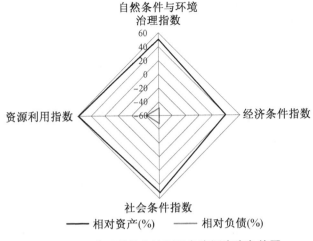

图4-86　广西壮族自治区绿色资源资产负债图

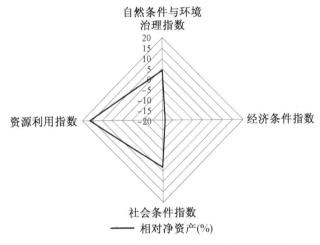

图4-87　广西壮族自治区绿色资源相对净资产图

二十一、海南绿色资源资产负债分析

海南位于中国最南端,管辖范围包括海南岛和西沙群岛、南沙群岛、中沙群岛的岛礁及其海域。全省陆地总面积3.5万平方公里,海域面积约200万平方公里,其中海南本岛面积3.39万平方公里。海南岛地处热带北缘,属热带季风气候,海南雨量充沛,年降水量在1 000—2 600毫米,年平均降水量为1 639毫米,有明显的多雨季和少雨季。

海南岛四周低平,中间高耸,以五指山、鹦哥岭为隆起核心,向外围逐级下降。山地、丘陵、台地、平原构成环形层状地貌,梯级结构明显。海南岛地势中部高四周低,比较大的河流大都发源于中部山区,组成辐射状水系。全岛独流入海的河流共154条,其中水面超过100平方公里的有38条。

海南岛是中国最大的"热带宝地",可用于农、林、牧、渔的土地人均约0.48公顷。海南岛热带作物资源丰富,岛上原来生长有3 000多种热带植物,新中国成立后,从国外引进

1 000多种,并从国外野生资源中发掘出1 000多种有用植物进行栽培试验,均取得显著成绩。海南岛有维管束植物4 000多种,约占全国总数的1/7,其中600多种为海南所特有。海南陆生脊椎动物有500多种,其中,两栖类37种(11种仅见于海南,8种列为国家特产动物);爬行类104种;鸟类344种;哺乳类82种(21种为海南特有)。世界上罕见的珍贵动物有世界四大类人猿之一的黑冠长臂猿和坡鹿。

海南的海洋水产资源具有海洋渔场广、品种多、生长快和鱼汛期长等特点,是中国发展热带海洋渔业的理想之地。全省海洋渔场面积近30万平方公里,可供养殖的沿海滩涂面积2.57万公顷。

表4-49 海南绿色资源资产负债表

指标		资产		负债		相对资产%		相对负债%		相对净资产%
		要素	指数	要素	指数	要素	指数	要素	指数	
自然条件与环境治理指数	区位	22	12.5	−10	−19.5	70.968	40.323	−29.032	−59.677	−19.355
	水资源	29		−3		93.548		−6.452		
	森林覆盖	27		−5		87.097		−12.903		
	无害化处理厂日处理能力	4		−28		12.903		−87.097		
	污水处理能力	1		−31		3.226		−96.774		
	污水处理率	1		−31		3.226		−96.774		
	矿产资源	5		−27		16.129		−83.871		
	人口密度	11		−21		35.484		−64.516		
经济条件指数	地区生产总值	4	5.2	−28	−26.8	12.903	16.774	−87.097	−83.226	−66.452
	地区生产总值增长率	13		−19		41.935		−58.065		
	第三产业生产总值	4		−28		12.903		−87.097		
	科研投入	3		−29		9.677		−90.323		
	第二产业生产总值	2		−30		6.452		−93.548		
社会条件指数	总人口	4	11.5	−28	−20.5	12.903	37.097	−87.097	−62.903	−25.806
	文化水平	11		−21		35.484		−64.516		
	科技水平	3		−29		9.677		−90.323		
	教育水平	4		−28		12.903		−87.097		
	城镇生活水平	18		−14		58.065		−41.935		
	第三产业占比	29		−3		93.548		−6.452		

指标		资产		负债		相对资产%		相对负债%		相对净资产%
		要素	指数	要素	指数	要素	指数	要素	指数	
资源利用指数	工业用电量指数	2		−30		6.452		−93.548		
	人均日生活用水指数	29		−3		93.548		−6.452		
	生产用水量指数	3		−29		9.677		−90.323		
	工业废水排放指数	4		−28		12.903		−87.097		
	二氧化硫排放指数	2		−30		6.452		−93.548		
	一般工业固体废物产生量指数	2	5.778	−30	−26.222	6.452	18.639	−93.548	−81.361	−62.723
	工业污染源治理项目本年完成投资指数	3		−29		9.677		−90.323		
	当年完成环保验收项目环保投资指数	3		−29		9.677		−90.323		
	城市污水日处理指数	4		−28		12.903		−87.097		
绿色资源指数		8.745		−23.256		28.208		−71.792		−43.584

(1) 自然条件与环境治理指数:资产累计为 12.5,相对资产得分为 40.323%。负债累计为−19.5,相对负债得分为−59.677%。在该大项中,相对净资产得分为−19.355%。

(2) 经济条件指数:资产累计为 5.2,相对资产得分为 16.774%。负债累计为−26.8,相对负债得分为−83.226%。在该大项中,相对净资产得分为−66.452%。

(3) 社会条件指数:资产累计为 11.5,相对资产得分为 37.097%。负债累计为−20.5,相对负债得分为−62.903%。在该大项中,相对净资产得分为−25.806%。

(4) 资源利用指数:资产累计为 5.778,相对资产得分为 18.639%。负债累计为−26.222,相对负债得分为−81.361%。在该大项中,相对净资产得分为−62.723%。

总计上述四大项,总资产累计为 8.745,相对资产得分为 28.208%。负债累计为−23.256,相对负债得分为−71.792%。在该大项中,相对净资产得分为−43.584%。

图 4−88 是海南绿色资源资产负债雷达图。从相对资产来看,海南的四大系统指数较低。其中,自然条件与环境治理指数为 40.323%,名列第一;社会条件指数排名第二,经济条件指数和资源利用指数排名第三和第四。从相对负债来看,经济条件指数和资源利用指数绝对值超过−80%,负债相当高,其余两个指数负债均在 60%左右。

图 4−89 是海南绿色资源相对净资产图,可以看到,四大系统全部都是负值,整体劣势明显。经济条件指数−66.452%,资源利用指数−62.723%,情况十分严峻。

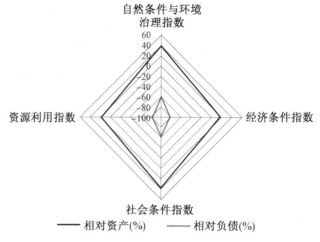

图 4-88　海南绿色资源资产负债图

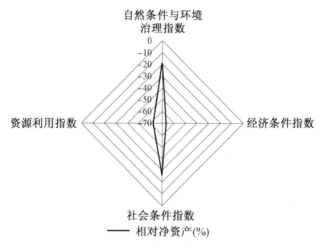

图 4-89　海南绿色资源相对净资产图

二十二、重庆绿色资源资产负债分析

重庆位于中国西南部、长江上游地区,地跨东经 105°11′—110°11′、北纬 28°10′—32°13′ 的青藏高原与长江中下游平原的过渡地带。渝东、渝东南临湖北和湖南,渝南接贵州,渝西、渝北连四川,渝东北与陕西和湖北相连。重庆地势由南北向长江河谷逐级降低,西北部和中部为低山和丘陵相间排列的重庆平行岭谷;东北部靠大巴山和东南部连武陵山两座大山脉。重庆气候温和,属亚热带季风性湿润气候,年平均气温16—18℃。

重庆境内江河纵横,水网密布,水及水能资源十分丰富,年平均水资源总量 5 000 亿立方米,其中地表水资源占绝大部分,具有重要的开发价值。

重庆已发现矿产 68 种,查明资源储量的矿产有 54 种,涵盖黑色金属、有色金属、贵金属、稀有金属等矿种。重庆有维管植物 2 000 种以上,仅号称"巴渝峨眉"的缙云山,亚热带树木就达 1 700 多种,至今还保留着 1.6 亿年以前的"活化石"水杉及伯乐树、飞蛾树等世界罕见的珍稀植物。重庆地区有各类动物资源 380 余种,其中野生珍稀动物主要有毛冠鹿、林麝、大灵猫、水獭、云豹、猕猴、红腹锦鸡等。

表 4-50 重庆绿色资源资产负债表

指标		资产		负债		相对资产%		相对负债%		相对净资产%
		要素	指数	要素	指数	要素	指数	要素	指数	
自然条件与环境治理指数	区位	7		−25		22.581		−77.419		
	水资源	19		−13		61.290		−38.710		
	森林覆盖	20		−12		64.516		−35.484		
	无害化处理厂日处理能力	9	12.25	−23	−19.75	29.032	39.516	−70.968	−60.484	−20.968
	污水处理能力	4		−28		12.903		−87.097		
	污水处理率	4		−28		12.903		−87.097		
	矿产资源	26		−6		83.871		−16.129		
	人口密度	9		−23		29.032		−70.968		
经济条件指数	地区生产总值	11		−21		35.484		−64.516		
	地区生产总值增长率	31		−1		100.000		0.000		
	第三产业生产总值	14	16.8	−18	−15.2	45.161	54.194	−54.839	−45.806	8.387
	科研投入	16		−16		51.613		−48.387		
	第二产业生产总值	12		−20		38.710		−61.290		
社会条件指数	总人口	12		−20		38.710		−61.290		
	文化水平	15		−17		48.387		−51.613		
	科技水平	16	14.5	−16	−17.5	51.613	46.774	−48.387	−53.226	−6.452
	教育水平	12		−20		38.710		−61.290		
	城镇生活水平	20		−12		64.516		−35.484		
	第三产业占比	12		−20		38.710		−61.290		
资源利用指数	工业用电量指数	8		−24		25.806		−74.194		
	人均日生活用水指数	11		−21		35.484		−64.516		
	生产用水量指数	13	8.778	−19	−23.222	41.935	28.316	−58.065	−71.684	−43.368
	工业废水排放指数	12		−20		38.710		−61.290		
	二氧化硫排放指数	13		−19		41.935		−58.065		
	一般工业固体废物产生量指数	6		−26		19.355		−80.645		

（续表）

指标	资产		负债		相对资产%		相对负债%		相对净资产%
	要素	指数	要素	指数	要素	指数	要素	指数	
工业污染源治理项目本年完成投资指数	2		−30		6.452		−93.548		
当年完成环保验收项目环保投资指数	2		−30		6.452		−93.548		
城市污水日处理指数	12		−20		38.710		−61.290		
绿色资源指数	13.082		−18.918		42.200		−57.800		−15.600

（1）自然条件与环境治理指数：资产累计为 12.25，相对资产得分为 39.516%。负债累计为−19.75，相对负债得分为−60.484%。在该大项中，相对净资产得分为−20.968%。

（2）经济条件指数：资产累计为 16.8，相对资产得分为 54.194%。负债累计为−15.2，相对负债得分为−45.806%。在该大项中，相对净资产得分为 8.387%。

（3）社会条件指数：资产累计为 14.5，相对资产得分为 46.774%。负债累计为−17.5，相对负债得分为−53.226%。在该大项中，相对净资产得分为−6.452%。

（4）资源利用指数：资产累计为 8.778，相对资产得分为 28.316%。负债累计为−23.222，相对负债得分为−71.684%。在该大项中，相对净资产得分为−43.368%。

总计上述四大项，总资产累计为 13.082，相对资产得分为 42.200%。负债累计为−18.918，相对负债得分为−57.800%。在该大项中，相对净资产得分为−15.600%。

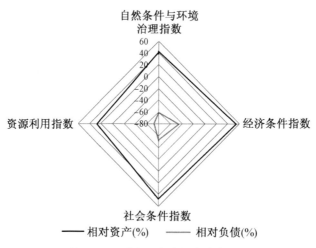

图 4‑90　重庆绿色资源资产负债图

图 4‑90 是重庆绿色资源资产负债雷达图。从相对资产来看，重庆的四大系统指数具有一定差距。其中，经济条件指数为 54.194%，排名最高，随后是社会条件指数，自然条件与环境治理指数名列第三，资源利用指数最差。从相对负债来看，资源利用指数负债绝对值最高，经济条件指数负债的绝对值最低，其余两个指数居中。

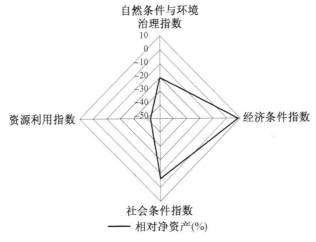

图 4 - 91　重庆绿色资源相对净资产图

图 4 - 91 是重庆绿色资源相对净资产图,可以看到,四大系统相对净资产值三负一正,说明整体情况较差。经济条件指数是唯一正值,其余三个均为负值,资源利用指数最低,有待继续改善。

二十三、四川绿色资源资产负债分析

四川介于东经 97°21′—108°33′和北纬 26°03′—34°19′,位于中国西南腹地,地处长江上游,东西长 1075 公里,南北宽 921 公里。四川位于中国大陆地势三大阶梯中的第一级和第二级,即处于第一级青藏高原和第二级长江中下游平原的过渡带,高低悬殊,西高东低的特点特别明显。四川地貌复杂,以山地为主要特色,具有山地、丘陵、平原和高原四种地貌类型,分别占全省面积的 74.2%、10.3%、8.2%、7.3%。土壤类型丰富,共有 25 个土类、63 个亚类,土类和亚类数分别占全国总数的 43.48% 和 32.60%。

四川气候区域差异显著,四川盆地属于亚热带温润气候区,川西南山地属于亚热带半湿润气候区,川西北高山高原属于高寒气候区。四川矿产资源丰富且种类比较齐全,能源、黑色、有色、稀有、贵金属、化工、建材等矿产均有分布。已发现各种金属、非金属矿产 132 种,占全国总数的 70%;已探明一定储量的有 94 种,占全国总数的 60%。

表 4 - 51　四川绿色资源资产负债表

指标		资产		负债		相对资产%		相对负债%		相对净资产%
		要素	指数	要素	指数	要素	指数	要素	指数	
自然条件与环境治理指数	区位	7	19.5	—25	—12.5	22.581	62.903	—77.419	—37.097	25.806
	水资源	22		—10		70.968		—29.032		
	森林覆盖	15		—17		48.387		—51.613		
	无害化处理厂日处理能力	24		—8		77.419		—22.581		

（续表）

指标		资产		负债		相对资产%		相对负债%		相对净资产%
		要素	指数	要素	指数	要素	指数	要素	指数	
	污水处理能力	19		−13		61.290		−38.710		
	污水处理率	19		−13		61.290		−38.710		
	矿产资源	30		−2		96.774		−3.226		
	人口密度	20		−12		64.516		−35.484		
经济条件指数	地区生产总值	24	20.2	−8	−11.8	77.419	65.161	−22.581	−34.839	30.323
	地区生产总值增长率	15		−17		48.387		−51.613		
	第三产业生产总值	21		−11		67.742		−32.258		
	科研投入	17		−15		54.839		−45.161		
	第二产业生产总值	24		−8		77.419		−22.581		
社会条件指数	总人口	28	21.333	−4	−10.667	90.323	68.816	−9.677	−31.184	37.632
	文化水平	21		−11		67.742		−32.258		
	科技水平	17		−15		54.839		−45.161		
	教育水平	27		−5		87.097		−12.903		
	城镇生活水平	19		−13		61.290		−38.710		
	第三产业占比	16		−16		51.613		−48.387		
资源利用指数	工业用电量指数	23	21.111	−9	−10.889	74.194	68.1	−25.806	−31.9	36.2
	人均日生活用水指数	27		−5		87.097		−12.903		
	生产用水量指数	17		−15		54.839		−45.161		
	工业废水排放指数	26		−6		83.871		−16.129		
	二氧化硫排放指数	22		−10		70.968		−29.032		
	一般工业固体废物产生量指数	24		−8		77.419		−22.581		
	工业污染源治理项目本年完成投资指数	16		−16		51.613		−48.387		
	当年完成环保验收项目环保投资指数	16		−16		51.613		−48.387		
	城市污水日处理指数	19		−13		61.290		−38.710		
绿色资源指数		20.536		−11.464		66.245		−33.755		32.49

（1）自然条件与环境治理指数：资产累计为 19.5，相对资产得分为 62.903%。负债累计为−12.5，相对负债得分为−37.097%。在该大项中，相对净资产得分为 25.806%。

（2）经济条件指数：资产累计为 20.2，相对资产得分为 65.161%。负债累计为−11.8，相对负债得分为−34.839%。在该大项中，相对净资产得分为 30.323%。

（3）社会条件指数：资产累计为 21.333，相对资产得分为 68.816%。负债累计为−10.667，相对负债得分为−31.184%。在该大项中，相对净资产得分为 37.632%。

（4）资源利用指数：资产累计为 21.111，相对资产得分为 68.1%。负债累计为−10.889，相对负债得分为−31.9%。在该大项中，相对净资产得分为 36.2%。

总计上述四大项，总资产累计为 20.536，相对资产得分为 66.245%。负债累计为−11.464，相对负债得分为−33.755%。在该大项中，相对净资产得分为 32.49%。

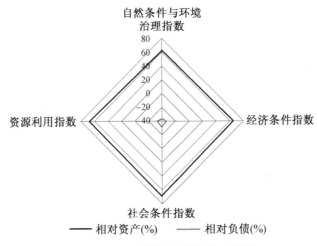

图 4-92　四川绿色资源资产负债图

图 4-92 是四川绿色资源资产负债雷达图。从相对资产来看，四川的四大系统指数较为接近，且相对较高。其中，社会条件指数为 68.816%，名列第一；资源利用指数紧随其后；经济条件指数、自然条件与环境治理指数排名第三和第四。从相对负债来看，四个指数也较为接近，都在 35% 左右。

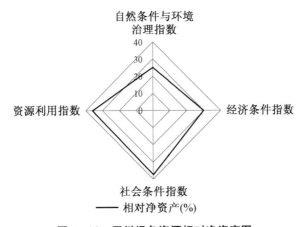

图 4-93　四川绿色资源相对净资产图

图 4 - 93 是四川绿色资源相对净资产图,可以看到,四大系统全部都是正值,且所有数值都在 25％以上,说明整体情况较好。社会条件指数以 37.632％的相对净资产排名第一,资源利用指数紧随其后,经济条件指数、自然条件与环境治理指数分列三、四位。

二十四、贵州绿色资源资产负债分析

贵州,位于中国西南的东南部,介于东经 103°36′—109°35′、北纬 24°37′—29°13′,东毗湖南、南邻广西壮族自治区、西连云南、北接四川和重庆,是西南交通枢纽。贵州地貌可概括为高原、山地、丘陵和盆地四种基本类型,其中 92.5％的面积为山地和丘陵。贵州的气候温暖湿润,属亚热带湿润季风气候。贵州河流处在长江和珠江两大水系上游交错地带,有 69个县属长江防护林保护区范围,是长江、珠江上游地区的重要生态屏障。

贵州土地资源以山地、丘陵为主,平原较少。山地面积为 108 740 平方千米,占贵州土地总面积的 61.7％,丘陵面积为 54 197 平方千米,占贵州土地总面积的 31.1％;山间平坝区面积为 13 230 平方千米,仅占贵州土地总面积的 7.5％。贵州有野生动物资源 1 000 余种,其中黔金丝猴、黑叶猴、华南虎、云豹、豹、白颧等 14 种被列为国家一级保护动物,占全国同类动物总数的 13％。

贵州矿产资源丰富,是著名的矿产资源大省。贵州已发现矿产 110 多种,其中有 76 种探明了储量,有多种保有储量排在全国前列,排在第一位的有汞、重晶石、化肥用砂岩、冶金用砂岩、饰面用辉绿岩、砖瓦用砂岩等。贵州森林覆盖率达 50％,活立木总蓄积量达 2.1 亿立方米;有 70 种珍稀植物列入国家珍稀濒危保护植物名录,银杉、珙桐、秃杉、杪椤等 4 种属国家一级保护植物,占全国同类植物总数的 50％。

表 4 - 52　贵州绿色资源资产负债表

指标		资产		负债		相对资产％		相对负债％		相对净资产％
		要素	指数	要素	指数	要素	指数	要素	指数	
自然条件与环境治理指数	区位	7		−25		22.581		−77.419		
	水资源	25		−7		80.645		−19.355		
	森林覆盖	16		−16		51.613		−48.387		
	无害化处理厂日处理能力	6	13.88	−26	−18.13	19.355	44.774	−80.645	−55.226	−10.452
	污水处理能力	12		−20		38.710		−61.290		
	污水处理率	12		−20		38.710		−61.290		
	矿产资源	21		−11		67.742		−32.258		
	人口密度	12		−20		38.710		−61.290		

(续表)

指标		资产		负债		相对资产%		相对负债%		相对净资产%
		要素	指数	要素	指数	要素	指数	要素	指数	
经济条件指数	地区生产总值	7		−25		22.581		−77.419		
	地区生产总值增长率	30		−2		96.774		−3.226		
	第三产业生产总值	7	11.2	−25	−20.8	22.581	36.129	−77.419	−63.871	−27.742
	科研投入	6		−26		19.355		−80.645		
	第二产业生产总值	6		−26		19.355		−80.645		
社会条件指数	总人口	13		−19		41.935		−58.065		
	文化水平	9		−23		29.032		−70.968		
	科技水平	7		−25		22.581		−77.419		
	教育水平	13	11.833	−19	−20.167	41.935	38.171	−58.065	−61.829	−23.658
	城镇生活水平	2		−30		6.452		−93.548		
	第三产业占比	27		−5		87.097		−12.903		
资源利用指数	工业用电量指数	12		−20		38.710		−61.290		
	人均日生活用水指数	15		−17		48.387		−51.613		
	生产用水量指数	2		−30		6.452		−93.548		
	工业废水排放指数	8		−24		25.806		−74.194		
	二氧化硫排放指数	25		−7		80.645		−19.355		
	一般工业固体废物产生量指数	15	12.222	−17	−19.778	48.387	39.426	−51.613	−60.574	−21.148
	工业污染源治理项目本年完成投资指数	14		−18		45.161		−54.839		
	当年完成环保验收项目环保投资指数	14		−18		45.161		−54.839		
	城市污水日处理指数	5		−27		16.129		−83.871		
绿色资源指数		12.284		−19.719		39.625		−60.375		−20.750

(1) 自然条件与环境治理指数:资产累计为 13.88,相对资产得分为 44.774%。负债累计为 −18.13,相对负债得分为 −55.226%。在该大项中,相对净资产得分为 −10.452%。

(2) 经济条件指数:资产累计为 11.2,相对资产得分为 36.129%。负债累计为 −20.8, 相对负债得分为 −63.871%。在该大项中,相对净资产得分为 −27.742%。

(3) 社会条件指数:资产累计为 11.833,相对资产得分为 38.171%。负债累计为

－20.167,相对负债得分为－61.829％。在该大项中,相对净资产得分为－23.658％。

（4）资源利用指数:资产累计为 12.222,相对资产得分为 39.426％。负债累计为－19.778,相对负债得分为－60.574％。在该大项中,相对净资产得分为－21.148％。

总计上述四大项,总资产累计为 12.284,相对资产得分为 39.625％。负债累计为－19.719,相对负债得分为－60.375％。在该大项中,相对净资产得分为－20.750％。

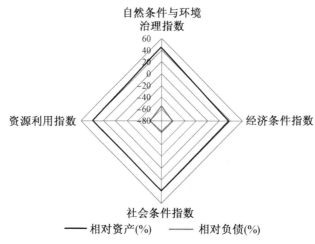

图 4－94　贵州绿色资源资产负债图

图 4－94 是贵州绿色资源资产负债雷达图。从相对资产来看,贵州的四大系统指数普遍不高。其中,自然条件与环境治理指数是唯一一个超过 40％的指数,其余三个指数都在 40％以下。从相对负债来看,四个指数普遍较高,且较为接近,其中,经济条件指数负债的绝对值最高,社会条件指数和资源利用指数紧随其后,自然条件与环境治理指数名列负债第四。

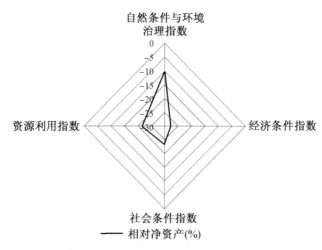

图 4－95　贵州绿色资源相对净资产图

图 4－95 是贵州绿色资源相对净资产图,可以看到,四大系统全部都是负值,说明整体情况相当严峻,亟待改善。经济条件指数、社会条件指数和资源利用指数的相对净资

产较少,需要立刻进行优化。自然条件与环境治理指数也要给予足够的重视。

二十五、云南绿色资源资产负债分析

云南地处中华人民共和国西南边陲,位于北纬 $21°8'32''$ —$29°15'8''$ 、东经 $97°31'39''$ —$106°11'47''$,北回归线横贯云南南部。全境东西最大横距 864.9 公里,南北最大纵距 900 公里,总面积 39.4 万平方公里,占全国陆地总面积的 4.1%,居全国第 8 位。全省土地面积中,山地约占 84%,高原、丘陵约占 10%,盆地、河谷约占 6%,平均海拔 2 000 米左右,最高海拔 6 740 米,最低海拔 76.4 米。云南气候有北热带、南亚热带、中亚热带、北亚热带、暖温带、中温带和高原气候区等 7 个温度带气候类型。相对平缓的山区只占总面积 10%,大面积土地高低差参,纵横起伏,一定范围又有和缓的高原面。

云南被称为"有色金属王国"。截至 2010 年,云南已发现各类矿产 150 多种,探明储量的矿产 92 种,其中 25 种矿产储量位居全国前三名,54 种矿产储量居前十位,居全国首位的矿种有锌、石墨、锡、镉、铟、铊和青石棉。在全国约 3 万种高等植物中,云南已经发现了 274 科,2 076 属,1.7 万种。主要特色物种:望天树、跳舞草、丽江云杉、橡胶树、油棕、三七、马尾松、云南松、酸角树等。云南人均水资源超过 10 000 立方米,是全国平均水平的 4 倍。

表 4-53 云南绿色资源资产负债表

指标		资产		负债		相对资产%		相对负债%		相对净资产%
		要素	指数	要素	指数	要素	指数	要素	指数	
自然条件与环境治理指数	区位	7	18.5	−25	−13.5	22.581	59.677	−77.419	−40.323	19.355
	水资源	27		−5		87.097		−12.903		
	森林覆盖	25		−7		80.645		−19.355		
	无害化处理厂日处理能力	12		−20		38.710		−61.290		
	污水处理能力	22		−10		70.968		−29.032		
	污水处理率	22		−10		70.968		−29.032		
	矿产资源	15		−17		48.387		−51.613		
	人口密度	18		−14		58.065		−41.935		
经济条件指数	地区生产总值	9	9.4	−23	−22.6	29.032	30.323	−70.968	−69.677	−39.355
	地区生产总值增长率	12		−20		38.710		−61.290		
	第三产业生产总值	9		−23		29.032		−70.968		
	科研投入	8		−24		25.806		−74.194		
	第二产业生产总值	9		−23		29.032		−70.968		

(续表)

指标		资产		负债		相对资产%		相对负债%		相对净资产%
		要素	指数	要素	指数	要素	指数	要素	指数	
社会条件指数	总人口	20	14.667	−12	−17.333	64.516	47.313	−35.484	−52.687	−5.374
	文化水平	12		−20		38.710		−61.290		
	科技水平	6		−26		19.355		−80.645		
	教育水平	14		−18		45.161		−54.839		
	城镇生活水平	11		−21		35.484		−64.516		
	第三产业占比	25		−7		80.645		−19.355		
资源利用指数	工业用电量指数	17	15	−15	−17	54.839	48.387	−45.161	−51.613	−3.226
	人均日生活用水指数	8		−24		25.806		−74.194		
	生产用水量指数	7		−25		22.581		−77.419		
	工业废水排放指数	16		−16		51.613		−48.387		
	二氧化硫排放指数	19		−13		61.290		−38.710		
	一般工业固体废物产生量指数	25		−7		80.645		−19.355		
	工业污染源治理项目本年完成投资指数	17		−15		54.839		−45.161		
	当年完成环保验收项目环保投资指数	17		−15		54.839		−45.161		
	城市污水日处理指数	9		−23		29.032		−70.968		
绿色资源指数		14.392		−17.608		46.425		−53.575		−7.150

（1）自然条件与环境治理指数:资产累计为 18.5,相对资产得分为 59.677%。负债累计为 −13.5,相对负债得分为 −40.323%。在该大项中,相对净资产得分为 19.355%。

（2）经济条件指数:资产累计为 9.4,相对资产得分为 30.323%。负债累计为 −22.6, 相对负债得分为 −69.677%。在该大项中,相对净资产得分为 −39.355%。

（3）社会条件指数:资产累计为 14.677,相对资产得分为 47.313%。负债累计为 −17.333,相对负债得分为 −52.687%。在该大项中,相对净资产得分为 −5.374%。

（4）资源利用指数:资产累计为 15,相对资产得分为 48.387%。负债累计为 −17,相对负债得分为 −51.613%。在该大项中,相对净资产得分为 −3.226%。

总计上述四大项,总资产累计为 14.392,相对资产得分为 46.425%。负债累计为 −17.608,相对负债得分为 −53.575%。在该大项中,相对净资产得分为 −7.150%。

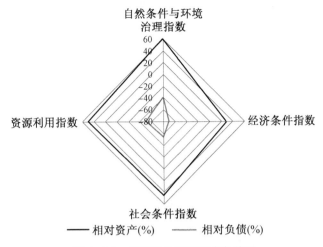

图 4 - 96 云南绿色资源资产负债图

图 4 - 96 是云南绿色资源资产负债雷达图。从相对资产来看,云南的四大系统指数较低。其中,自然条件与环境治理指数为 59.677,是四个指数最高的;社会条件指数和资源利用指数相对较为接近;经济条件指数最低。从相对负债来看,经济条件指数负债的绝对值最高,接近 70%;社会条件指数和经济条件指数也都超过了 50%;自然条件与环境治理指数的负债最低。

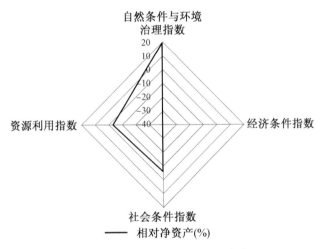

图 4 - 97 云南绿色资源相对净资产图

图 4 - 97 是云南绿色资源相对净资产图,可以看到,四大系统一正三负,说明整体情况较差。自然条件与环境治理指数是唯一拥有相对比较优势的指数,社会条件指数和资源利用指数都是负值,经济条件指数最低,需要进行特别的支持。

二十六、西藏绿色资源资产负债分析

西藏位于青藏高原西南部,地处北纬 26°50′—36°53′,东经 78°25′—99°06′,平均海拔在 4 000 米以上,素有"世界屋脊"之称。全区面积 120.223 万平方公里,约占全国总面积的

1/8,在全国各省、市、自治区中仅次于新疆。青藏高原是世界上隆起最晚、面积最大、海拔最高的高原,因而被称为"世界屋脊",被视为南极、北极之外的"地球第三极"。由于地形、地貌和大气环流的影响,西藏的气候独特而且复杂多样。气候总体上具有西北严寒干燥,东南温暖湿润的特点。西藏是中国太阳辐射能最多的地方,比同纬度的平原地区多一倍或1/3,日照时间也是全国最长的。

西藏土地资源丰富,总面积122万多平方公里,其中牧草地65万公顷。耕地集中分布在藏南河谷及河谷盆地中,东部和东南部也有少量分布,总面积达36万公顷。西藏土地资源的最大特点是未利用土地多,占土地总面积的30.71%,可利用潜力很大。西藏拥有宜农耕地680.57万亩,约占全区土地总面积的0.42%;净耕地面积523.43万亩,约占全区土地总面积的0.31%;牧草地96 934.8万亩,约占全区土地总面积的56.72%;林地10 716万亩,约占全区土地总面积的6.27%。

西藏已发现101种矿产资源,查明矿产资源储量的有41种,勘查矿床100余处,发现矿点2 000余处,已开发利用的矿种有22种。西藏已发现野生哺乳动物142种,鸟类488种,爬行类动物56种,两栖类动物45种,鱼类68种。西藏野生脊椎动物共计799种,构成了西藏的动物资源优势。西藏能源资源主要有水能、太阳能、地热能、风能等可再生能源。

表4-54 西藏绿色资源资产负债表

指标		资产		负债		相对资产%		相对负债%		相对净资产%
		要素	指数	要素	指数	要素	指数	要素	指数	
自然条件与环境治理指数	区位	7		−25		22.581		−77.419		
	水资源	31		−1		100.000		0.000		
	森林覆盖	7		−25		22.581		−77.419		
	无害化处理厂日处理能力	1	14.5	−31	−17.5	3.226	46.774	−96.774	−53.226	−6.452
	污水处理能力	30		−2		96.774		−3.226		
	污水处理率	30		−2		96.774		−3.226		
	矿产资源	2		−30		6.452		−93.548		
	人口密度	8		−24		25.806		−74.194		
经济条件指数	地区生产总值	1		−31		3.226		−96.774		
	地区生产总值增长率	29		−3		93.548		−6.452		
	第三产业生产总值	1	6.6	−31	−25.4	3.226	21.29	−96.774	−78.71	−57.419
	科研投入	1		−31		3.226		−96.774		
	第二产业生产总值	1		−31		3.226		−96.774		

（续表）

指标		资产		负债		相对资产%		相对负债%		相对净资产%
		要素	指数	要素	指数	要素	指数	要素	指数	
社会条件指数	总人口	1	6	−31	−26	3.226	19.355	−96.774	−80.645	−61.29
	文化水平	1		−31		3.226		−96.774		
	科技水平	1		−31		3.226		−96.774		
	教育水平	1		−31		3.226		−96.774		
	城镇生活水平	1		−31		3.226		−96.774		
	第三产业占比	31		−1		100.000		0.000		
资源利用指数	工业用电量指数	1	4.333	−31	−27.667	3.226	13.977	−96.774	−86.023	−72.045
	人均日生活用水指数	31		−1		100.000		0.000		
	生产用水量指数	1		−31		3.226		−96.774		
	工业废水排放指数	1		−31		3.226		−96.774		
	二氧化硫排放指数	1		−31		3.226		−96.774		
	一般工业固体废物产生量指数	1		−31		3.226		−96.774		
	工业污染源治理项目本年完成投资指数	1		−31		3.226		−96.774		
	当年完成环保验收项目环保投资指数	1		−31		3.226		−96.774		
	城市污水日处理指数	1		−31		3.226		−96.774		
绿色资源指数		7.858		−24.142		25.349		−74.651		−49.302

（1）自然条件与环境治理指数：资产累计为14.5，相对资产得分为46.774%。负债累计为−17.5，相对负债得分为−53.226%。在该大项中，相对净资产得分为−6.452%。

（2）经济条件指数：资产累计为6.6，相对资产得分为21.29%。负债累计为−25.4，相对负债得分为−78.71%。在该大项中，相对净资产得分为−57.419%。

（3）社会条件指数：资产累计为6，相对资产得分为19.355%。负债累计为−26，相对负债得分为−80.645%。在该大项中，相对净资产得分为−61.29%。

（4）资源利用指数：资产累计为4.333，相对资产得分为13.977%。负债累计为−27.667，相对负债得分为−86.023%。在该大项中，相对净资产得分为−72.045%。

总计上述四大项，总资产累计为7.858，相对资产得分为25.349%。负债累计为−24.142，相对负债得分为−74.651%。在该大项中，相对净资产得分为−49.302%。

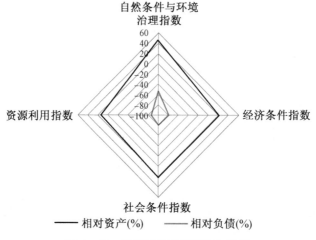

图 4－98　西藏绿色资源资产负债图

图 4－98 是西藏绿色资源资产负债雷达图。从相对资产来看,西藏的四大系统指数相差较大。其中,自然条件与环境治理指数为 46.774,排名第一;经济条件指数排名第二,社会条件指数和资源利用指数排名第三和第四。从相对负债来看,四个指标均负债较高,资源利用指数和社会条件指数的负债超过了 80％,经济条件指数也接近 80％,排名第三;自然条件与环境治理指数负债排名最后。

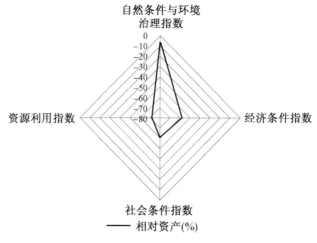

图 4－99　西藏绿色资源相对净资产图

图 4－99 是西藏绿色资源相对净资产图,可以看到,四大系统全部都是负值,说明整体情况相当严峻。资源利用指数、社会条件指数和经济条件指数的负债都超过 50％,需要有关部门给予高度的重视,在政策上予以扶持。

二十七、陕西绿色资源资产负债分析

陕西,地理位置介于东经 105°29′—111°15′,北纬 31°42′—39°35′,自然区划上因秦岭—淮河一线而横跨北方与南方。位于西北内陆腹地,横跨黄河和长江两大流域中部,连接中国东、中部地区和西北、西南的重要枢纽。陕西各地貌类型面积中,黄土高原区面积最大,占40%,汉江盆地面积最小,占5%;各地貌类型区域中,平均海拔最高的是秦岭山地区,为1 295米,平均海拔最低的是关中平原区,为546米。

陕西地跨北温带和亚热带,整体属大陆季风性气候,由于南北延伸很长,达到800公里以上,所跨纬度多,从而引起境内南北间气候的明显差异。陕西山地总面积741万公顷,占全省土地总面积的36%,高原总面积926万公顷,占总面积的45%,平原391万公顷,占总面积的19%。耕地总面积480万公顷,占总面积的23.3%,水田面积20.4万公顷,占总面积的1%,旱地面积369.2万公顷,占总面积的17.9%,水浇地88.7万公顷,占总面积的4.3%,林地962.6万公顷,占总面积的46.8%,草地317.9万公顷,占总面积的15.4%,水域面积40.3万公顷,占总面积的2%。

陕西已查明有资源储量的矿产92种,其中能源矿产5种,金属矿产27种,非金属矿产57种,水气矿产3种。陕西保有资源储量居全国前列的重要矿产有:盐矿、煤、石油、天然气、钼、汞、金、石灰岩、玻璃石英岩,高岭土、石棉等,不仅资源储量可观,且品级、质量较好,在国内、省内市场具有明显的优势。

表 4-55　陕西绿色资源资产负债表

指标		资产		负债		相对资产%		相对负债%		相对净资产%
		要素	指数	要素	指数	要素	指数	要素	指数	
自然条件与环境治理指数	区位	2	18.38	-30	-13.63	6.452	59.29	-93.548	-40.71	18.581
	水资源	12		-20		38.710		-61.290		
	森林覆盖	22		-10		70.968		-29.032		
	无害化处理厂日处理能力	17		-15		54.839		-45.161		
	污水处理能力	18		-14		58.065		-41.935		
	污水处理率	18		-14		58.065		-41.935		
	矿产资源	27		-5		87.097		-12.903		
	人口密度	31		-1		100.000		0.000		
经济条件指数	地区生产总值	16	17.4	-16	-14.6	51.613	56.129	-48.387	-43.871	12.258
	地区生产总值增长率	24		-8		77.419		-22.581		
	第三产业生产总值	13		-19		41.935		-58.065		
	科研投入	15		-17		48.387		-51.613		
	第二产业生产总值	19		-13		61.290		-38.710		

（续表）

指标		资产		负债		相对资产%		相对负债%		相对净资产%
		要素	指数	要素	指数	要素	指数	要素	指数	
社会条件指数	总人口	15		−17		48.387		−51.613		
	文化水平	13		−19		41.935		−58.065		
	科技水平	15	16.833	−17	−15.167	48.387	54.3	−51.613	−45.7	8.6
	教育水平	22		−10		70.968		−29.032		
	城镇生活水平	17		−15		54.839		−45.161		
	第三产业占比	19		−13		61.290		−38.710		
资源利用指数	工业用电量指数	13		−19		41.935		−58.065		
	人均日生活用水指数	14		−18		45.161		−54.839		
	生产用水量指数	16		−16		51.613		−48.387		
	工业废水排放指数	13		−19		41.935		−58.065		
	二氧化硫排放指数	21		−11		67.742		−32.258		
	一般工业固体废物产生量指数	19	17.222	−13	−14.778	61.290	55.555	−38.710	−44.445	11.11
	工业污染源治理项目本年完成投资指数	22		−10		70.968		−29.032		
	当年完成环保验收项目环保投资指数	22		−10		70.968		−29.032		
	城市污水日处理指数	15		−17		48.387		−51.613		
绿色资源指数		17.459		−14.544		56.319		−43.682		12.637

（1）自然条件与环境治理指数：资产累计为18.38，相对资产得分为59.29%。负债累计为−13.63，相对负债得分为−40.71%。在该大项中，相对净资产得分为18.581%。

（2）经济条件指数：资产累计为17.4，相对资产得分为56.129%。负债累计为−14.6，相对负债得分为−43.871%。在该大项中，相对净资产得分为12.258%。

（3）社会条件指数：资产累计为16.833，相对资产得分为54.3%。负债累计为−15.167，相对负债得分为−45.7%。在该大项中，相对净资产得分为8.6%。

（4）资源利用指数：资产累计为17.222，相对资产得分为55.555%。负债累计为−14.778，相对负债得分为−44.445%。在该大项中，相对净资产得分为11.11%。

总计上述四大项，总资产累计为17.459，相对资产得分为56.319%。负债累计为−14.544，相对负债得分为−43.682%。在该大项中，相对净资产得分为12.637%。

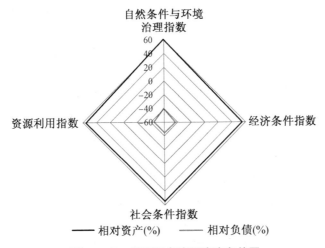

图 4 - 100 陕西绿色资源资产负债图

图 4 - 100 是陕西绿色资源资产负债雷达图。从相对资产来看,陕西的四大系统指数较为接近,都超过 50%。其中,自然条件与环境治理指数为 59.29%,名列第一;经济条件指数为 56.129%,居第二;资源利用指数紧随其后;社会条件指数排名第四。从相对负债来看,四个指数也相对较为接近,排序依次是:自然条件与环境治理指数、经济条件指数、资源利用指数和社会条件指数;第一名和第四名的差距在 5 个百分点以内。

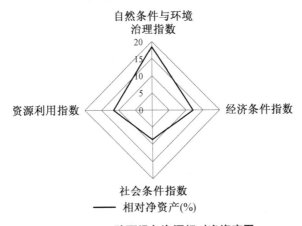

图 4 - 101 陕西绿色资源相对净资产图

图 4 - 101 是陕西绿色资源相对净资产图,可以看到,四大系统均为正值,说明整体情况良好,是一个具有比较优势的系统。自然条件与环境治理指数排名最高;二到四名依次是:经济条件指数、资源利用指数和社会条件指数。

二十八、甘肃绿色资源资产负债分析

甘肃地处北纬 $32°31'$—$42°57'$,东经 $92°13'$—$108°46'$,地控黄河上游,沟通黄土高原、青藏高原、内蒙古高原,东通陕西,南瞰巴蜀、青海,西达新疆,北扼内蒙古、宁夏;西北出蒙古国,辐射中亚。甘肃东西蜿蜒 1 600 多公里,全省面积 45.37 万平方公里,占中国 4.72%。

全省总人口为2 763.65万人,常住人口2 553.9万人。辖12个地级市、2个自治州。甘肃深居西北内陆,海洋温湿气流不易到达,成雨机会少,大部分地区气候干燥,属大陆性很强的温带季风气候。甘肃境内地形复杂,山脉纵横交错,海拔相差悬殊,高山、盆地、平川、沙漠和戈壁等兼而有之,是山地型高原地貌。

甘肃是矿产资源比较丰富的省份之一,矿业开发已成为甘肃的重要经济支柱。境内成矿地质条件优越,矿产资源较为丰富。截至2006年底已发现各类矿产173种(含亚矿种),占全国已发现矿种数的74%。全省自产地表水资源量286.2亿立方米,纯地下水8.7亿立方米,自产水资源总量约294.9亿立方米,人均1 150立方米。甘肃能源种类较多,除煤炭、石油、天然气外,还有太阳能、风能等新能源。全省煤炭预测储量为1 428亿吨,已探明125亿吨,保有资源储量120亿吨,煤炭资源集中分布于庆阳、华亭、靖远和窑街等矿区。甘肃是一个少林省区,据第七次甘肃森林资源清查,全省林地面积1 042.65万公顷,全省森林面积507.45万公顷,森林覆盖率11.28%;全省活立木总蓄积24 054.88万立方米,森林蓄积21 453.97万立方米。

甘肃野生植物种类繁多,分布广泛。主要资源有7大类:油料植物有100多种,现有药材品种9 500多种,居全国第二位。甘肃境内共有野生动物650多种。其中两栖动物24种,爬行动物57种,鸟类441种,哺乳动物137种。

表4-56　甘肃绿色资源资产负债表

指标		资产		负债		相对资产%		相对负债%		相对净资产%
		要素	指数	要素	指数	要素	指数	要素	指数	
自然条件与环境治理指数	区位	2		−30		6.452		−93.548		
	水资源	11		−21		35.484		−64.516		
	森林覆盖	5		−27		16.129		−83.871		
	无害化处理厂日处理能力	5	13.88	−27	−18.13	16.129	44.774	−83.871	−55.226	−10.452
	污水处理能力	25		−7		80.645		−19.355		
	污水处理率	25		−7		80.645		−19.355		
	矿产资源	14		−18		45.161		−54.839		
	人口密度	24		−8		77.419		−22.581		
经济条件指数	地区生产总值	5		−27		16.129		−83.871		
	地区生产总值增长率	18		−14		58.065		−41.935		
	第三产业生产总值	5	8	−27	−24	16.129	25.806	−83.871	−74.194	−48.387
	科研投入	7		−25		22.581		−77.419		
	第二产业生产总值	5		−27		16.129		−83.871		

（续表）

指标		资产		负债		相对资产%		相对负债%		相对净资产%
		要素	指数	要素	指数	要素	指数	要素	指数	
社会条件指数	总人口	10	9.333	−22	−22.667	32.258	30.106	−67.742	−69.894	−39.787
	文化水平	5		−27		16.129		−83.871		
	科技水平	8		−24		25.806		−74.194		
	教育水平	9		−23		29.032		−70.968		
	城镇生活水平	3		−29		9.677		−90.323		
	第三产业占比	21		−11		67.742		−32.258		
资源利用指数	工业用电量指数	11	9.778	−21	−22.222	35.484	31.542	−64.516	−68.458	−36.916
	人均日生活用水指数	12		−20		38.710		−61.290		
	生产用水量指数	8		−24		25.806		−74.194		
	工业废水排放指数	5		−27		16.129		−83.871		
	二氧化硫排放指数	16		−16		51.613		−48.387		
	一般工业固体废物产生量指数	12		−20		38.710		−61.290		
	工业污染源治理项目本年完成投资指数	9		−23		29.032		−70.968		
	当年完成环保验收项目环保投资指数	9		−23		29.032		−70.968		
	城市污水日处理指数	6		−26		19.355		−80.645		
绿色资源指数		10.248		−21.755		33.057		−66.943		−33.886

（1）自然条件与环境治理指数：资产累计为 13.88，相对资产得分为 44.774%。负债累计为 −18.13，相对负债得分为 −55.226%。在该大项中，相对净资产得分为 −10.452%。

（2）经济条件指数：资产累计为 8，相对资产得分为 25.806%。负债累计为 −24，相对负债得分为 −74.194%。在该大项中，相对净资产得分为 −48.387%。

（3）社会条件指数：资产累计为 9.333，相对资产得分为 30.106%。负债累计为 −22.667，相对负债得分为 −69.894%。在该大项中，相对净资产得分为 −39.787%。

（4）资源利用指数：资产累计为 9.778，相对资产得分为 31.542%。负债累计为 −22.222，相对负债得分为 −68.458%。在该大项中，相对净资产得分为 −36.916%。

总计上述四大项，总资产累计为 10.248，相对资产得分为 33.057%。负债累计为 −21.755，相对负债得分为 −66.943%。在该大项中，相对净资产得分为 −33.886%。

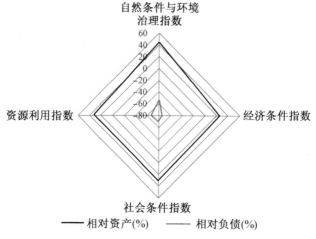

图 4‑102 甘肃绿色资源资产负债图

图 4‑102 是甘肃绿色资源资产负债雷达图。从相对资产来看,甘肃的四大系统指数相对较低。其中,自然条件与环境治理指数排名第一,资源利用指数名列第二,社会条件指数紧随其后,经济条件指数排名第四。从相对负债来看,四个系统的负债均处于高位,经济条件指数负债的绝对值最高,社会条件指数和资源利用指数负债也接近 70%,自然条件与环境治理指数负债最少。

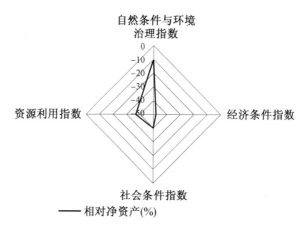

图 4‑103 甘肃绿色资源相对净资产图

图 4‑103 是甘肃绿色资源相对净资产图,可以看到,四大系统均是负债,是一个显著的负债系统,处于比较劣势。经济条件指数、社会条件指数和资源利用指数的相对净资产负债严重,亟须改善。

二十九、青海绿色资源资产负债分析

青海位于中国西部,雄踞世界屋脊青藏高原的东北部。地理位置介于东经 89°35′—103°04′,北纬 31°9′—39°19′,全省东西长 1 200 多公里,南北宽 800 多公里,总面积 72.23 万平方公里,占全国总面积的 1/13。全省地势自西向东倾斜,最高点(昆仑山的布喀达坂峰

6 860 米)和最低点(民和下川口村约 1 650 米)海拔相差 5 210 米。青海地貌以山地为主,兼有平地和丘陵。

青海属于高原大陆性气候,具有气温低、昼夜温差大、降雨少而集中、日照长、太阳辐射强等特点。全省有 270 多条较大的河流,水量丰沛,水能储量在 1 万千瓦以上的河流就有 108 条,流经之处山大沟深、落差集中,有水电站坝址 178 处,总装机容量 2 166 万千瓦,在国内居第 5 位,居西北之首。

青海石油资源量达 12 亿多吨,已探明 2.08 亿吨。天然气资源量 2 937 亿立方米,已探明 663.29 亿立方米,是全国四大气区之一。全省盐湖类矿产资源(钾、镁、钠、锂、锶、硼等)储量相对丰富。石油、天然气、钾盐、石棉及有色金属(铜、铅、锌、钴等)矿产品的供应已在全国占有重要地位。2010 年在青海冻土带又发现了"可燃冰"资源,使中国成为世界上第三个在陆地上发现"可燃冰"的国家,入选全国十大地质科技成果,有望成为未来的新型能源。

青海土地总面积 71.75 万平方公里(0.717 5 亿公顷),全省耕地面积 54.27 万公顷,全省牧草地面积 4 034 万公顷。青海陆栖脊椎动物就有 270 余种,经济兽类 110 种,鸟类 294 种,鱼类 40 余种。全省仅陆栖脊椎动物就达 270 多种,占全国的 12.5%,其中经济兽类有 110 种,占全国的 25%,各种鸟类 294 种,占全国的 16.5%。青海的野生植物约有 2 000 多种,其中经济植物 1 000 余种,药用植物 680 余种,名贵药材 50 多种。

表 4-57　青海绿色资源资产负债表

指标		资产		负债		相对资产%		相对负债%		相对净资产%
		要素	指数	要素	指数	要素	指数	要素	指数	
自然条件与环境治理指数	区位	2		-30		6.452		-93.548		
	水资源	30		-2		96.774		-3.226		
	森林覆盖	2		-30		6.452		-93.548		
	无害化处理厂日处理能力	2	16.75	-30	-15.25	6.452	54.032	-93.548	-45.968	8.065
	污水处理能力	29		-3		93.548		-6.452		
	污水处理率	29		-3		93.548		-6.452		
	矿产资源	24		-8		77.419		-22.581		
	人口密度	16		-16		51.613		-48.387		
经济条件指数	地区生产总值	2		-30		6.452		-93.548		
	地区生产总值增长率	20		-12		64.516		-35.484		
	第三产业生产总值	2	5.8	-30	-26.2	6.452	18.71	-93.548	-81.29	-62.581
	科研投入	2		-30		6.452		-93.548		
	第二产业生产总值	3		-29		9.677		-90.323		

（续表）

指标		资产		负债		相对资产%		相对负债%		相对净资产%
		要素	指数	要素	指数	要素	指数	要素	指数	
社会条件指数	总人口	2	7	−30	−25	6.452	22.581	−93.548	−77.419	−54.839
	文化水平	3		−29		9.677		−90.323		
	科技水平	2		−30		6.452		−93.548		
	教育水平	2		−30		6.452		−93.548		
	城镇生活水平	9		−23		29.032		−70.968		
	第三产业占比	24		−8		77.419		−22.581		
资源利用指数	工业用电量指数	4	7.444	−28	−24.556	12.903	24.013	−87.097	−75.987	−51.974
	人均日生活用水指数	18		−14		58.065		−41.935		
	生产用水量指数	4		−28		12.903		−87.097		
	工业废水排放指数	2		−30		6.452		−93.548		
	二氧化硫排放指数	4		−28		12.903		−87.097		
	一般工业固体废物产生量指数	23		−9		74.194		−25.806		
	工业污染源治理项目本年完成投资指数	5		−27		16.129		−83.871		
	当年完成环保验收项目环保投资指数	5		−27		16.129		−83.871		
	城市污水日处理指数	2		−30		6.452		−93.548		
绿色资源指数		9.249		−22.752		29.834		−70.166		−40.332

（1）自然条件与环境治理指数：资产累计为16.75，相对资产得分为54.032%。负债累计为−15.25，相对负债得分为−45.968%。在该大项中，相对净资产得分为8.065%。

（2）经济条件指数：资产累计为5.8，相对资产得分为18.71%。负债累计为−26.2，相对负债得分为−81.29%。在该大项中，相对净资产得分为−62.581%。

（3）社会条件指数：资产累计为7，相对资产得分为22.581%。负债累计为−25，相对负债得分为−77.419%。在该大项中，相对净资产得分为−54.839%。

（4）资源利用指数：资产累计为7.444，相对资产得分为24.013%。负债累计为−24.556，相对负债得分为−75.987%。在该大项中，相对净资产得分为51.974%。

总计上述四大项，总资产累计为9.249，相对资产得分为29.834%。负债累计为−22.752，相对负债得分为−70.166%。在该大项中，相对净资产得分为−40.332%。

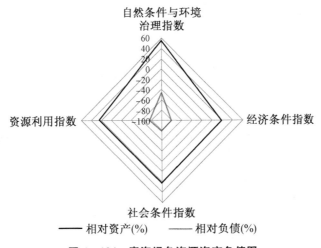

图 4－104　青海绿色资源资产负债图

　　图 4－104 是青海绿色资源资产负债雷达图。从相对资产来看,青海的四大系统指数异质性明显。其中,自然条件与环境治理指数高达 54.032％,名列第一;其余三个指数都远远落后。从相对负债来看,经济条件指数负债的绝对值最高,达到了－81.29％;社会条件指数和资源利用指数紧随其后;自然条件与环境治理指数负债远低于前三个指数。

　　图 4－105 是青海绿色资源相对净资产图,可以看到,四大系统一正三负,且三个负值绝对数值较大,说明这是一个典型的负债系统。自然条件与环境治理指数是唯一拥有比较优势的指数,资源利用指数、经济条件指数和社会条件指数的相对负债均超过 50％,具有大幅提高的可能性。

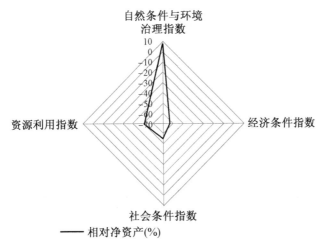

图 4－105　青海绿色资源相对净资产图

三十、宁夏绿色资源资产负债分析

　　宁夏回族自治区,位于北纬 35°14—39°23,东经 104°17—107°39,深居西北内陆高原,属典型的大陆性半湿润半干旱气候。宁夏全区平均年水面蒸发量 1 250 毫米,变幅在

800—1 600 毫米,是中国水面蒸发量较大的省区之一。

宁夏矿产以煤和非金属为主,金属矿产较贫乏,已获探明储量的矿产种类达 34 种,人均自然资源潜在价值为中国平均值的 163.5%。煤炭探明储量 300 多亿吨,预测储量 2 020 多亿吨,储量位居中国第六位,人均占有量是中国平均水平的 10.6 倍。宁夏的石膏矿藏量居中国第一,探明储量 45 亿吨以上,一级品占储量的一半以上。宁夏水资源有黄河干流,过境流量 325 亿立方米,可供宁夏利用 40 亿立方米,水能理论蕴量 195.5 万千瓦。宁夏回族湿地可分为河流湿地、湖泊湿地和人工湿地三大类。其中河流湿地和湖泊湿地包括 7 种类型,主要分布在引黄灌区与南部山区各河流及湖泊之中,并有少量沼泽分布。

表 4-58　宁夏绿色资源资产负债表

指标		资产		负债		相对资产%		相对负债%		相对净资产%
		要素	指数	要素	指数	要素	指数	要素	指数	
自然条件与环境治理指数	区位	2		−30		6.452		−93.548		
	水资源	5		−27		16.129		−83.871		
	森林覆盖	6		−26		19.355		−80.645		
	无害化处理厂日处理能力	3	12	−29	−20	9.677	38.71	−90.323	−61.29	−22.581
	污水处理能力	31		−1		100.000		0.000		
	污水处理率	31		−1		100.000		0.000		
	矿产资源	16		−16		51.613		−48.387		
	人口密度	2		−30		6.452		−93.548		
经济条件指数	地区生产总值	3		−29		9.677		−90.323		
	地区生产总值增长率	11		−21		35.484		−64.516		
	第三产业生产总值	3	5	−29	−27	9.677	16.129	−90.323	−83.871	−67.742
	科研投入	4		−28		12.903		−87.097		
	第二产业生产总值	4		−28		12.903		−87.097		
社会条件指数	总人口	3		−29		9.677		−90.323		
	文化水平	2		−30		6.452		−93.548		
	科技水平	4	8	−28	−24	12.903	25.806	−87.097	−74.194	−48.387
	教育水平	3		−29		9.677		−90.323		
	城镇生活水平	13		−19		41.935		−58.065		
	第三产业占比	23		−9		74.194		−25.806		

指标		资产		负债		相对资产%		相对负债%		相对净资产%
		要素	指数	要素	指数	要素	指数	要素	指数	
资源利用指数	工业用电量指数	6		−26		19.355		−80.645		
	人均日生活用水指数	13		−19		41.935		−58.065		
	生产用水量指数	5		−27		16.129		−83.871		
	工业废水排放指数	3		−29		9.677		−90.323		
	二氧化硫排放指数	9		−23		29.032		−70.968		
	一般工业固体废物产生量指数	7	9.333	−25	−22.667	22.581	30.106	−77.419	−69.894	−39.787
	工业污染源治理项目本年完成投资指数	19		−13		61.290		−38.710		
	当年完成环保验收项目环保投资指数	19		−13		61.290		−38.710		
	城市污水日处理指数	3		−29		9.677		−90.323		
绿色资源指数		8.583		−23.417		27.688		−72.312		−44.624

　　(1) 自然条件与环境治理指数:资产累计为12,相对资产得分为38.71%。负债累计为−20,相对负债得分为−61.29%。在该大项中,相对净资产得分为−22.581%。

　　(2) 经济条件指数:资产累计为5,相对资产得分为16.129%。负债累计为−27,相对负债得分为−83.871%。在该大项中,相对净资产得分为−67.742%。

　　(3) 社会条件指数:资产累计为8,相对资产得分为25.806%。负债累计为−24,相对负债得分为−74.194%。在该大项中,相对净资产得分为−48.387%。

　　(4) 资源利用指数:资产累计为9.333,相对资产得分为30.106%。负债累计为

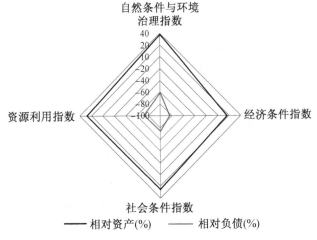

图 4-106　宁夏绿色资源资产负债图

-22.667,相对负债得分为-69.894%。在该大项中,相对净资产得分为-39.787%。

总计上述四大项,总资产累计为8.583,相对资产得分27.688%。负债累计为-23.417,相对负债得分为-72.312%。在该大项中,相对净资产得分为-44.624%。

图4-106是宁夏绿色资源资产负债雷达图。从相对资产来看,宁夏的四大系统指数数值都较低。最高的自然条件与环境治理指数为38.71%;资源利用指数紧随其后;社会条件指数和经济条件指数排名第三和第四。从相对负债来看,四个系统的数值都较高,负债最高的经济条件指数为-83.871%,社会条件指数排名第二,其余两个指数的负债都超过了60%。

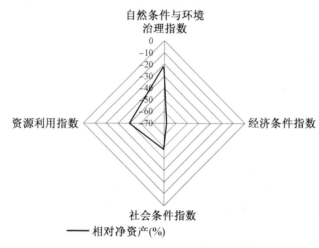

图4-107 宁夏绿色资源相对净资产图

图4-107是宁夏绿色资源相对净资产图,可以看到,在四大系统中指数全部为负值,说明这是一个典型的比较劣势系统。劣势最小的自然条件与环境治理指数为-22.581;经济条件指数负债最多,绝对数值为67.742;其余两个指数居中。

三十一、新疆绿色资源资产负债分析

新疆地处东经73°40′—96°18′,北纬34°25′—48°10′,是中国陆地面积第一大的省级行政区。新疆总面积占中国陆地面积六分之一,边界线长度占四分之一。新疆远离海洋,深居内陆,四周有高山阻隔,海洋气流不易到达,形成明显的温带大陆性气候。

新疆境内形成了独具特色的大冰川,共计1.86万余条,总面积2.4万多平方公里,占全国冰川面积的42%,冰储量2.58亿立方米,是新疆的天然"固体水库"。新疆为中国西部干旱地区主要的天然林区,森林广布于山区、平原,面积占西北地区森林总面积的近三分之一。新疆农林牧可直接利用土地面积10.28亿亩,占全国农林牧宜用土地面积的十分之一以上。后备耕地2.23亿亩,居全国首位。新疆的野生动物丰富,北疆和南疆各有不同的野生动物。

新疆矿产种类全、储量大,开发前景广阔。发现的矿产有138种,其中9种储量居全国首位,32种居西北地区首位。石油、天然气、煤、金、铬、铜、镍、稀有金属、盐类矿产、建材非金属等蕴藏丰富。新疆石油资源量208.6亿吨,占全国陆上石油资源量的

30%;天然气资源量为10.3万亿立方米,占全国陆上天然气资源量的34%。

表4-59 新疆绿色资源资产负债表

指标		资产		负债		相对资产%		相对负债%		相对净资产%
		要素	指数	要素	指数	要素	指数	要素	指数	
自然条件与环境治理指数	区位	2		−30		6.452		−93.548		
	水资源	23		−9		74.194		−25.806		
	森林覆盖	1		−31		3.226		−96.774		
	无害化处理厂日处理能力	8	17.75	−24	−14.25	25.806	57.258	−74.194	−42.742	14.516
	污水处理能力	26		−6		83.871		−16.129		
	污水处理率	26		−6		83.871		−16.129		
	矿产资源	29		−3		93.548		−6.452		
	人口密度	27		−5		87.097		−12.903		
经济条件指数	地区生产总值	6		−26		19.355		−80.645		
	地区生产总值增长率	27		−5		87.097		−12.903		
	第三产业生产总值	6	10.2	−26	−21.8	19.355	32.903	−80.645	−67.097	−34.194
	科研投入	5		−27		16.129		−83.871		
	第二产业生产总值	7		−25		22.581		−77.419		
社会条件指数	总人口	7		−25		22.581		−77.419		
	文化水平	4		−28		12.903		−87.097		
	科技水平	5	8.833	−27	−23.167	16.129	28.494	−83.871	−71.506	−43.013
	教育水平	5		−27		16.129		−83.871		
	城镇生活水平	15		−17		48.387		−51.613		
	第三产业占比	17		−15		54.839		−45.161		
资源利用指数	工业用电量指数	22		−10		70.968		−29.032		
	人均日生活用水指数	17		−15		54.839		−45.161		
	生产用水量指数	9	16.222	−23	−15.778	29.032	52.329	−70.968	−47.671	4.658
	工业废水排放指数	7		−25		22.581		−77.419		
	二氧化硫排放指数	23		−9		74.194		−25.806		
	一般工业固体废物产生量指数	16		−16		51.613		−48.387		

（续表）

指标	资产		负债		相对资产%		相对负债%		相对净资产%
	要素	指数	要素	指数	要素	指数	要素	指数	
工业污染源治理项目本年完成投资指数	21		—11		67.742		—32.258		
当年完成环保验收项目环保投资指数	21		—11		67.742		—32.258		
城市污水日处理指数	10		—22		32.258		—67.742		
绿色资源指数	13.251		—18.749		42.746		—57.254		—14.508

（1）自然条件与环境治理指数:资产累计为 17.75,相对资产得分为 57.258%。负债累计为—14.25,相对负债得分为—42.742%。在该大项中,相对净资产得分为 14.516%。

（2）经济条件指数:资产累计为 10.2,相对资产得分为 32.903%。负债累计为—21.8,相对负债得分为—67.097%。在该大项中,相对净资产得分为—34.194%。

（3）社会条件指数:资产累计为 8.833,相对资产得分为 28.494%。负债累计为—23.167,相对负债得分为—71.506%。在该大项中,相对净资产得分为—43.013%。

（4）资源利用指数:资产累计为 16.222,相对资产得分为 52.329%。负债累计为—15.778,相对负债得分为—47.671%。在该大项中,相对净资产得分为 4.658%。

总计上述四大项,总资产累计为 13.251,相对资产得分为 42.746%。负债累计为—18.749,相对负债得分为—57.254%。在该大项中,相对净资产得分为—14.508%。

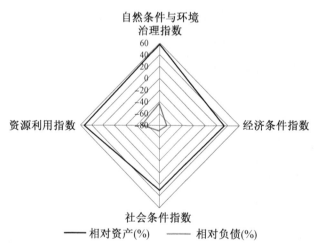

图 4-108　新疆绿色资源资产负债图

图 4-108 是新疆绿色资源资产负债雷达图。从相对资产来看,新疆的四大系统指数差异性明显。其中,自然条件与环境治理指数高达 57.258%,名列第一;资源利用指数紧随其后;经济条件指数和社会条件指数排名第三和第四。从相对负债来看,社会条件指数和经济条件指数负债的绝对值最高,资源利用指数、自然条件与环境治理指数负债较低。

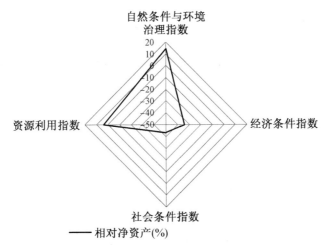

图 4－109 新疆绿色资源相对净资产图

图 4－109 是新疆绿色资源相对净资产图,可以看到,四大系统指数两正两负,且负值略高于正值,是一个弱比较劣势的系统。自然条件与环境治理指数以 14.516%的净资产排名第一,资源利用指数排名第二,社会条件指数和经济条件指数为负值,亟待改进。

第五章 江苏各地级市绿色发展报告

——基于绿色资源资产负债表的测度

第一节 江苏编制绿色资源资产负债表的意义

江苏综合经济实力在中国一直处于前列。2014年,江苏实现生产总值70 116.4亿元,按可比价格计算,比上年增长8.5%,位列中国省份第二。江苏的农业、工业和现代服务业都表现出齐头并进的态势,在全国占到一定比重。但是与全国大多数省份一样,由于忽视资源环境的保护,导致环境日益恶化。在衡量以GDP为导向的前提下,为了发展经济,不顾自然资源的浪费和生态环境的破坏,甚至引进了发达国家和地区严禁生产的污染严重的项目和产品,导致以牺牲环境为代价来换取经济的增长。过去30年,一直都是环境给发展让步,而绿色资源负债表的提出,为今后的发展经济指明了方向。发展经济,必须以合理利用自然资源资产、保护生态环境为前提。

而且,对于江苏这样的GDP大省,在每年产出的GDP中,有相当大一部分是无效的,由于GDP指标的先天缺陷,一些无效投资甚至破坏资源环境的活动也会被计入,而在财富形成中必须将这些部分扣除。资产负债表可以反映将无效经济活动扣除后的净资产,自然资源净资产增加额小于当年GDP,表明并不是全部GDP都形成了真正的财富积累。通过对绿色资源资产负债的确认和分析,可以促进经济增长质量和效益的提高。

江苏全省拥有耕地面积7 153.1万亩,占全国的3.8%,人均占有耕地0.95亩。沿海滩涂1 031万亩,占全国的1/4,是重要的土地后备资源省份。江苏是主要的粮食主产区、著名的"鱼米之乡",农业生产条件得天独厚,农作物、林木、畜禽种类繁多,粮食、棉花、油料等农作物几乎遍布全省。种植利用的林果、茶桑、花卉等品种260多个,蔬菜80多个种类、1 000多个品种,江苏蚕桑闻名全国,名茶有"碧螺春"等。

现阶段,江苏正处于工业化中期向后期转变的过渡阶段,资源相对匮乏、环境负荷过重已成为制约经济社会可持续发展的瓶颈。江苏应抓住经济发展机遇,以循环经济理念推动产业结构优化升级,调整产业空间布局,加快推动经济发展方式转变,积极建设资源节约型和环境友好型社会,实现可持续发展的战略目标。编制绿色资源资产负债表的初衷,希望能够全面计算并挖掘江苏自然资源资产的价值,摸清江苏的生态"家底",为生态保护提供科学理论依据。同时,改变江苏传统的增长模式,更好地选择发展路径,避免重走经济发展快、但严重破坏资源环境的老路,引导江苏产业发展方向,落实"新常态"发展目标,努力实现经济资本和自然资本"双增长"的可持续发展模式。

编制江苏绿色资源资产负债表是实行干部离任审计制度、倒逼生态文明建设的需要;编制江苏绿色资源资产负债表可以摸清省内自然资源家底、科学决策自然资源的配置;编制江苏绿色资源资产负债表是开展自然资源投资的需要,构建江苏"绿色经济"的思想体系和实现路径,并依此逐步确立标准,推广到中国其他城市和地区。

江苏 13 个地级市绿色资源资产负债表的编制方法、程序和指标,与全国各省市(自治区)的编制都基本相似,本章理论框架部分与前一致,不再赘述,直接用指标数据衡量江苏 13 个地级市的绿色资源资产负债情况。

第二节　江苏自然条件与环境治理指标衡量

一、指标衡量数据

表 5‑1　自然条件与环境治理指标要素衡量

指标要素	指标衡量数据	单位	负债
区位	苏南、苏中和苏北区位的划分	无	
水资源	各城市水资源总量	(亿立方米)	
人口密度	市辖区人口密度	(人/平方公里)	*
城市建成区绿化覆盖率	城市建成区绿化覆盖率	(%)	
无害化处理厂日处理能力	无害化处理厂日处理能力	(吨)	
城市污水日处理能力	城市污水日处理能力	(万吨)	
污水处理率	污水处理率	(%)	

在自然条件与环境治理指标 7 要素中,运用 7 项数据进行衡量,分别是以苏南、苏中和苏北为标准的区位划分、各城市水资源总量、市辖区人口密度、城市建成区绿化覆盖率,无害化处理厂日处理能力、城市污水日处理能力和污水处理率。

二、单位与指数化

仍然是将各个指标进行指数化,以去除单位的影响,指数化过程与全国绿色发展报告中指数化过程相似。以第一项区位划分为例,江苏内由于地理区位、资源禀赋、人文历史、政策制度等多方面因素的叠加影响,省内发展的梯度特征非常明显,因此有必要将江苏分为苏南、苏中、苏北三大区域来进行分析。近些年,虽然三大区域经济实力相对差距持续缩小,但绝对差距依然明显。以南京、无锡、常州、苏州和镇江为主要区域的五市称为苏南五市,占全省经济比重超过 60%,在全国经济增长中位于前列。南通、扬州和泰州为苏中三市,剩余的徐州、连云港、淮安、盐城、宿迁为苏北五市。按照 2014 年最新的三大区域国内生产总值,平均到各个城市,苏南城市平均生产总值是 7 788.3 亿元,苏中城市平均生产总值是 4 240.5 亿元,苏北城市平均生产总值是 3 030.3 亿元,如果将苏南城市的平均生产总值看作是 1,苏中城市的指数为 0.54,苏北城市为 0.39,以此为各个城市区位的指数。

表 5-2　区位指标指数化的过程

	地区生产总值 （亿元）	城市数量	城市平均 （亿元）	区位指数
苏南	38 941.26	5	7 788.3	1.00
苏中	12 721.49	3	4 240.5	0.54
苏北	15 151.49	5	3 030.3	0.39

　　以下各指标的指数化过程基本相同,例如,各城市水资源总量来自于《江苏统计年鉴(2015)》,将水资源最丰富的苏州看成是指数 1,换算成各个城市的水资源指数。其他各项指标数据来源与换算指数方式相同,不再赘述,详见表 5-3。

表 5-3　自然条件与环境治理指标要素指数

	区位	水资源 总量指数	城市建成区 绿化覆盖 指数	无害化 处理厂日 处理能力 指数	城市污水 日处理能力 指数	污水处理率 指数	人口密度 指数
南京	1.000	0.675	1.000	1.000	1.000	0.985	0.661
无锡	1.000	0.642	0.973	0.329	0.325	1.000	1.000
徐州	0.390	0.697	0.982	0.251	0.128	0.958	0.727
常州	1.000	0.640	0.975	0.338	0.228	0.981	0.843
苏州	1.000	1.000	0.957	0.971	0.560	0.989	0.505
南通	0.540	0.910	0.966	0.057	0.123	0.959	0.945
连云港	0.390	0.413	0.907	0.149	0.054	0.869	0.444
淮安	0.390	0.945	0.927	0.240	0.082	0.940	0.615
盐城	0.390	0.978	0.918	0.137	0.063	0.921	0.610
扬州	0.540	0.420	0.989	0.241	0.104	0.968	0.678
镇江	1.000	0.334	0.964	0.186	0.097	0.959	0.647
泰州	0.540	0.459	0.923	0.114	0.076	0.925	0.706
宿迁	0.390	0.664	0.959	0.120	0.050	0.966	0.530

　　由表 5-3 自然条件与环境治理指标要素指数,可以看出 13 个地级市在自然条件与环境治理方面的差异。在水资源总量方面,苏州水资源总量最多,其次是盐城、淮安和南通,指数都达到 0.9 以上。水资源总量最少的城市是镇江,指数只有 0.334,是最多地级市苏州的1/3。下图 5-1 是江苏 13 个地级市水资源总量指数的雷达图,各地级市的水资源情况明确地反映在图中。

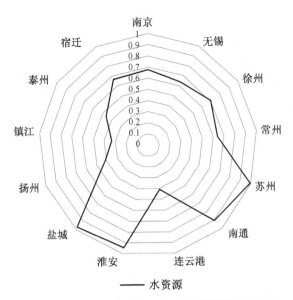

图 5 - 1　江苏 13 个地级市水资源总量指数雷达图

在城市建成区绿化覆盖方面,南京覆盖指数最高,设定为 1,13 个地级城市之间差别不大,均在 0.9 以上,苏北地区地级市覆盖率略低,如连云港、盐城。

在无害化处理厂日处理能力方面,各城市差别极大,南京日处理能力最高,为指数 1;苏州其次,指数为 0.971;其余地级市日处理能力很差,无锡、常州日处理能力指数在 0.3 以上,南通仅为 0.057,在 13 个地级市中指数水平最低。下图 5 - 2 是江苏 13 个地级市无害化处理厂日处理能力指数的雷达图,各地级市的无害化处理情况明确地反映在图中。

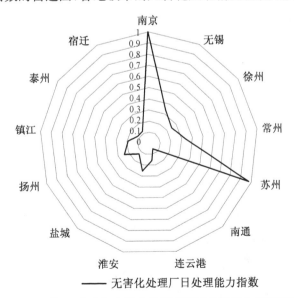

图 5 - 2　江苏 13 个地级市无害化处理厂日处理能力指数雷达图

在城市污水日处理能力方面,各城市差别极大,南京日处理能力最高,为指数1;苏州其次,指数为0.56;其余地级市日处理能力很差,无锡日处理能力指数在0.3以上,有6个城市污水日处理能力在0.1以下,分别是连云港、淮安、盐城、镇江、泰州和宿迁。下图5-3是江苏13个地级市污水日处理能力指数的雷达图,可以看到,各地级市的污水处理情况更集中地反映在内圈,与最高指数差距明显。

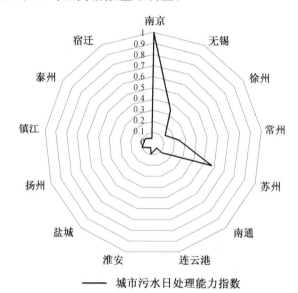

图5-3 江苏13个地级市城市污水日处理能力指数雷达图

在污水处理率指数方面,无锡污水处理率最高,为1,其他城市差别不大,基本所有城市的污水处理率指数均集中在0.9以上,连云港、盐城、泰州污水处理能力最低。

在人口密度指数方面,各城市差别较大,无锡人口密度值最高,为指数1;南通其次,指数为0.945;其次是常州、徐州。其余地级市人口密度集中在0.6左右,人口密度最低的是连云港,下图5-4是江苏13个地级市人口密度指数的雷达图,各地级市人口密度情况能够更加明确地呈现。

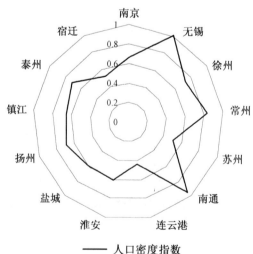

图5-4 江苏13个地级市人口密度指数雷达图

三、资产与负债的划分

表 5－4   自然条件与环境治理综合指数

	区位	水资源	城市建成区绿化覆盖指数	无害化处理厂日处理能力指数	城市污水日处理能力指数	污水处理率指数	人口密度指数	自然条件与环境治理指数 1	自然条件与环境治理指数 2
南京	1.000	0.675	1.000	1.000	1.000	0.985	0.661	0.714	0.903
无锡	1.000	0.642	0.973	0.329	0.325	1.000	1.000	0.467	0.753
徐州	0.390	0.697	0.982	0.251	0.128	0.958	0.727	0.383	0.591
常州	1.000	0.640	0.975	0.338	0.228	0.981	0.843	0.474	0.715
苏州	1.000	1.000	0.957	0.971	0.560	0.989	0.505	0.710	0.854
南通	0.540	0.910	0.966	0.057	0.123	0.959	0.945	0.373	0.643
连云港	0.390	0.413	0.907	0.149	0.054	0.869	0.444	0.334	0.461
淮安	0.390	0.945	0.927	0.240	0.082	0.940	0.615	0.416	0.591
盐城	0.390	0.978	0.918	0.137	0.063	0.921	0.610	0.400	0.574
扬州	0.540	0.420	0.989	0.241	0.104	0.968	0.678	0.369	0.563
镇江	1.000	0.334	0.964	0.186	0.097	0.959	0.647	0.413	0.598
泰州	0.540	0.459	0.923	0.114	0.076	0.925	0.706	0.333	0.535
宿迁	0.390	0.664	0.959	0.120	0.050	0.966	0.530	0.374	0.526

四、自然条件与环境治理综合指数

自然条件与环境治理指数结果如表 5－4 中最后两列所示,综合指数 1 是具有统计学意义的,在此只分析"自然条件与环境治理指数 1"。可以看出,在江苏 13 个地级市中,自然条

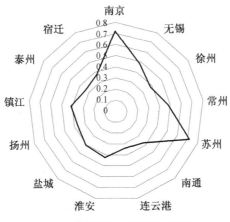

图 5－5   自然条件与环境治理综合指数 1 雷达图

件与环境治理指数排在前列的为南京和苏州,指数在 0.7 以上,处于自然条件与环境治理的第 1 梯队;其次是常州、无锡、淮安、镇江和盐城,指数在 0.4 以上,处于自然条件与环境治理的第 2 梯队;最后是徐州、宿迁、南通、扬州、连云港和泰州,指数在 0.3 以上,处于自然条件与环境治理的第 3 梯队。图 5-5 是自然条件与环境治理综合指数 1 的雷达图,总体看来,在自然条件与环境治理方面,江苏 13 个地级市有差别。

第三节　江苏 13 个地级市经济条件指标衡量

一、指标衡量数据

在经济条件指标 5 要素中,运用 5 项数据进行衡量,分别是地区生产总值、地区第二产业生产总值、地区第三产业生产总值、地区科学研究和技术服务业生产总值和与 2005 年基期比较的增长指数。

表 5-5　经济条件指标要素衡量

系统分类	指标要素	指标衡量数据	单位	负债
经济条件	生产总值	地区生产总值	亿元	
	第二产业生产总值	地区第二产业生产总值	亿元	*
	第三产业生产总值	地区第三产业生产总值	亿元	
	科研生产总值	地区科学研究和技术服务业生产总值	亿元	
	生产总值增长	与 2005 年基期比较的增长指数	%	

二、单位与指数化

以上各个指标衡量数据的单位有不同,因此我们按照同样的方法,以去除各指标要素不同单位的影响,将各个指标指数化。如"地区生产总值"指标指数化,根据江苏各城市 2014 年地区生产总值(数据来源于《江苏统计年鉴》(2015)),将生产总值最高的苏州看成是指数 1,换算其他各个城市生产总值指数。以下均是同样的道理,大部分数据来源于《江苏统计年鉴》(2015),将数值最高的城市看成是指数 1,换算其他各个城市的各项指标指数。"与 2005 年基期比较的增长指数"指标分别以各城市 2005 年生产总值为基期,计算 2014 年地区生产总值的增长率,宿迁地区生产总值增长指数最高,看成是指数 1,换算其他各个城市的地区生产总值增长指数。具体的指标要素指数结果如下表 5-6 所示。

表 5-6　经济条件指标要素指数

	地区生产总值指数	第三产业生产总值指数	科学研究和技术服务业生产总值指数	地区生产总值增长指数	第二产业生产总值指数
南京	0.641	0.748	1	0.663	0.526

（续表）

	地区生产 总值指数	第三产业生产 总值指数	科学研究和技 术服务业生产 总值指数	地区生产总值 增长指数	第二产业 生产总值 指数
无锡	0.596	0.596	0.265	0.49	0.594
徐州	0.361	0.337	0.141	0.777	0.326
常州	0.356	0.353	0.157	0.701	0.349
苏州	1	1	0.568	0.593	1
南通	0.411	0.375	0.228	0.717	0.408
连云港	0.143	0.122	0.04	0.757	0.129
淮安	0.178	0.162	0.053	0.839	0.158
盐城	0.279	0.235	0.068	0.67	0.259
扬州	0.269	0.238	0.164	0.705	0.274
镇江	0.236	0.225	0.173	0.686	0.237
泰州	0.245	0.22	0.085	0.743	0.246
宿迁	0.14	0.113	0.016	1	0.135

　　由表5-6经济条件指标要素指数,可以看出13个地级市在经济条件方面的差异。在地区生产总值方面,苏州生产总值最高,设定为指数1,其余城市相差很大,南京第二名,指数只有0.641,其次是无锡,指数为0.596。地区生产总值最低的城市分别是宿迁、连云港和淮安,指数在0.2以下。下图5-6是江苏13个地级市生产总值指数的雷达图,各地级市的生产总值差距明显,雷达图总体面积较小。

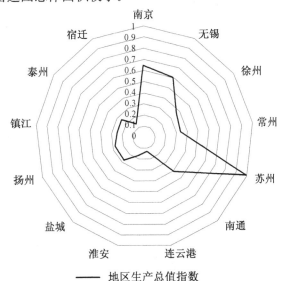

图5-6 江苏13个地级市生产总值指数雷达图

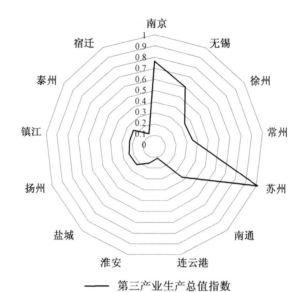

—— 第三产业生产总值指数

图 5-7　江苏 13 个地级市第三产业生产总值指数雷达图

在第三产业生产总值方面,苏州第三产业生产总值最高,设定为指数 1,其余城市相差很大,南京第二名,指数只有 0.748,其次是无锡,指数为 0.596。第三产业生产总值最低的城市分别是宿迁、连云港和淮安,指数在 0.2 以下。下图 5-7 是江苏 13 个地级市第三产业生产总值指数的雷达图,各地级市的第三产业生产总值差距明显,雷达图总体面积较小。

在科学研究和技术服务业生产总值方面,南京科技服务生产总值最高,设定为指数 1,其余城市相差很大,苏州第二名,指数只有 0.568,其余城市的指数均在 0.3 以下。科技服务业生产总值最低的城市分别是宿迁、连云港和淮安,指数很低。下图 5-8 是江苏 13 个地级市科技服务业生产总值指数的雷达图,各地级市的差距明显,雷达图总体面积很小。

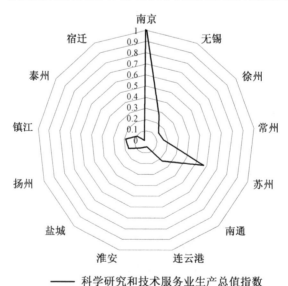

—— 科学研究和技术服务业生产总值指数

图 5-8　江苏 13 个地级市科学研究和技术服务业生产总值指数雷达图

在地区生产总值增长方面,宿迁生产总值增长最快,设定为指数 1,其次是淮安、徐州、连云港,经济水平越差的城市,其地区生产总值增长速度是越快的。经济发展水平较高的苏州、南京增长指数分别是 0.593 和 0.663。地区生产总值增长速度最慢的无锡,其指数也达到 0.49,城市之间差距不是很大。下图 5-9 是江苏 13 个地级市地区生产总值增长指数的雷达图,各地级市的差距不是太明显,雷达图总体面积较大。

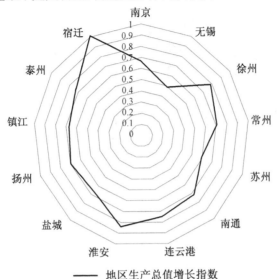

—— 地区生产总值增长指数

图 5-9 江苏 13 个地级市地区生产总值增长指数雷达图

在第二产业生产总值指数方面,苏州第二产业生产总值最高,设定为指数 1,其余城市与苏州相差很大,无锡第二名,指数只有 0.594,南京第三名,指数只有 0.526。其余城市的此指数均在 0.3 左右。第二产业生产总值最低的城市分别是连云港、宿迁和淮安,指数在 0.2 以下。下图 5-10 是江苏 13 个地级市第二产业生产总值指数的雷达图,表现出苏州一家独大的特点,雷达图总体面积很小。

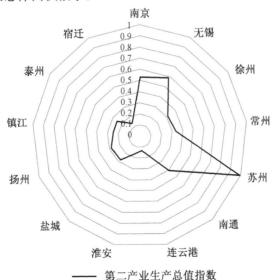

—— 第二产业生产总值指数

图 5-10 江苏 13 个地级市第二产业生产总值指数雷达图

三、资产与负债的划分

按照表5-6所示,是经济条件指标要素的指数换算结果,各个统计指标用数据衡量,仍然有"资产"要素与"负债"要素的区分。"资产"与"负债"的划分与第四章全国的划分方法相同,这里不再赘述,直接给出江苏经济条件综合指数表5-7。

表5-7 经济条件综合指数

	地区生产总值指数	第三产业生产总值指数	科学研究和技术服务业生产总值指数	地区生产总值增长指数	第二产业生产总值指数	经济条件综合指数1	经济条件综合指数2
南京	0.641	0.748	1.000	0.663	0.526	0.505	0.715
无锡	0.596	0.596	0.265	0.490	0.594	0.271	0.508
徐州	0.361	0.337	0.141	0.777	0.326	0.258	0.388
常州	0.356	0.353	0.157	0.701	0.349	0.244	0.383
苏州	1.000	1.000	0.568	0.593	1.000	0.432	0.832
南通	0.411	0.375	0.228	0.717	0.408	0.265	0.428
连云港	0.143	0.122	0.040	0.757	0.129	0.187	0.238
淮安	0.178	0.162	0.053	0.839	0.158	0.215	0.278
盐城	0.279	0.235	0.068	0.670	0.259	0.198	0.302
扬州	0.269	0.238	0.164	0.705	0.274	0.221	0.330
镇江	0.236	0.225	0.173	0.686	0.237	0.217	0.311
泰州	0.245	0.220	0.085	0.743	0.246	0.209	0.308
宿迁	0.140	0.113	0.016	1.000	0.135	0.227	0.281

四、经济条件综合指数

经济条件综合指数结果如表5-7中最后两列所示,综合指数1是具有统计学意义的,在此只分析"经济条件综合指数1"。可以看出,在江苏13个地级市中,经济条件指数排在首位的是南京,为0.505,是13个地级市中唯一一个指数在0.5以上的城市,指数优势明显。排在第二位次的是苏州,指数是0.432;最多的城市集中在指数0.2以上,有9个城市,依次是无锡、南通、徐州、常州、宿迁、扬州、镇江、淮安和泰州;最后是盐城和连云港,指数接近0.2,处于经济条件的最后梯队。图5-11是经济条件综合指数1的雷达图,总体看来,在经济条件方面,江苏13个地级市差别还是很大的。

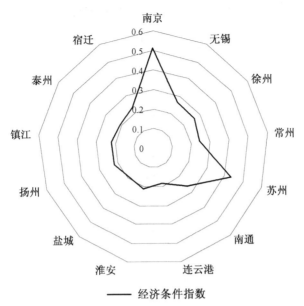

图 5-11 江苏 13 个地级市经济条件综合指数 1 雷达图

第四节 江苏 13 个地级市社会条件指标衡量

一、指标衡量数据

社会条件指标只有 6 要素,但有些要素不能简单地运用一个指标进行衡量,需要运用多指标进行综合衡量,所以在社会条件系统中,涉及 11 项具体衡量指标。指标要素总人口,运用"城市总人口数量"进行衡量;指标要素文化水平,运用"地区规模以上文化及相关产业法人单位数"和"地区文化制造企业资产总计"综合衡量,分别换算成指数,然后取两者的算数平均数,得出文化水平的指数值;指标要素科技水平,运用"地区高新技术产业产值"和"地区各类专业技术人员数量"综合衡量,分别换算成指数,然后取两者的算数平均数,得出科技水平的指数值;指标要素教育水平,运用"普通高等学院数"、"普通中等学校招生数"和"普通高等教育毕业生数"综合衡量,将 3 项数据分别换算成指数,然后取三者的算数平均数,得出教育水平的指数值;指标要素城镇生活水平,运用"城镇常住居民人均可支配收入"和"城镇常住居民人均生活消费支出"综合衡量,将两项数据分别换算成指数,然后取两者的算数平均数,得出城镇生活水平的指数值;指标要素第三产业占比,运用"第三产业从业人员占比"衡量。

表 5－8　社会条件指标要素衡量

系统分类	指标要素	指标衡量数据	单位
社会条件	总人口	城市总人口数量	万人
	文化水平	地区规模以上文化及相关产业法人单位数	个
		地区文化制造企业资产总计	万元
	科技水平	地区高新技术产业产值	亿元
		地区各类专业技术人员数量	万人
	教育水平	普通高等学院数	所
		普通中等学校招生数	人
		普通高等教育毕业生数	人
	城镇生活水平	城镇常住居民人均可支配收入	元
		城镇常住居民人均生活消费支出	元
	第三产业占比	第三产业从业人员占比	％

二、单位与指数化

以上各个指标衡量数据的单位有不同,按照同样的方法,去除单位的影响,将各个指标指数化。如城市总人口数量指数化,各城市 2014 年总人口数值来自于《江苏统计年鉴》(2015),将总人口数量最多的苏州看成是指数 1,换算成各个城市总人口指数。文化水平指标要素具体运用两个指标进行衡量,分别是地区规模以上文化及相关产业法人单位数(个)和地区文化制造企业资产总计(万元),数据来源于 2015 年的《江苏统计年鉴》,地区规模以上文化及相关产业法人单位数最多的为苏州,看成指数 1,换算成各个城市法人单位指数;地区文化制造业企业资产总计金额最多的为苏州,看成指数 1,换算成各个城市文化制造企业资产总计指数。然后将两指数进行算数平均,得到文化水平指数。其他指标的指数化过程相似,不再赘述,各指标要素的指数化结果如表 5－9 所示。

表 5－9　社会条件指标要素指数

	总人口指数	文化水平指数	科技水平指数	教育水平指数	城镇生活水平指数	第三产业从业人员占比指数
南京	0.775	0.562	0.602	0.879	0.902	0.999
无锡	0.613	0.484	0.568	0.338	0.919	0.756
徐州	0.814	0.157	0.634	0.451	0.517	0.835
常州	0.443	0.562	0.434	0.263	0.830	0.702
苏州	1.000	1.000	1.000	0.506	1.000	0.656
南通	0.688	0.482	0.574	0.319	0.738	0.733
连云港	0.420	0.131	0.334	0.246	0.529	0.688

（续表）

	总人口指数	文化水平指数	科技水平指数	教育水平指数	城镇生活水平指数	第三产业从业人员占比指数
淮安	0.458	0.158	0.303	0.270	0.530	0.729
盐城	0.681	0.219	0.447	0.299	0.542	0.769
扬州	0.422	0.162	0.385	0.249	0.643	0.735
镇江	0.299	0.303	0.329	0.156	0.751	0.880
泰州	0.437	0.106	0.404	0.190	0.673	0.693
宿迁	0.457	0.183	0.257	0.246	0.451	0.497

由表 5-9 社会条件指标要素指数，可以看出 13 个地级市在社会条件方面的差异。在总人口方面，苏州城市总人口数量最多，其次是徐州和南京，指数都达到 0.7 以上。城市总人口数量最少的城市是镇江，指数只有 0.299，是最多地级市苏州的不足 1/3。下图 5-12 是江苏 13 个地级市总人口指数的雷达图，各地级市的总人口情况明确地反映在图中。

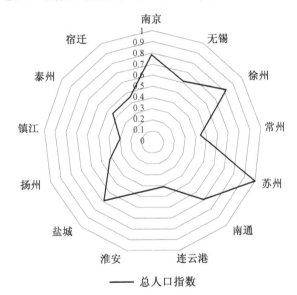

图 5-12　江苏 13 个地级市总人口指数雷达图

在文化水平方面，苏州文化水平指数最高，其他地级市差距很大，位于第二名的是南京和常州，指数只有 0.562，无锡和南通紧居其后，指数在 0.4 以上。文化水平指数最低的地级市是泰州和连云港，与最高水平苏州的指数相差明显。下图 5-13 是江苏 13 个地级市文化水平指数的雷达图，各地级市的文化水平差别明显，除去苏州，整体文化水平不高。

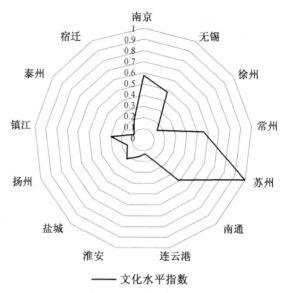

图 5 - 13 江苏 13 个地级市文化水平指数雷达图

在科技水平方面,苏州科技水平最高,换算成指数 1。其次是徐州,指数与苏州相差较大,为 0.634。位于第三名的是南京,指数为 0.602。大部分地级市的科技水平指数在 0.4 左右,宿迁最低,只有 0.257。下图 5 - 14 是江苏 13 个地级市科技水平指数的雷达图,各地级市的科技水平差距较大,尤其是与苏州差距较大。

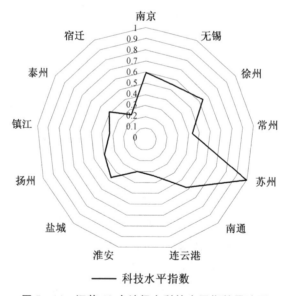

图 5 - 14 江苏 13 个地级市科技水平指数雷达图

在教育水平方面,南京教育水平指数最高,为 0.879(此处的教育水平指数是普通高等学院数、普通中等学校招生数和普通高等教育毕业生数三个指数的算数平均数,所以不是 1),其次是苏州,指数为 0.506,第三名是徐州,指数为 0.451。大部分地级市的教育水平指数在 0.2 到 0.3 之间,最低的是镇江和泰州,指数在 0.2 以下。下图 5 - 15 是江苏 13 个地级市教育水平指数的雷达图,由于各地级市的教育水平差距明显,雷达图面积不大。

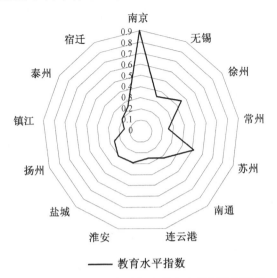

图 5-15 江苏 13 个地级市教育水平指数雷达图

在城镇生活水平方面,苏州城镇生活水平指数最高,为 1。其次是无锡和南京,指数分别为 0.919 和 0.902。大部分地级市的城镇生活水平指数在 0.5 到 0.7 之间,城镇生活水平指数最低的为宿迁,指数为 0.451,与其他地级市差别较大。下图 5-16 是江苏 13 个地级市城镇生活水平指数的雷达图,各地级市的城镇生活水平指数总体差别不是太大,雷达图面积较大。

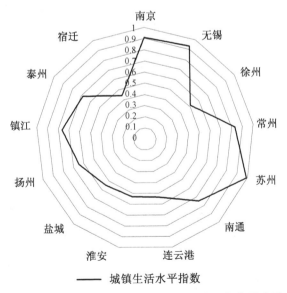

图 5-16 江苏 13 个地级市城镇生活水平指数雷达图

在第三产业从业人员占比方面,南京第三产业从业人员占比最高,为 0.999,其次为镇江、徐州,指数在 0.8 以上。大部分地级市的第三产业从业人员占比指数在 0.6 到 0.7 之间,只有宿迁最低,为 0.497,第三产业从业人员占比也达到近一半的比例。下图 5-17

是江苏13个地级市第三产业从业人员占比指数的雷达图,各地级市的第三产业从业人员占比总体水平较高,城市间差别不是太大,雷达图总体面积较大。

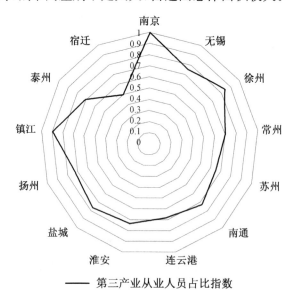

—— 第三产业从业人员占比指数

图5-17 江苏13个地级市第三产业从业人员占比指数雷达图

三、资产与负债的划分

按照表5-9所示,是社会条件指标要素的指数换算结果。社会条件系统中的"资产",主要表现为有利于社会发展的要素,从数据上说是正的,表示越多越好的,从表5-9可以看出,所有的社会条件要素指数都是"资产",都是正向促进社会发展的指标,不存在"负债"指标要素。

区分了社会条件系统中的"资产"要素指数和"负债"要素指数,可以综合计算表5-10最后两列"社会条件指数1",它是前面6项"资产"要素指数的算数平均数,具体公式仍参照公式(1)。

由于社会条件指数中没有"负债"项,所以"社会条件指数1"和"社会条件指数2"是相同的。

表5-10 社会条件综合指数

	总人口指数	文化综合指数	科技综合指数	教育综合指数	城镇生活综合指数	第三产业从业人员占比指数	社会条件综合指数1	社会条件综合指数2
南京	0.775	0.562	0.602	0.879	0.902	0.999	0.787	0.787
无锡	0.613	0.484	0.568	0.338	0.919	0.756	0.613	0.613
徐州	0.814	0.157	0.634	0.451	0.517	0.835	0.568	0.568
常州	0.443	0.562	0.434	0.263	0.830	0.702	0.539	0.539

(续表)

	总人口指数	文化综合指数	科技综合指数	教育综合指数	城镇生活综合指数	第三产业从业人员占比指数	社会条件综合指数1	社会条件综合指数2
苏州	1.000	1.000	1.000	0.506	1.000	0.656	0.860	0.860
南通	0.688	0.482	0.574	0.319	0.738	0.733	0.589	0.589
连云港	0.420	0.131	0.334	0.246	0.529	0.688	0.391	0.391
淮安	0.458	0.158	0.303	0.270	0.530	0.729	0.408	0.408
盐城	0.681	0.219	0.447	0.299	0.542	0.769	0.493	0.493
扬州	0.422	0.162	0.385	0.249	0.643	0.735	0.433	0.433
镇江	0.299	0.303	0.329	0.156	0.751	0.880	0.453	0.453
泰州	0.437	0.106	0.404	0.190	0.673	0.693	0.417	0.417
宿迁	0.457	0.183	0.257	0.246	0.451	0.497	0.348	0.348

四、社会条件综合指数

社会条件综合指数结果如表5－10中最后两列所示,综合指数1和综合指数2相同,均是具有统计学意义的。可以看出,在江苏13个地级市中,社会条件指数排在前列的为苏州(指数为0.86)和南京(指数为0.787),处于社会条件的第一梯队;其次是无锡,指数为0.613,位居13个地级市的第三位;其次是南通、徐州和常州,指数在0.5以上;再次是盐城、镇江、扬州、泰州和淮安,指数在0.4以上;最后是连云港和宿迁,指数在0.3以上,社会条件最差。图5－18是社会条件综合指数的雷达图,总体看来,在社会条件方面,江苏13个地级市还是具有差别的。

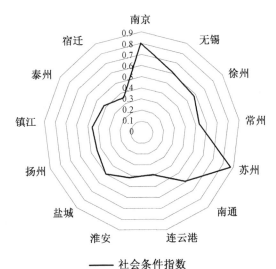

图5－18　江苏13个地级市社会条件综合指数雷达图

第五节　江苏13个地级市资源利用指标衡量

一、指标衡量数据

在资源利用指标9要素中,运用9项指标衡量,分别是工业用电量(亿千瓦时)、人均日生活用水量(万吨)、生产用水量(万吨)、工业废水排放量(万吨)、二氧化硫排放量(吨)、一般工业固体废物产生量(万吨)、老工业污染源治理项目本年完成投资(万元)、当年完成环保验收项目环保投资(万元)和城市污水日处理能力(万吨)。

表5-11　资源利用指标要素数据衡量

系统分类	指标要素	指标衡量数据	单位	负债
资源利用	工业用电量	工业用电量	亿千瓦时	*
	人均日生活用水	人均日生活用水量	万吨	*
	生产用水量	生产用水量	万吨	*
	工业废水排放	工业废水排放量	万吨	*
	二氧化硫排放	二氧化硫排放量	吨	*
	一般工业固体废物产生量	一般工业固体废物产生量	万吨	*
	老工业污染源治理项目本年投资	老工业污染源治理项目本年完成投资	万元	
	当年完成环保验收项目环保投资	当年完成环保验收项目环保投资	万元	
	城市污水日处理	城市污水日处理能力	万吨	

二、单位与指数化

以上各个指标衡量数据的单位有不同,按照同样的方法,去除单位的影响,将各个指标指数化。如城市工业用电量指数化,各城市2014年的工业用电量数值来自于《江苏统计年鉴》(2015),将工业用电量最多的苏州看成是指数1,换算成各个城市工业用电量指数。其他数据的指数化过程相似,不再赘述。资源利用指数化的结果如下表5-12所示。

表5-12　资源利用指标要素指数

	工业用电量指数	人均日生活用水指数	生产用水量指数	工业废水排放指数	二氧化硫排放指数	一般工业固体废物产生量指数	老工业污染源治理项目本年完成投资指数	当年完成环保验收项目环保投资指数	城市污水日处理指数
南京	0.277	1.000	1.000	0.351	0.624	0.688	1.000	0.863	1.000
无锡	0.457	0.693	0.404	0.351	0.469	0.388	0.889	0.422	0.325

（续表）

	工业用电量指数	人均日生活用水指数	生产用水量指数	工业废水排放指数	二氧化硫排放指数	一般工业固体废物产生量指数	老工业污染源治理项目本年完成投资指数	当年完成环保验收项目环保投资指数	城市污水日处理指数
徐州	0.237	0.439	0.286	0.175	0.666	0.577	0.294	0.148	0.128
常州	0.303	0.734	0.256	0.194	0.209	0.266	0.248	0.119	0.228
苏州	1.000	0.975	0.866	1.000	1.000	1.000	0.839	1.000	0.560
南通	0.233	0.613	0.169	0.257	0.383	0.199	0.948	0.290	0.123
连云港	0.106	0.515	0.095	0.101	0.316	0.242	0.330	0.066	0.054
淮安	0.102	0.494	0.175	0.130	0.279	0.184	0.193	0.077	0.082
盐城	0.200	0.425	0.021	0.284	0.282	0.115	0.001	0.164	0.063
扬州	0.142	0.780	0.095	0.143	0.280	0.124	0.551	0.097	0.104
镇江	0.156	0.742	0.170	0.148	0.342	0.283	0.028	0.049	0.097
泰州	0.173	0.415	0.060	0.120	0.333	0.174	0.267	0.125	0.076
宿迁	0.100	0.443	0.087	0.080	0.158	0.053	0.163	0.174	0.050

　　由表 5-12 资源利用指标要素指数，可以看出 13 个地级市在资源利用方面的差异。在工业用电量方面，苏州工业用电量最多，指数为 1，其余城市与苏州相差很大。无锡工业用电量位居第二位，指数仅为 0.457，大部分地级市工业用电量在 0.1 到 0.3 之间，最少的是宿迁、淮安和连云港，工业用电量指数仅为 0.1 多一点，与苏州差距巨大。下图 5-19 是江苏13 个地级市工业用电量指数的雷达图，各城市间差别明显，苏州工业用电量一家独大，雷达图收缩快，面积并不大。

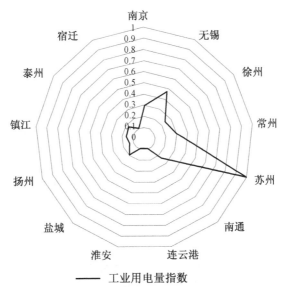

图 5-19　江苏 13 个地级市工业用电量指数雷达图

在人均日生活用水方面,南京人均日生活用水量最多,指数为1,其余城市与南京相差不大。苏州人均日生活用水量位居第二,指数为0.975。其余地级市的人均日生活用水差别不大,指数在0.4到0.6之间,最少的是泰州和盐城,指数分别为0.415和0.425。下图5-20是江苏13个地级市人均日生活用水指数的雷达图,各城市间差别不是很明显,雷达图面积较大。

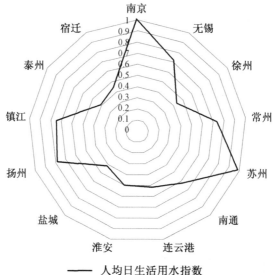

图 5-20　江苏 13 个地级市人均日生活用水指数雷达图

在生产用水方面,南京生产用水量最多,指数为1,苏州生产用水量指数位居第二,为0.866,其余城市与南京、苏州相差较大。无锡生产用水量位居全省第三,指数仅为0.404,其余地级市的生产用水量指数在0.2左右。生产用水量最少的是盐城和泰州,指数分别为0.021和0.06,与其他城市差别很大。下图5-21是江苏13个地级市生产用水量指数的雷达图,除去南京和苏州,各城市生产用水量指数小,雷达图迅速收缩,面积不大。

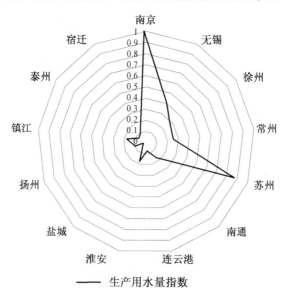

图 5-21　江苏 13 个地级市生产用水量指数雷达图

在工业废水排放方面,苏州工业废水排放量最多,指数为1,其余城市与苏州相差很大。南京和无锡工业废水排放量并列第二,指数仅为0.351。大部分地级市工业废水排放量指数在0.2左右,最少的是宿迁和连云港,工业废水排放量指数仅为0.08和0.101,与苏州差距巨大。下图5-22是江苏13个地级市工业废水排放量指数的雷达图,各城市间差别明显,苏州工业废水排放量一家独大,雷达图收缩快,面积并不大。

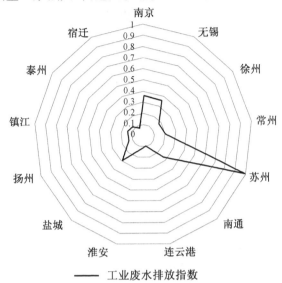

图 5-22　江苏 13 个地级市工业废水排放量指数雷达图

在二氧化硫排放方面,苏州二氧化硫排放量最多,指数为1,其余城市与苏州相差很大。徐州和南京二氧化硫排放量位居第二、第三位,排放量指数分别为0.666和0.624。大部分地级市二氧化硫排放量指数在0.2到0.3之间,二氧化硫排放量指数最小的是宿迁和常州,指数仅为0.158和0.209,与苏州差距巨大。下图5-23是江苏13个地级市二氧化硫排放量指数的雷达图,各城市间差别明显,苏州二氧化硫排放量一家独大,雷达图收缩快,面积并不大。

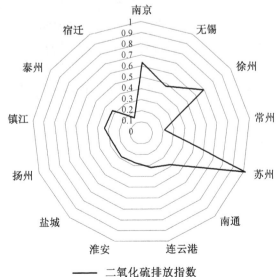

图 5-23　江苏 13 个地级市二氧化硫排放量指数雷达图

在一般工业固体废物产生量方面,苏州一般工业固体废物产生量最多,指数为1,其余城市与苏州相差很大。南京一般工业固体废物产生量指数位居第二,仅为0.688。徐州和无锡生产量指数位居第三和第四位,分别为0.577和0.388。其余地级市一般工业固体废物产生量指数在0.1到0.3之间,宿迁指数最低,为0.053,与苏州差距巨大。下图5-24是江苏13个地级市一般工业固体废物产生量指数的雷达图,各城市间差别明显,苏州一般工业固体废物产生量一家独大,雷达图收缩快,面积并不大。

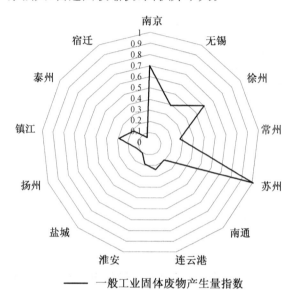

图5-24 江苏13个地级市一般工业固体废物产生量指数雷达图

在老工业污染源治理项目本年完成投资方面,南京老工业污染源治理项目本年完成投资额最多,指数为1,南通完成投资额位居第二,指数为0.948,位于第三位和第四位的分别是无锡和苏州,指数分别为0.889和0.839。其余大部分地级市老工业污染源治理项目本年完成投资指数在0.2到0.3之间,盐城指数最低,为0.001,与苏州差距巨大。下图5-25是江苏13个地级市老工业污染源治理项目本年完成投资指数的雷达图,各城市间差别较明显,南京、南通、无锡和苏州与其他地级市差别明显,雷达图收缩也较快。

在当年完成环保验收项目环保投资方面,苏州当年完成环保验收项目环保投资额最多,指数为1,南京完成投资额位居第二,指数为0.863,位于第三位的是无锡,指数为0.422。其余大部分地级市当年完成环保验收项目环保投资额指数很低,大多在0.1左右,指数最低的两个城市是镇江和连云港,指数分别是0.049和0.066,与苏州差距巨大。下图5-26是江苏13个地级市当年完成环保验收项目环保投资指数的雷达图,各城市间差别较明显,雷达图收缩也较快,雷达图面积不大。

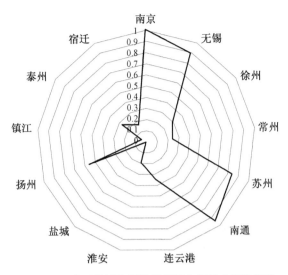

图 5-25　江苏 13 个地级市老工业污染源治理项目本年完成投资指数雷达图

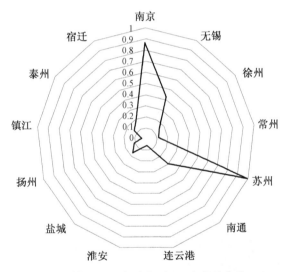

图 5-26　江苏 13 个地级市当年完成环保验收项目环保投资指数雷达图

在城市污水日处理方面,南京城市污水日处理量最大,指数为 1,其余地级市城市污水日处理能力与南京差别较大,苏州位于第二位,指数为 0.56,无锡位于第三位,指数为 0.325,其余地级市污水日处理指数在 0.2 左右,指数最小的是宿迁和连云港,分别为 0.050 和 0.054,与南京差距巨大。图 5-27 是江苏 13 个地级市城市污水日处理指数的雷达图,各城市间差别明显,雷达图收缩很快,雷达图面积小。

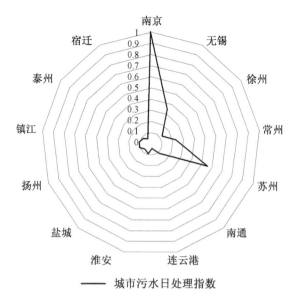

—— 城市污水日处理指数

图 5-27　江苏 13 个地级市城市污水日处理指数雷达图

三、资产与负债的划分

按照表 5-12 所示,是资源利用指标要素的指数换算结果。资源利用系统中的"资产",主要表现为有利于社会发展的资源利用方式,从数据上说是正的,表示越多越好。从表 5-12 可以看出,后三项"老工业污染源治理项目本年完成投资"、"当年完成环保验收项目环保投资"和"城市污水日处理"三项指标都是"资产";资源利用系统中的"负债",主要表现为资源利用不利于可持续发展的方式,从数据上说是负的,数据越大表示资源利用情况越差,从表 5-12 可以看出,"工业用电量"、"人均日生活用水"、"生产用水量"、"工业废水排放"、"二氧化硫排放"和"一般工业固体废物产生量"六项指标都是"负债"。

资源利用系统中的"资源利用指数 1"如表 5-13 所示,是前面六项"负债"指数与后三项"资产"指数的算数平均数,具体公式仍参照公式(1)和(2)。可以看出,在江苏 13 个地级市中,"资源利用指数 1"前所未有地出现了负数,这仅能说明在"资源利用系统"中,"负债"项比较多,"资源利用指数 1"仅进行城市间的比较,不与其他自然条件与环境治理指数、经济条件指数、社会条件指数系统进行横向比较。资源利用指数负值越大,说明城市资源利用状况越差,负值越小,说明城市资源利用状况越好。

继续可以计算"资源利用指数 2",它是所有九项要素加总的算数平均数,作为后续研究的基础数据。

表 5 - 13　资源利用综合指数

	工业用电量指数	人均日生活用水指数	生产用水量指数	工业废水排放指数	二氧化硫排放指数	一般工业固体废物产生量指数	老工业污染源治理项目本年完成投资指数	当年完成环保验收项目环保投资指数	城市污水日处理指数	资源利用综合指数1	资源利用综合指数2
南京	0.277	1.000	1.000	0.351	0.624	0.688	1.000	0.863	1.000	−0.120	3.401
无锡	0.457	0.693	0.404	0.351	0.469	0.388	0.889	0.422	0.325	−0.125	2.199
徐州	0.237	0.439	0.286	0.175	0.666	0.577	0.294	0.148	0.128	−0.201	1.476
常州	0.303	0.734	0.256	0.194	0.209	0.266	0.248	0.119	0.228	−0.152	1.278
苏州	1.000	0.975	0.866	1.000	1.000	1.000	0.839	1.000	0.560	−0.382	4.120
南通	0.233	0.613	0.169	0.257	0.383	0.199	0.948	0.290	0.123	−0.055	1.608
连云港	0.106	0.515	0.095	0.101	0.316	0.242	0.330	0.066	0.054	−0.103	0.912
淮安	0.102	0.494	0.175	0.130	0.279	0.184	0.193	0.077	0.082	−0.112	0.858
盐城	0.200	0.425	0.021	0.284	0.282	0.115	0.001	0.164	0.063	−0.122	0.778
扬州	0.142	0.780	0.095	0.143	0.280	0.124	0.551	0.097	0.104	−0.090	1.158
镇江	0.156	0.742	0.170	0.148	0.342	0.283	0.028	0.049	0.097	−0.185	1.007
泰州	0.173	0.415	0.060	0.120	0.333	0.174	0.267	0.125	0.076	−0.090	0.871
宿迁	0.100	0.443	0.087	0.080	0.158	0.053	0.163	0.174	0.050	−0.059	0.655

四、资源利用综合指数

资源利用综合指数结果如表 5 - 13 中最后两列所示,综合指数 1 是具有统计学意义的,在此只分析"经济条件综合指数 1"。资源利用最好的城市有:南通(−0.055)、宿迁(−0.059)、扬州和泰州(均为−0.090)。资源利用略差的城市是:连云港(−0.103)、淮安(−0.112)、南京(−0.120)、无锡(−0.125)、常州(−0.152)和镇江(−0.185)。资源利用指数最低的城市是徐州(−0.201)和苏州(−0.382)。图5 - 28是江苏 13 个地级市资源利用综合指数 1 的雷达图,可以看出,各地级市资源利用综合指数相差不大,雷达图面积较大。

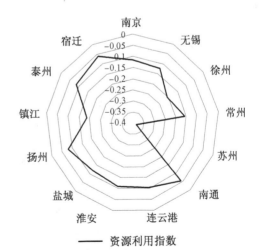

图 5 - 28　江苏 13 个地级市资源利用综合指数 1 雷达图

第六节 江苏 13 个地级市绿色资源资产负债指数总水平

表 5－14 江苏 13 个地级市绿色资源资产负债指数总水平

	自然条件与 环境治理指数	经济条件 指数	社会条件 指数	资源利用 指数	绿色资源资产 负债总水平
南京	0.714	0.505	0.787	−0.12	0.472
无锡	0.467	0.271	0.613	−0.125	0.307
徐州	0.383	0.258	0.568	−0.201	0.252
常州	0.474	0.244	0.539	−0.152	0.276
苏州	0.710	0.432	0.86	−0.382	0.405
南通	0.373	0.265	0.589	−0.055	0.293
连云港	0.334	0.187	0.391	−0.103	0.202
淮安	0.416	0.215	0.408	−0.112	0.232
盐城	0.400	0.198	0.493	−0.122	0.242
扬州	0.369	0.221	0.433	−0.09	0.233
镇江	0.413	0.217	0.453	−0.185	0.225
泰州	0.333	0.209	0.417	−0.09	0.217
宿迁	0.374	0.227	0.348	−0.059	0.223

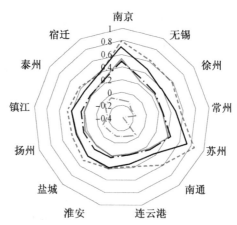

图 5－29 江苏 13 个地级市绿色资源资产负债指数总水平雷达图

　　将表5-4、表5-7、表5-10和表5-13中的"综合指数1",即四大系统换算的指数进行汇总成上表5-14,需要再次强调的是,表15-14仅进行每一系统城市间纵向数值的比较,比较结果已在前面进行说明,不再赘述。不进行自然条件与环境治理、经济条件、社会条件和资源利用条件四大系统的横向对比,因为指数要素中"资产"、"负债"所占的比例严重影响四大系统数值的大小,这样横向的比较主观性强,统计意义不大。

　　图5-29是江苏13个地级市绿色资源资产负债指数总水平的雷达图,包含四大系统的指数水平,此图依然不进行四大指标的横向比较,因为指数要素中"资产"、"负债"所占的比重严重影响四大系统数值的大小,统计意义不明显。此图5-29主要是用来从总体上直观地纵向比较江苏13个地级市的四大指标系统的指数水平,比较城市之间的差别。例如,苏州的自然条件与环境治理指数、经济条件指数和社会条件指数在江苏13个地级市中排名均靠前,但是资源利用指数在13个地级市中很低,这说明苏州经济发展迅速的过程伴随的是高投入的增长模式,面临资源和环境的双重压力,导致自然资源危机。在苏州发展过程中,亟待编制环境保护和资源高效利用总体规划,优化产业结构,建立资源利用和环境逐步改善的良性循环机制,实现可持续发展。

第七节　江苏13个地级市绿色资源资产负债表

　　江苏13个地级市绿色资源资产负债表的编制过程与全国的相同,绿色资源资产负债矩阵的构建、资产和负债的算法基础等与全国的基本相似,本章不再赘述,直接给出矩阵结果。

表5-15　江苏13个地级市自然条件与环境治理资产负债矩阵

	区位	水资源	人口密度	绿化覆盖	无害化日处理能力	污水日处理能力	污水处理率
南京	1	6	7	1	1	1	3
无锡	1	8	1	5	4	3	1
徐州	9	5	4	3	5	5	9
常州	1	9	3	4	3	4	4
苏州	1	1	12	9	2	2	2
南通	6	4	2	6	13	6	7
连云港	9	12	13	13	9	12	13
淮安	9	3	9	10	7	9	10
盐城	9	2	10	12	10	11	12
扬州	6	11	6	2	6	7	5
镇江	1	13	8	7	8	8	7
泰州	6	10	5	11	12	10	11
宿迁	9	7	11	8	11	13	6

表 5-16　江苏 13 个地级市经济条件资产负债矩阵

	生产总值	第三产业生产总值	科研生产总值	第二生产总值	生产总值增长
南京	2	2	1	3	11
无锡	3	3	3	2	13
徐州	5	6	8	6	3
常州	6	5	7	5	8
苏州	1	1	2	1	12
南通	4	4	4	4	6
连云港	12	12	12	13	4
淮安	11	11	11	11	2
盐城	7	8	10	8	10
扬州	8	7	6	7	7
镇江	10	9	5	10	9
泰州	9	10	9	9	5
宿迁	13	13	13	12	1

表 5-17　江苏 13 个地级市社会条件资产负债矩阵

	总人口	文化水平	科技水平	教育水平	城镇生活水平	第三产业占比
南京	3	2	3	1	3	1
无锡	6	4	5	4	2	5
徐州	2	11	2	3	12	3
常州	9	3	7	8	4	9
苏州	1	1	1	2	1	12
南通	4	5	4	5	6	7
连云港	12	12	10	11	11	11
淮安	7	10	12	7	10	8
盐城	5	7	6	6	9	4
扬州	11	9	9	9	8	6
镇江	13	6	11	13	5	2
泰州	10	13	8	12	7	10
宿迁	8	8	13	10	13	13

表 5 - 18 江苏 13 个地级市资源利用资产负债矩阵

	工业用电量	生活用水	生产用水	工业废水排放	二氧化硫排放	工业废物产生量	老工业治理项目本年完成投资	当年完成环保验收项目投资	污水日处理
南京	4	1	1	2	3	2	1	2	1
无锡	2	6	3	3	4	4	3	3	3
徐州	5	11	4	7	2	3	7	7	5
常州	3	5	5	6	12	6	9	9	4
苏州	1	2	2	1	1	1	4	1	2
南通	6	7	8	5	5	8	2	4	6
连云港	11	8	10	12	8	7	6	12	12
淮安	12	9	6	10	11	9	10	11	9
盐城	7	12	13	4	9	12	13	6	11
扬州	10	3	9	9	10	11	5	10	7
镇江	9	4	7	8	6	5	12	13	8
泰州	8	13	12	11	7	10	8	8	10
宿迁	13	10	11	13	13	13	11	5	13

按照第四章全国的算法基础,江苏 13 个地级市四大系统的资产负债情况如下表5-19、5-20、5-21、5-22 所示。

表 5 - 19 江苏 13 个地级市自然条件与环境治理系统资产负债情况

地区	资产	负债
南京	11.143	−2.857
无锡	10.714	−3.286
徐州	8.286	−5.714
常州	10.000	−4.000
苏州	9.857	−4.143
南通	7.714	−6.286
连云港	2.429	−11.571
淮安	5.857	−8.143
盐城	4.571	−9.429
扬州	7.857	−6.143
镇江	6.571	−7.429
泰州	4.714	−9.286
宿迁	4.714	−9.286

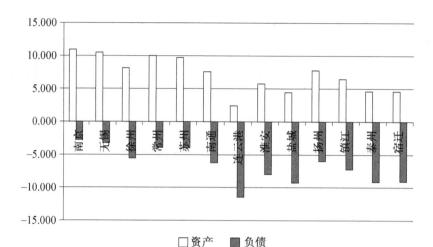

图 5 - 30　江苏 13 个地级市自然条件与环境治理系统资产负债柱形图

　　表 5 - 19 是江苏 13 个地级市自然条件与环境治理系统的资产、负债值,进一步地,为了直观表达各个地级市的资产负债结果,将结果具象为显性的图 5 - 30。可以看出,各个地级市的自然条件与环境治理系统,资产、负债情况呈现相反的结果,例如南京资产值最高,相应的,负债值最低,这是符合经济学规律的。综合来说,在此系统中,资产值高、负债值低的城市有:南京、无锡、常州、苏州,这 4 个城市自然条件与环境治理分值高、效果好;相反,资产值低、负债值高的城市有:连云港、淮安、盐城、泰州、宿迁,这 5 个城市自然条件与环境治理分值低、效果差;剩余 4 个城市资产值和负债值均居中。在自然条件与环境治理系统中,大体呈现的结果是,苏南城市资产值高、负债值低,而苏北城市负债值高、资产值低,苏中城市居中。

表 5 - 20　江苏 13 个地级市经济条件系统资产负债情况

地区	资产	负债
南京	10.200	−3.800
无锡	9.200	−4.800
徐州	8.400	−5.600
常州	7.800	−6.200
苏州	10.600	−3.400
南通	9.600	−4.400
连云港	3.400	−10.600
淮安	4.800	−9.200
盐城	5.400	−8.600
扬州	7.000	−7.000
镇江	5.400	−8.600
泰州	5.600	−8.400
宿迁	3.600	−10.400

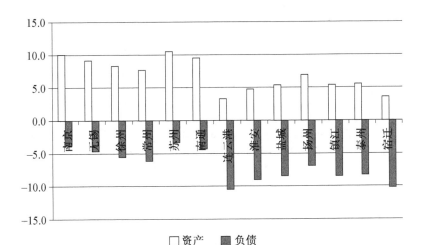

图 5 - 31　江苏 13 个地级市经济条件系统资产负债柱形图

表 5 - 20 是江苏 13 个地级市经济条件的资产、负债值,进一步地,为了直观表达各个地级市的资产负债结果,将结果具象为显性的图 5 - 31。可以看出,各个地级市的经济条件系统,资产、负债情况呈现相反的结果,例如苏州资产值最高,相应的,负债值最低,这是符合经济学规律的。综合来说,在此系统中,资产值高、负债值低的城市有:南京、无锡、苏州、南通,这 4 个城市经济条件分值高、经济总量大;相反,资产值低、负债值高的城市有:连云港、淮安、盐城、宿迁,这 4 个城市经济条件分值低、效果差;剩余 5 个城市资产值和负债值均居中。在经济条件系统中,大体呈现的结果是,苏南城市资产值高、负债值低,而苏北城市负债值高、资产值低,苏中城市居中。

表 5 - 21　江苏 13 个地级市社会条件系统资产负债情况

地区	资产	负债
南京	11.833	−2.167
无锡	9.667	−4.333
徐州	8.500	−5.500
常州	7.333	−6.667
苏州	11.000	−3.000
南通	8.833	−5.167
连云港	2.833	−11.167
淮安	5.000	−9.000
盐城	7.833	−6.167
扬州	5.333	−8.667
镇江	5.667	−8.333
泰州	4.000	−10.000
宿迁	3.167	−10.833

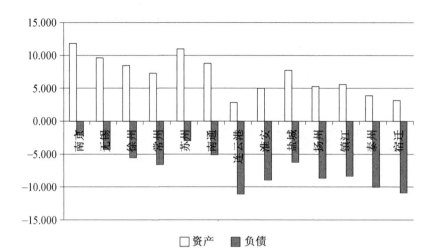

图 5 - 32　江苏 13 个地级市社会条件系统资产负债柱形图

　　表 5 - 21 是江苏 13 个地级市社会条件的资产、负债值,进一步地,为了直观表达各个地级市的资产负债结果,将结果具象为显性的图 5 - 23。可以看出,各个地级市的社会条件系统,资产、负债情况呈现相反的结果,例如南京资产值最高,相应的,负债值最低,这是符合经济学规律的。综合来说,在此系统中,资产值高、负债值低的城市有:南京、无锡、苏州、南通,这 4 个城市社会条件分值高、社会条件好;相反,资产值低、负债值高的城市有:连云港、淮安、泰州、宿迁,这 4 个城市社会条件分值低、社会条件差;剩余 5 个城市资产值和负债值均居中。在社会条件系统中,大体呈现的结果是,苏南城市资产值高、负债值低,而苏北城市负债值高、资产值低,苏中城市居中。

表 5 - 22　江苏 13 个地级市资源利用系统资产负债情况

地区	资产	负债
南京	12.111	−1.889
无锡	10.556	−3.444
徐州	8.333	−5.667
常州	7.444	−6.556
苏州	12.333	−1.667
南通	8.333	−5.667
连云港	4.444	−9.556
淮安	4.333	−9.667
盐城	4.333	−9.667
扬州	5.778	−8.222
镇江	6.000	−8.000
泰州	4.333	−9.667
宿迁	2.667	−11.333

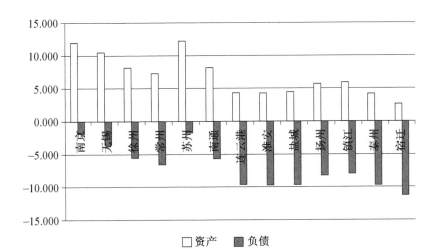

图 5-33 江苏 13 个地级市资源利用系统资产负债柱形图

表 5-22 是江苏 13 个地级市资源利用系统的资产、负债值,进一步地,为了直观表达各个地级市的资产负债结果,将结果具象为显性的图 5-33。可以看出,各个地级市的资源利用系统,资产、负债情况呈现相反的结果,例如苏州资产值最高,相应的,负债值最低,这是符合经济学规律的。综合来说,在此系统中,资产值高、负债值低的城市有:南京、无锡、苏州、南通和徐州,这 5 个城市资源利用分值高、资源利用整体水平高;相反,资产值低、负债值高的城市有:连云港、淮安、盐城、泰州、宿迁,这 5 个城市资源利用分值低、资源利用差;剩余 3 个城市资产值和负债值均居中。在资源利用系统中,大体呈现的结果是,苏南城市资产值高、负债值低,而苏北城市负债值高、资产值低,苏中城市居中。

表 5-23 江苏 13 个地级市绿色资源资产负债情况

地区	资产	负债
南京	11.444	−2.556
无锡	10.148	−3.852
徐州	8.370	−5.630
常州	8.148	−5.852
苏州	11.074	−2.926
南通	8.519	−5.481
连云港	3.370	−10.630
淮安	4.963	−9.037
盐城	5.370	−8.630
扬州	6.444	−7.556
镇江	5.963	−8.037
泰州	4.593	−9.407
宿迁	3.481	−10.519

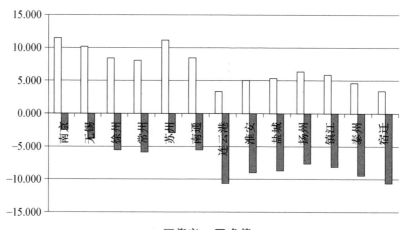

图 5-34 江苏 13 个地级市绿色资源资产负债柱形图

　　将自然条件与环境治理系统、经济条件系统、社会条件系统和资源利用系统四大系统综合,根据赋值得出的江苏 13 个地级市绿色资源的资产负债值总表,如表 5-23 所示,进一步地,为了直观表达各个地级市的绿色资源资产负债结果,将结果具象为显性的图 5-34。可以看出,各个地级市的绿色资源资产和负债情况呈现相反的结果,例如南京资产值最高,相应的,负债值最低,这是符合经济学规律的。综合来说,在此系统中,绿色资源资产值高、负债值低的城市有:南京、苏州、无锡。相反,资产值低、负债值高的城市有连云港、淮安、盐城、泰州、宿迁。剩余 5 个城市资产值和负债值均居中,资产分值由高到低分别是:南通、徐州、常州、扬州和镇江。在绿色资源资产负债的结果中,大体呈现的区域格局是,苏南城市资产值高、负债值低,而苏北城市负债值高、资产值低,苏中城市居中。

　　利用江苏 13 个地级市绿色资源资产负债表,可对各城市的绿色资源资产负债情况做出定量判断。其基本思想是用对应项的相对资产和相对负债相互抵消的净结果,作为各地资产负债的"质"的表征。本研究继续对各地级市四大系统的资产负债进行评估。根据以上阐述的计算方法和公式,在江苏 13 个地级市绿色资源资产负债的基础上,可以继续计算绿色资源资产负债的其他指标。如表 5-24 至表 5-27 所示。

表 5-24　江苏 13 个地级市自然条件与环境治理系统资产负债表

地区	资产	负债	相对资产 (%)	相对负债 (%)	相对净 资产(%)	资产评估 系数	负债评估 系数
南京	11.143	−2.857	85.714	−14.286	71.429	0.857	−0.220
无锡	10.714	−3.286	82.418	−17.582	64.835	0.824	−0.253
徐州	8.286	−5.714	63.736	−36.264	27.473	0.637	−0.440
常州	10.000	−4.000	76.923	−23.077	53.846	0.769	−0.308
苏州	9.857	−4.143	75.824	−24.176	51.648	0.758	−0.319

(续表)

地区	资产	负债	相对资产(%)	相对负债(%)	相对净资产(%)	资产评估系数	负债评估系数
南通	7.714	−6.286	59.341	−40.659	18.681	0.593	−0.484
连云港	2.429	−11.571	18.681	−81.319	−62.637	0.187	−0.890
淮安	5.857	−8.143	45.055	−54.945	−9.890	0.451	−0.626
盐城	4.571	−9.429	35.165	−64.835	−29.670	0.352	−0.725
扬州	7.857	−6.143	60.440	−39.560	20.879	0.604	−0.473
镇江	6.571	−7.429	50.549	−49.451	1.099	0.505	−0.571
泰州	4.714	−9.286	36.264	−63.736	−27.473	0.363	−0.714
宿迁	4.714	−9.286	36.264	−63.736	−27.473	0.363	−0.714

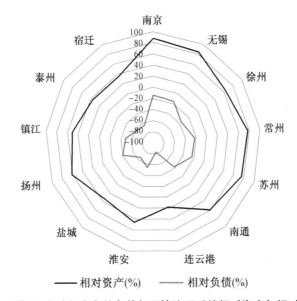

图 5-35　江苏 13 个地级市自然条件与环境治理系统相对资产与相对负债雷达图

　　江苏 13 个地级市自然条件与环境治理系统中,除了资产、负债指标,继续关注相对资产、相对负债、相对净资产、资产评估系数和负债评估系数指标。表 5-24 中的相对资产主要是用来进行不同地级市自然条件与环境治理同一系统中资产相对质量的横向比较,它反映各地级市资产值占最高值 13 的比重。相对负债主要是用来进行不同地级市自然条件与环境治理同一系统中负债相对质量的横向比较,它反映各地级市负债值占最高值 13 的比重。从图 5-35 的雷达图可以看出,自然条件与环境治理系统中相对资产值为正,在外圈;相对负债值为负,在内圈。大部分城市的相对资产大于相对负债的绝对值,说明资产情况高于负债。在此系统中,相对负债绝对值高于资产值的城市有:连云港、淮安、盐城、泰州和宿迁,说明这些城市的自然条件与环境治理系统中以负债为主,情况令人担忧。相对资产雷达图形状与相对负债雷达图形状基本近似,说明一个城市的相对资产值高,相对负债的绝对值就比较小,而相对资产值低,相对负债值负得更多,这是符合经济学规律的。相对资产高、负债低,自然条件与环境治理系统资产高的城市有:南京、无锡、常州、苏州、徐州和扬州,相对资产在60%以上。相对资产和负债居中的城市有:南通、镇江、淮安、泰州、宿迁和盐城,相对资产在30%以上。最差的连云港相对资产值只有18.681%,相对负债值达到-81.319%,自然条件与环境治理系统欠债最多。

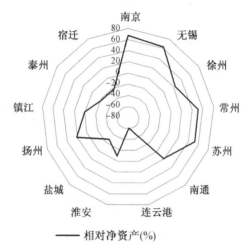

图5-36 江苏13个地级市自然条件与环境系统相对净资产图

相对净资产是资产的比较优势,是系统中相对资产与相对负债之和,反映各个城市在系统中的"比较优势能力",从表5-24和图5-36可以看出,相对净资产为正且在60分以上的城市有:南京(71.429%)和无锡(64.835%)。相对净资产为正且在50分以上的城市有:常州(53.846%)和苏州(51.648%)。区域相对净资产为正且在50分以下的城市有:徐州(27.473%)、扬州(20.879%)、南通(18.681%)和镇江(1.099%)。区域相对净资产为负的城市有:淮安(-9.89%)、泰州(-27.473%)、宿迁(-27.473%)、盐城(-29.670%)和连云港(-62.637%)。自然条件与环境治理系统中的比较优势显而易见。

表5-25 江苏13个地级市经济条件系统资产负债表

地区	资产	负债	相对资产(%)	相对负债(%)	相对净资产(%)	资产评估系数	负债评估系数
南京	10.200	-3.800	78.462	-21.538	56.923	0.785	-0.292
无锡	9.200	-4.800	70.769	-29.231	41.538	0.708	-0.369
徐州	8.400	-5.600	64.615	-35.385	29.231	0.646	-0.431
常州	7.800	-6.200	60.000	-40.000	20.000	0.600	-0.477
苏州	10.600	-3.400	81.538	-18.462	63.077	0.815	-0.262
南通	9.600	-4.400	73.846	-26.154	47.692	0.738	-0.338
连云港	3.400	-10.600	26.154	-73.846	-47.692	0.262	-0.815
淮安	4.800	-9.200	36.923	-63.077	-26.154	0.369	-0.708

（续表）

地区	资产	负债	相对资产（%）	相对负债（%）	相对净资产(%)	资产评估系数	负债评估系数
盐城	5.400	−8.600	41.538	−58.462	−16.923	0.415	−0.662
扬州	7.000	−7.000	53.846	−46.154	7.692	0.538	−0.538
镇江	5.400	−8.600	41.538	−58.462	−16.923	0.415	−0.662
泰州	5.600	−8.400	43.077	−56.923	−13.846	0.431	−0.646
宿迁	3.600	−10.400	27.692	−72.308	−44.615	0.277	−0.800

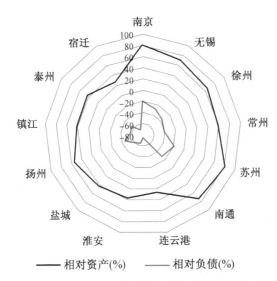

图 5 - 37　江苏 13 个地级市经济条件系统相对资产与相对负债雷达图

　　表 5 - 25 中的相对资产主要是用来进行不同地级市经济条件同一系统中资产相对质量的横向比较,它反映各地级市资产值占最高值 13 的比重。相对负债主要是用来进行不同地级市经济条件同一系统中负债相对质量的横向比较,它反映各地级市负债值占最高值 13 的比重。从图 5 - 37 的雷达图可以看出,经济条件系统中相对资产值为正,在外圈;相对负债值为负,在内圈。大部分城市的相对资产大于相对负债的绝对值,说明资产情况高于负债。在此系统中,相对负债绝对值高于资产值的城市有:连云港、淮安、盐城、镇江、泰州和宿迁,说明这些城市的经济条件系统中以负债为主,情况令人担忧。相对资产雷达图形状与相对负债雷达图形状基本近似,说明一个城市的相对资产值高,相对负债的绝对值比较小,而相对资产值低,相对负债值负得更多,这是符合经济学规律的。相对资产高、负债低,经济条件系统资产高的城市有苏州、南京、南通、无锡、徐州和常州,相对资产在 60% 以上。相对资产和负债居中的城市有扬州、泰州、盐城、镇江、淮安,相对资产在 30% 以上。最差的是连云港和宿迁,相对资产值只有 20% 以上,相对负债值达到 −70% 以上,经济条件系统欠债最多。

　　相对净资产是资产的比较优势,是系统中相对资产与相对负债之和,反映各个城市在系统中的"比较优势能力",从表 5 - 25 和图 5 - 38 中可以看出,相对净资产为正且在 60 分以

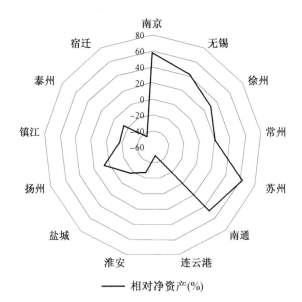

图 5-38　江苏 13 个地级市经济条件系统相对净资产图

上的城市只有苏州(63.077%),南京(56.923%)位居第二位,南通和无锡相对净资产在
40%以上,分别为 47.692% 和 41.538%,相对净资产为正的城市还有徐州(29.231%)、常州
(20.000%)和扬州(7.692%)。剩余 6 个城市的相对净资产为负,分别是泰州(-13.846%)、
盐城(-16.923%)、镇江(-16.923%)、淮安(-26.154%)、宿迁(-44.615%)和连云港
(-47.692%)。经济条件系统中的比较优势显而易见,具有比较优势的城市数量较少。

表 5-26　江苏 13 个地级市社会条件系统资产负债表

地区	资产	负债	相对资产 (%)	相对负债 (%)	相对净资产 (%)	资产评估 系数	负债评估 系数
南京	11.833	-2.167	91.026	-8.974	82.051	0.910	-0.167
无锡	9.667	-4.333	74.359	-25.641	48.718	0.744	-0.333
徐州	8.500	-5.500	65.385	-34.615	30.769	0.654	-0.423
常州	7.333	-6.667	56.410	-43.590	12.821	0.564	-0.513
苏州	11.000	-3.000	84.615	-15.385	69.231	0.846	-0.231
南通	8.833	-5.167	67.949	-32.051	35.897	0.679	-0.397
连云港	2.833	-11.167	21.795	-78.205	-56.410	0.218	-0.859
淮安	5.000	-9.000	38.462	-61.538	-23.077	0.385	-0.692
盐城	7.833	-6.167	60.256	-39.744	20.513	0.603	-0.474
扬州	5.333	-8.667	41.026	-58.974	-17.949	0.410	-0.667
镇江	5.667	-8.333	43.590	-56.410	-12.821	0.436	-0.641
泰州	4.000	-10.000	30.769	-69.231	-38.462	0.308	-0.769
宿迁	3.167	-10.833	24.359	-75.641	-51.282	0.244	-0.833

表 5-26 中的相对资产主要是用来进行不同地级市社会条件同一系统中资产相对质量的横向比较,它反映各地级市资产值占最高值 13 的比重。相对负债主要是用来进行不同地级市社会条件同一系统中负债相对质量的横向比较,它反映各地级市负债值占最高值 13 的比重。从图 5-39 的雷达图可以看出,社会条件系统中相对资产值为正,在外圈;相对负债值为负,在内圈。大部分城市的相对资产大于相对负债的绝对值,说明资产情况高于负债。在此系统中,相对负债绝对值高于资产值的城市有:连云港、淮安、扬州、镇江、泰州和宿迁,说明这些城市的社会条件系统中以负债为主,情况令人担忧。相对资产雷达图形状与相对负债雷达图形状基本近似,说明一个城市的相对资产值高,相对负债的绝对值就比较小,而相对资产值低,相对负债值负得更多,这是符合经济学规律的。相对资产高、负债低,社会条件系统资产高的城市有:南京、苏州、无锡、南通、徐州和盐城,相对资产在 60% 以上。相对资产和负债居中的城市是常州,相对资产在 50% 以上。最差的连云港相对资产值只有21.795%,相对负债值达到 -78.205%,社会条件系统欠债最多。

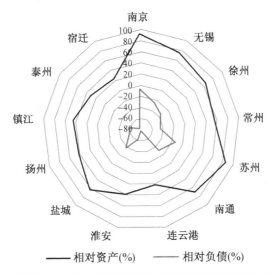

图 5-39　江苏 13 个地级市社会条件系统相对资产与相对负债雷达图

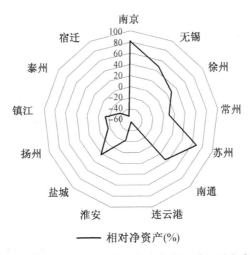

图 5-40　江苏 13 个地级市社会条件系统相对净资产图

　　相对净资产是资产的比较优势,是系统中相对资产与相对负债之和,反映各个城市在系统中的"比较优势能力",从表 5－26 和图 5－40 可以看出,相对净资产为正且在 60 分以上的城市只有南京(82.051%)和苏州(69.231%)。相对净资产为正的城市还有徐州无锡(48.718%)、南通(35.897%)、徐州(30.769%)盐城(20.513%)和常州(12.821%)。剩余 6 个城市的相对净资产为负,分别是镇江(－12.821%)、扬州(－17.949%)、淮安(－23.077%)、泰州(－38.462%)、宿迁(－51.282%)和连云港(－56.410%)。社会条件系统中的比较优势显而易见,具有比较优势的城市数量较少,城市间差距较大。

表 5－27　江苏 13 个地级市资源利用系统资产负债表

地区	资产	负债	相对资产(%)	相对负债(%)	相对净资产(%)	资产评估系数	负债评估系数
南京	12.111	－1.889	93.162	－6.838	86.325	0.932	－0.145
无锡	10.556	－3.444	81.197	－18.803	62.393	0.812	－0.265
徐州	8.333	－5.667	64.103	－35.897	28.205	0.641	－0.436
常州	7.444	－6.556	57.265	－42.735	14.530	0.573	－0.504
苏州	12.333	－1.667	94.872	－5.128	89.744	0.949	－0.128
南通	8.333	－5.667	64.103	－35.897	28.205	0.641	－0.436
连云港	4.444	－9.556	34.188	－65.812	－31.624	0.342	－0.735
淮安	4.333	－9.667	33.333	－66.667	－33.333	0.333	－0.744
盐城	4.333	－9.667	33.333	－66.667	－33.333	0.333	－0.744
扬州	5.778	－8.222	44.444	－55.556	－11.111	0.444	－0.632
镇江	6.000	－8.000	46.154	－53.846	－7.692	0.462	－0.615
泰州	4.333	－9.667	33.333	－66.667	－33.333	0.333	－0.744
宿迁	2.667	－11.333	20.513	－79.487	－58.974	0.205	－0.872

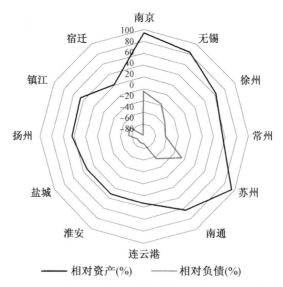

图 5－41　江苏 13 个地级市资源利用系统相对资产与相对负债雷达图

表 5-27 中的相对资产主要是用来进行不同地级市资源利用同一系统中资产相对质量的横向比较,它反映各地级市资产值占最高值 13 的比重。相对负债主要是用来进行不同地级市资源利用同一系统中负债相对质量的横向比较,它反映各地级市负债值占最高值 13 的比重。从图 5-41 的雷达图可以看出,资源利用系统中相对资产值为正,在外圈;相对负债值为负,在内圈。在此系统中,相对负债绝对值高于资产值的城市有:连云港、淮安、盐城、扬州、镇江、泰州和宿迁,说明这些城市的资源利用系统中以负债为主,情况令人担忧。相对资产雷达图形状与相对负债雷达图形状基本近似,说明一个城市的相对资产值高,相对负债绝对值比较小,而相对资产值低,相对负债值负得更多,这是符合经济学规律的。相对资产高、负债低,资源利用系统资产高的城市有:苏州、南京、无锡,相对资产在 80% 以上。相对资产和负债居中的城市有:徐州、南通、常州、镇江、扬州,相对资产在 40% 以上。连云港、淮安、盐城、泰州和宿迁相对资产在 20%—30%,尤其是宿迁,相对资产只有 20% 出头,相对负债值达到近 -80%,资源利用系统欠债最多。

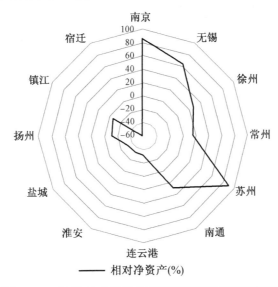

图 5-42 江苏 13 个地级市资源利用系统相对净资产图

相对净资产是资产的比较优势,是系统中相对资产与相对负债之和,反映各个城市在系统中的"比较优势能力",从表 5-27 和图 5-42 可以看出,相对净资产为正且在 60 分以上的城市有苏州(89.744%)、南京(86.325%)和无锡(62.393%)。其余城市相对净资产与这些城市相差较大,相对净资产为正的城市还有徐州(28.205%)、南通(28.205%)和常州(14.530%)。剩余 7 个城市的相对净资产为负,分别是镇江(-7.692%)、扬州(-11.111%)、连云港(31.624%)、淮安(-33.333%)、盐城(-33.333%)、泰州(-33.333%)和宿迁(-58.974%)。资源利用系统中的比较优势显而易见,具有比较优势的城市数量较少,城市间差距较大。

表 5-28　江苏 13 个地级市绿色资源资产负债总表

地区	资产	负债	相对资产（%）	相对负债（%）	相对净资产(%)	资产评估系数	负债评估系数
南京	11.444	−2.556	88.034	−11.966	76.068	0.880	−0.197
无锡	10.148	−3.852	78.063	−21.937	56.125	0.781	−0.296
徐州	8.370	−5.630	64.387	−35.613	28.775	0.644	−0.433
常州	8.148	−5.852	62.678	−37.322	25.356	0.627	−0.450
苏州	11.074	−2.926	85.185	−14.815	70.370	0.852	−0.225
南通	8.519	−5.481	65.527	−34.473	31.054	0.655	−0.422
连云港	3.370	−10.630	25.926	−74.074	−48.148	0.259	−0.818
淮安	4.963	−9.037	38.177	−61.823	−23.647	0.382	−0.695
盐城	5.370	−8.630	41.311	−58.689	−17.379	0.413	−0.664
扬州	6.444	−7.556	49.573	−50.427	−0.855	0.496	−0.581
镇江	5.963	−8.037	45.869	−54.131	−8.262	0.459	−0.618
泰州	4.593	−9.407	35.328	−64.672	−29.345	0.353	−0.724
宿迁	3.481	−10.519	26.781	−73.219	−46.439	0.268	−0.809

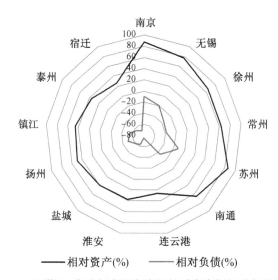

图 5-43　江苏 13 个地级市绿色资源相对资产与相对负债雷达图

　　表 5-28 是江苏 13 个地级市绿色资源资产负债总表,相对资产反映各地级市资产值占最高值 13 的比重,相对负债反映各地级市负债值占最高值 13 的比重。从图 5-43 的雷达图可以看出,13 个地级市绿色资源资产负债中,相对资产值为正,在外圈;相对负债值为负,在内圈。在整体的绿色资源资产负债中,相对负债绝对值高于资产值的城市有:连云港、淮安、盐城、扬州、镇江、泰州和宿迁,说明这些城市的绿色资源资产负债中,以负债为主,情况令人担忧。相对资产雷达图形状与相对负债雷达图形状基本近似,说明一个城市的相对资产值高,相对负债的绝对值比较小,而相对资产值低,相对负债值负得更多,这是符合经济学规律的。相对资产高、负债低,绿色资源资产值高的城市有:南京、苏

州、无锡、南通、徐州、常州,相对资产在 60% 以上。相对资产和负债居中的城市有:扬州、镇江、盐城,相对资产在 40% 以上。淮安、泰州、宿迁和连云港相对资产在 25%—40%,尤其是连云港,相对资产只有 25.926%,相对负债值达到近 −75%,绿色资源负债值最高。

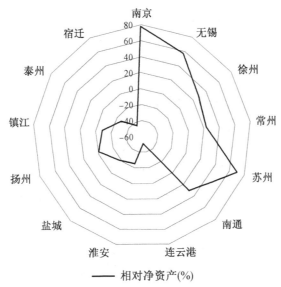

图 5-44　江苏 13 个地级市绿色资源相对净资产雷达图

相对净资产是资产的比较优势,是系统中相对资产与相对负债之和,反映各个城市的"比较优势能力",从表 5-28 和图 5-44 可以看出,相对净资产为正且在 70 分以上的城市有南京(76.086%)和苏州(70.370%)。无锡相对净资产为 56.125%,位居第三。其他城市相对净资产与前三位城市相差较大,相对净资产为正的城市还有南通(31.054%)、徐州(28.775%)和常州(25.356%)。剩余 7 个城市的相对净资产为负,分别是扬州(−0.855%)、镇江(−8.262%)、盐城(−17.379%)、淮安(−23.647)、泰州(−29.345%)、宿迁(−46.439%)和连云港(−48.148)。相对净资产为负,说明相对资产比例小,相对负债比例大,城市绿色资源负债大于资产,绿色资源状况令人担忧。江苏 13 个地级市绿色资源总资产负债表的状况不容乐观,有 7 个城市的相对净资产为负,个别城市负债值远超过资产值,具有比较优势的城市数量较少,城市间差距较大。

第八节　江苏 13 个地级市绿色资源资产负债分析

一、南京绿色资源资产负债分析

南京地处北亚热带,属于我国现代植物资源最丰富、植物种类最繁多的地区,又以山丘、河湖兼备,气候温和,而野生动物资源丰富繁多,其动物种类,足以代表长江下游地区。南京在江苏的植物分布区划上,属于长江南北平原丘陵区,是落叶阔叶林逐步过渡到落叶阔叶、常绿阔叶混交林地区。动物资源随着城市化过程加快从南京城镇及郊区后退的现象相当突出，种类和数量都在减少中。南京境内已知矿种 40 多种，包括铁、锰、铜、铅、锌、锶、硫铁、白云石、石膏、石灰石、粘土等，不仅在江苏位居前列，而且在全国省会城市中引人注目。其中锶储量位居东南亚之首。

南京是中国重要的农业地区和商品粮基地之一。境内低山、丘陵面积较大，主要的经济作物有油菜、棉花、蚕茧、麻类、茶叶、竹木、水果、药材等。近年来，经过产业结构调整，蔬菜、玉米和饲料作物大幅度增长。由于长江两岸水网交织，湖泊密布，水域广阔，水质肥沃，因此，也是中国重要的淡水渔业基地之一。境内仙鹤门的一处地下水源初步查明可采水资源4 万吨/日左右，区域面积达 18 平方公里，是理想的备用水源。天然热水露头(温泉)较为丰富，已知的有江宁汤山，浦口汤泉、琥珀泉、响水泉、珍珠泉，水温 22 ℃—60 ℃，属低中温热水，矿化度 1—2 克/升，为硫酸重碳型水或硫酸盐型水。

表 5－29　南京绿色资源资产负债表

指标		资产		负债		相对资产%		相对负债%		相对净资产%
		要素	指数	要素	指数	要素	指数	要素	指数	
自然条件与环境治理指数	区位	13		−1		100.00		0.00		
	水资源	8		−6		61.54		−38.46		
	人口密度	7		−7		53.85		−46.15		
	城市建成区绿化覆盖率	13	11.14	−1	−2.86	100.00	85.71	0.00	−14.29	71.43
	无害化处理厂日处理能力	13		−1		100.00		0.00		
	城市污水日处理能力	13		−1		100.00		0.00		
	污水处理率	11		−3		84.62		−15.38		
经济条件指数	地区生产总值	12		−2		92.31		−7.69		
	第三产业生产总值	12		−2		92.31		−7.69		
	科研生产总值	13	10.20	−1	−3.80	100.00	78.46	0.00	−21.54	56.92
	第二产业生产总值	11		−3		84.62		−15.38		
	地区生产总值增长	3		−11		23.08		−76.92		
社会条件指数	总人口	11		−3		84.62		−15.38		
	文化水平	12		−2		92.31		−7.69		
	科技水平	11	11.83	−3	−2.17	84.62	91.03	−15.38	−8.97	82.05
	教育水平	13		−1		100.00		0.00		
	城镇生活水平	11		−3		84.62		−15.38		
	第三产业占比	13		−1		100.00		0.00		

（续表）

指标		资产		负债		相对资产%		相对负债%		相对净资产%
		要素	指数	要素	指数	要素	指数	要素	指数	
资源利用指数	工业用电量	10		−4		76.92		−23.08		
	人均日生活用水	13		−1		100.00		0.00		
	生产用水量	13		−1		100.00		0.00		
	工业废水排放	12		−2		92.31		−7.69		
	二氧化硫排放	11		−3		84.62		−15.38		
	一般工业固体废物产生量	12	12.11	−2	−1.89	92.31	93.16	−7.69	−6.84	86.32
	老工业污染源治理项目本年投资	13		−1		100.00		0.00		
	当年完成环保验收项目环保投资	12		−2		92.31		−7.69		
	城市污水日处理	13		−1		100.00		0.00		
绿色资源指数		11.32		−2.68		87.09		−12.91		74.18

（1）自然条件与环境治理指数：资产累计为 11.14，相对资产得分为 85.71%。负债累计为−2.86，相对负债得分为−14.29%。在该大项中，相对净资产得分为 71.43%。

（2）经济条件指数：资产累计为 10.20，相对资产得分为 78.46%。负债累计为−3.80，相对负债得分为−21.54%。在该大项中，相对净资产得分为 56.92%。

（3）社会条件指数：资产累计为 11.83，相对资产得分为 91.03%。负债累计为−2.17，相对负债得分为−8.97%。在该大项中，相对净资产得分为 82.05%。

（4）资源利用指数：资产累计为 12.11，相对资产得分为 93.16%。负债累计为−1.89，相对负债得分为−6.84%。在该大项中，相对净资产得分为 86.32%。

总计上述四大项，总资产累计 11.32，相对资产得分为 87.09%。负债累计为−2.68，相对负债得分为−12.91%。在该大项中，相对净资产得分为 74.18%。

图 5-45 是南京绿色资源资产负债雷达图。从相对资产来看，南京四大系统指数整体较为平衡，指数水平较高。资源利用和社会条件指数在四大系统中相对较高，具有比较优势，自然条件与环境治理指数紧随其后，和经济条件指数一道，还具有提升的空间。从相对负债来看，负债水平整体不高，在四大系统中，经济条件的负债指数绝对值高，是南京的比较劣势系统，具有较大幅度的提升空间。

图 5-46 是南京绿色资源相对净资产图，可以看到，在四大系统中，南京的资源利用指数最高，其次是社会条件指数，自然条件与环境治理指数尚可，经济条件指数还有提升的空间，与优势地区相差较大。

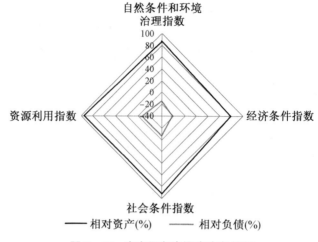

图 5‒45　南京绿色资源资产负债图

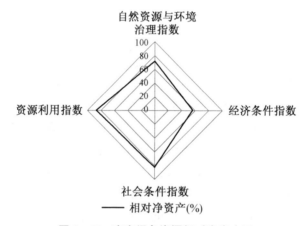

图 5‒46　南京绿色资源相对净资产图

二、无锡绿色资源资产负债分析

无锡位于北纬 31°7′—32°2′,东经 119°33′—120°38′,长江三角洲江湖间走廊部分,江苏东南部。东邻苏州,距上海 128 公里;南濒太湖,与浙江交界;西接常州,距南京 183 公里;北临长江,与泰州所辖的靖江隔江相望。无锡为江苏辖市,具有开采价值的矿产资源主要是粘土矿、石灰石、大理石等非金属矿。无锡除栽培植物外,拥有自然分布于地区内以及外来归化的野生植物共 141 科、497 属、950 种、75 变种。

表 5－30　无锡绿色资源资产负债表

指标		资产		负债		相对资产%		相对负债%		相对净资产%
		要素	指数	要素	指数	要素	指数	要素	指数	
自然条件与环境治理指数	区位	13		－1		100.00		0.00		
	水资源	6		－8		46.15		－53.85		
	人口密度	13		－1		100.00		0.00		
	城市建成区绿化覆盖率	9		－5		69.23		－30.77		
			10.71		－3.29		82.42		－17.58	64.84
	无害化处理厂日处理能力	10		－4		76.92		－23.08		
	城市污水日处理能力	11		－3		84.62		－15.38		
	污水处理率	13		－1		100.00		0.00		
经济条件指数	地区生产总值	11		－3		84.62		－15.38		
	第三产业生产总值	11		－3		84.62		－15.38		
	科研生产总值	11	9.20	－3	－4.80	84.62	70.77	－15.38	－29.23	41.54
	第二产业生产总值	12		－2		92.31		－7.69		
	地区生产总值增长	1		－13		7.69		－92.31		
社会条件指数	总人口	8		－6		61.54		－38.46		
	文化水平	10		－4		76.92		－23.08		
	科技水平	9	9.67	－5	－4.33	69.23	74.36	－30.77	－25.64	48.72
	教育水平	10		－4		76.92		－23.08		
	城镇生活水平	12		－2		92.31		－7.69		
	第三产业占比	9		－5		69.23		－30.77		
资源利用指数	工业用电量	12		－2		92.31		－7.69		
	人均日生活用水	8		－6		61.54		－38.46		
	生产用水量	11		－3		84.62		－15.38		
	工业废水排放	11		－3		84.62		－15.38		
	二氧化硫排放	10	10.56	－4	－3.44	76.92	81.20	－23.08	－18.80	62.39
	一般工业固体废物产生量	10		－4		76.92		－23.08		
	老工业污染源治理项目本年投资	11		－3		84.62		－15.38		

（续表）

指标		资产		负债		相对资产%		相对负债%		相对净资产%
		要素	指数	要素	指数	要素	指数	要素	指数	
	当年完成环保验收项目环保投资	11		−3		84.62		−15.38		
	城市污水日处理	11		−3		84.62		−15.38		
绿色资源指数		10.03		−3.97		77.19		−22.81		54.37

（1）自然条件与环境治理指数：资产累计为10.71，相对资产得分为82.42%。负债累计为−3.29，相对负债得分为−17.58%。在该大项中，相对净资产得分为64.84%。

（2）经济条件指数：资产累计为9.20，相对资产得分为70.77%。负债累计为−4.80，相对负债得分为−29.23%。在该大项中，相对净资产得分为41.54%。

（3）社会条件指数：资产累计为9.67，相对资产得分为74.36%。负债累计为−4.33，相对负债得分为−25.64%。在该大项中，相对净资产得分为48.72%。

（4）资源利用指数：资产累计为10.56，相对资产得分为81.20%。负债累计为−3.44，相对负债得分为−18.80%。在该大项中，相对净资产得分为62.39%。

总计上述四大项，总资产累计为10.03，相对资产得分为77.19%。负债累计为−3.97，相对负债得分为−22.81%。在该大项中，相对净资产得分为54.37%。

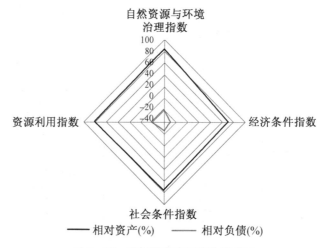

图5-47　无锡绿色资源资产负债图

图5-47是无锡绿色资源资产负债雷达图。从相对资产来看，无锡四大系统指数整体较为平衡，指数水平较高。自然条件和环境治理、资源利用指数在四大系统中相对较高，具有比较优势，经济条件和社会条件指数相差不大，具有提升的空间。从相对负债来看，负债水平整体不高，其中经济条件、社会条件的负债指数绝对值高，这两大系统是比较劣势系统，具有较大幅度的提升空间。

图5-48是无锡绿色资源相对净资产图，可以看到，在四大系统中，无锡的自然条件与环境治理指数最高，其次是资源利用指数，社会条件指数、经济条件指数还有提升的空间，与

优势地区相差较大。

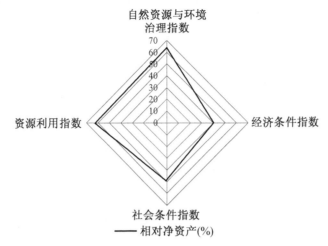

图 5－48 无锡绿色资源相对净资产图

三、徐州绿色资源资产负债分析

徐州,简称徐,江苏辖市,地处江苏西北部、华北平原的东南部,长江三角洲北翼,北倚微山湖,西连萧县,东临连云港,南接宿迁,京杭大运河从中穿过,陇海、京沪两大铁路干线在徐州交汇,素有"五省通衢"之称。徐州地形以平原为主,平原面积约占全市面积的90%,属暖温带半湿润季风气候,四季分明。徐州是资源富集且组合条件优越的地区之一,中国重要的煤炭产地、华东地区的电力基地。煤、铁、钛、石灰石、大理石、石英石等30多种矿产储量大、品位高。

表 5－31 徐州绿色资源资产负债表

指标		资产		负债		相对资产%		相对负债%		相对净资产%
		要素	指数	要素	指数	要素	指数	要素	指数	
自然条件与环境治理指数	区位	5		－9		38.46		－61.54		
	水资源	9		－5		69.23		－30.77		
	人口密度	10		－4		76.92		－23.08		
	城市建成区绿化覆盖率	11	8.29	－3	－5.71	84.62	63.74	－15.38	－36.26	27.47
	无害化处理厂日处理能力	9		－5		69.23		－30.77		
	城市污水日处理能力	9		－5		69.23		－30.77		
	污水处理率	5		－9		38.46		－61.54		

（续表）

指标		资产		负债		相对资产%		相对负债%		相对净资产%
		要素	指数	要素	指数	要素	指数	要素	指数	
经济条件指数	地区生产总值	9	8.40	−5	−5.60	69.23	64.62	−30.77	−35.38	29.23
	第三产业生产总值	8		−6		61.54		−38.46		
	科研生产总值	6		−8		46.15		−53.85		
	第二产业生产总值	8		−6		61.54		−38.46		
	地区生产总值增长	11		−3		84.62		−15.38		
社会条件指数	总人口	12	8.50	−2	−5.50	92.31	65.38	−7.69	−34.62	30.77
	文化水平	3		−11		23.08		−76.92		
	科技水平	12		−2		92.31		−7.69		
	教育水平	11		−3		84.62		−15.38		
	城镇生活水平	2		−12		15.38		−84.62		
	第三产业占比	11		−3		84.62		−15.38		
资源利用指数	工业用电量	9	8.33	−5	−5.67	69.23	64.10	−30.77	−35.90	28.21
	人均日生活用水	3		−11		23.08		−76.92		
	生产用水量	10		−4		76.92		−23.08		
	工业废水排放	7		−7		53.85		−46.15		
	二氧化硫排放	12		−2		92.31		−7.69		
	一般工业固体废物产生量	11		−3		84.62		−15.38		
	老工业污染源治理项目本年投资	7		−7		53.85		−46.15		
	当年完成环保验收项目环保投资	7		−7		53.85		−46.15		
	城市污水日处理	9		−5		69.23		−30.77		
绿色资源指数		8.38		−5.62		64.46		−35.54		28.92

（1）自然条件与环境治理指数：资产累计为 8.29，相对资产得分为 63.74%。负债累计为 −5.71，相对负债得分为 −36.26%。在该大项中，相对净资产得分为 27.47%。

（2）经济条件指数：资产累计为 8.40，相对资产得分为 64.62%。负债累计为 −5.60，相对负债得分为 −35.38%。在该大项中，相对净资产得分为 29.23%。

（3）社会条件指数：资产累计为 8.50，相对资产得分为 65.38%。负债累计为 −5.50，相对负债得分为 −34.62%。在该大项中，相对净资产得分为 30.77%。

（4）资源利用指数：资产累计为 8.33，相对资产得分为 64.10%。负债累计为 −5.67，相对负债得分为 −35.90%。在该大项中，相对净资产得分为 28.21%。

　　总计上述四大项,总资产累计为 8.38,相对资产得分为 64.46%。负债累计为 −5.62,相对负债得分为 −35.54%。在该大项中,相对净资产得分为 28.92%。

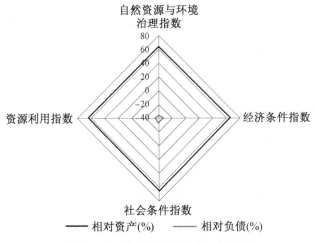

图 5–49　徐州绿色资源资产负债图

　　图 5–49 是徐州绿色资源资产负债雷达图。从相对资产来看,徐州四大系统指数整体平衡,指数水平较高。自然条件和环境治理指数、经济条件指数、社会条件指数和资源利用指数相差不大,但均有提升的空间。从相对负债来看,负债水平整体居中,相差不大,自然条件与环境治理的负债指数绝对值较其他三个系统略高,是比较劣势系统,具有提升空间。

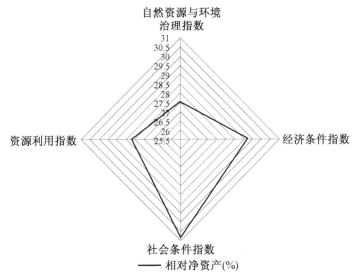

图 5–50　徐州绿色资源相对净资产图

　　图 5–50 是徐州绿色资源相对净资产图,可以看到,在四大系统中,无锡的社会条件指数净资产值略高,其他三大系统指数的净资产值相差不大,但存在提升的空间,与优势地区差距较大。

四、常州绿色资源资产负债分析

常州位于北纬31°09′—32°04′、东经119°08′—120°12′,地处长江下游南岸,太湖流域水网平原,位于江苏南部,长江三角洲中心地带,北携长江,南衔太湖,东望东海,与上海、南京、杭州皆等距相邻,扼江南地理要冲,与苏州、无锡联袂成片。常州地貌类型属高沙平原、山丘平圩兼有。南为天目山余脉,西为茅山山脉,北为宁镇山脉尾部,中部和东部为宽广的平原、圩区。常州属于北亚热带海洋性气候,常年气候温和,雨量充沛,四季分明。常见的裸子、被子植物门所属植物有1000余种,分属100多科。丘陵山区拥有丰富的自然植被,森林覆盖率达70%,溧阳有木本树260多种,活立木蓄积量60.96万立方米,被列为江苏林特产重点基地之一。盛产毛竹、江竹、淡竹、石竹的南部山区,素以"竹海"著称,竹产量居江苏第二。常州山区丘陵资源丰富,物产繁茂。山地构成的岩石,主要是石英砂岩、页岩、砾岩,其次为大理岩、花岗岩、玄武岩等,都是良好的建筑材料。

表5-32 常州绿色资源资产负债表

指标		资产		负债		相对资产%		相对负债%		相对净资产%
		要素	指数	要素	指数	要素	指数	要素	指数	
自然条件与环境治理指数	区位	13	10.00	—1	—4.00	100.00	76.92	0.00	—23.08	53.85
	水资源	5		—9		38.46		—61.54		
	人口密度	11		—3		84.62		—15.38		
	城市建成区绿化覆盖率	10		—4		76.92		—23.08		
	无害化处理厂日处理能力	11		—3		84.62		—15.38		
	城市污水日处理能力	10		—4		76.92		—23.08		
	污水处理率	10		—4		76.92		—23.08		
经济条件指数	地区生产总值	8	7.80	—6	—6.20	61.54	60.00	—38.46	—40.00	20.00
	第三产业生产总值	9		—5		69.23		—30.77		
	科研生产总值	7		—7		53.85		—46.15		
	第二产业生产总值	9		—5		69.23		—30.77		
	地区生产总值增长	6		—8		46.15		—53.85		
社会条件指数	总人口	5	7.33	—9	—6.67	38.46	56.41	—61.54	—43.59	12.82
	文化水平	11		—3		84.62		—15.38		
	科技水平	7		—7		53.85		—46.15		
	教育水平	6		—8		46.15		—53.85		
	城镇生活水平	10		—4		76.92		—23.08		
	第三产业占比	5		—9		38.46		—61.54		

(续表)

指标		资产		负债		相对资产%		相对负债%		相对净资产%
		要素	指数	要素	指数	要素	指数	要素	指数	
资源利用指数	工业用电量	11		−3		84.62		−15.38		
	人均日生活用水	9		−5		69.23		−30.77		
	生产用水量	9		−5		69.23		−30.77		
	工业废水排放	8		−6		61.54		−38.46		
	二氧化硫排放	2		−12		15.38		−84.62		
	一般工业固体废物产生量	8	7.44	−6	−6.56	61.54	57.26	−38.46	−42.74	14.53
	老工业污染源治理项目本年投资	5		−9		38.46		−61.54		
	当年完成环保验收项目环保投资	5		−9		38.46		−61.54		
	城市污水日处理	10		−4		76.92		−23.08		
绿色资源指数		8.14		−5.86		62.65		−37.35		25.30

(1) 自然条件与环境治理指数:资产累计为 10.00,相对资产得分为 76.92%。负债累计为−4.00,相对负债得分为−23.08%。在该大项中,相对净资产得分为 53.85%。

(2) 经济条件指数:资产累计为 7.80,相对资产得分为 60.00%。负债累计为−6.20,相对负债得分为−40.00%。在该大项中,相对净资产得分为 20.00%。

(3) 社会条件指数:资产累计为 7.33,相对资产得分为 56.41%。负债累计为−6.67,相对负债得分为−43.59%。在该大项中,相对净资产得分为 12.82%。

(4) 资源利用指数:资产累计为 7.44,相对资产得分为 57.26%。负债累计为−6.56,相对负债得分为−42.74%。在该大项中,相对净资产得分为 14.53%。

总计上述四大项,总资产累计为 8.14,相对资产得分为 62.65%。负债累计为−5.86,相对负债得分为−37.35%。在该大项中,相对净资产得分为 25.30%。

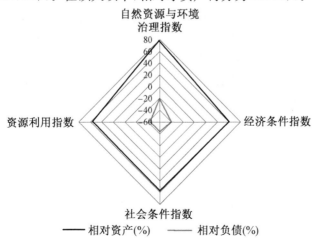

图 5−51　常州绿色资源资产负债图

图 5 - 51 是常州绿色资源资产负债雷达图。从相对资产来看,常州四大系统指数整体不平衡,指数水平居中。自然条件与环境治理指数在四大系统中相对较高,具有比较优势,经济条件指数、资源利用指数和社会条件指数相差不大,具有提升的空间。从相对负债来看,负债水平整体居中,社会条件、资源利用和经济条件系统的负债指数相差不大,绝对值较高,这三个系统是比较劣势系统,具有较大幅度的提升空间。

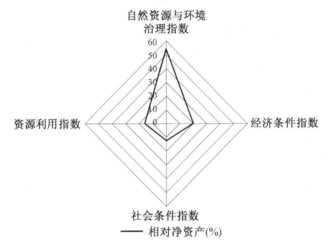

图 5 - 52　常州绿色资源相对净资产图

图 5 - 52 是常州绿色资源相对净资产图,可以看到,在四大系统中,常州的自然条件与环境治理指数净资产值很高,较其他三大系统指数的净资产值经济条件指数略好,其余相差不大,均存在提升的空间,与优势地区差距较大。

五、苏州绿色资源资产负债分析

苏州位于江苏南部,东临上海,南接浙江,西抱太湖,北依长江。苏州区中心地理坐标为北纬 31°19′,东经 120°37′。全市地势低平,平原占总面积的 55%,苏州分别隶属于两个一级的自然地理区:长江三角洲平原地区和太湖平原地区,分属于 4 个二级自然区:沿江平原沙洲区、苏锡平原区、太湖及湖滨丘陵区、阳澄淀泖低地区。地貌特征以平缓平原为主,全市地势低平,自西向东缓慢倾斜,平原的海拔高度 3—4 米,阳澄湖和吴江一带仅 2 米左右。苏州水网密布,土地肥沃,主要种植水稻、麦子、油菜,出产棉花、蚕桑、林果,特产有碧螺春茶叶、长江刀鱼、太湖三白(白鱼、银鱼和白虾)、阳澄湖大闸蟹等。苏州地区河网密布,周围是全国著名的水稻高产区,农业发达,有"水乡泽国"、"天下粮仓"、"鱼米之乡"之称。自宋以来有"苏湖熟,天下足"的美誉。主要种植水稻、麦子、油菜,出产棉花、蚕桑、林果,特产有碧螺春茶叶、长江刀鱼、太湖银鱼、阳澄湖大闸蟹等。

表 5-33 苏州绿色资源资产负债表

指标		资产		负债		相对资产%		相对负债%		相对净资产%
		要素	指数	要素	指数	要素	指数	要素	指数	
自然条件与环境治理指数	区位	13		−1		100.00		0.00		
	水资源	13		−1		100.00		0.00		
	人口密度	2		−12		15.38		−84.62		
	城市建成区绿化覆盖率	5	9.86	−9	−4.14	38.46	75.82	−61.54	−24.18	51.65
	无害化处理厂日处理能力	12		−2		92.31		−7.69		
	城市污水日处理能力	12		−2		92.31		−7.69		
	污水处理率	12		−2		92.31		−7.69		
经济条件指数	地区生产总值	13		−1		100.00		0.00		
	第三产业生产总值	13		−1		100.00		0.00		
	科研生产总值	12	10.60	−2	−3.40	92.31	81.54	−7.69	−18.46	63.08
	第二产业生产总值	13		−1		100.00		0.00		
	地区生产总值增长	2		−12		15.38		−84.62		
社会条件指数	总人口	13		−1		100.00		0.00		
	文化水平	13		−1		100.00		0.00		
	科技水平	13	11.00	−1	−3.00	100.00	84.62	0.00	−15.38	69.23
	教育水平	12		−2		92.31		−7.69		
	城镇生活水平	13		−1		100.00		0.00		
	第三产业占比	2		−12		15.38		−84.62		
资源利用指数	工业用电量	13		−1		100.00		0.00		
	人均日生活用水	12		−2		92.31		−7.69		
	生产用水量	12		−2		92.31		−7.69		
	工业废水排放	13		−1		100.00		0.00		
	二氧化硫排放	13	12.33	−1	−1.67	100.00	94.87	0.00	−5.13	89.74
	一般工业固体废物产生量	13		−1		100.00		0.00		
	老工业污染源治理项目本年投资	10		−4		76.92		−23.08		
	当年完成环保验收项目环保投资	13		−1		100.00		0.00		
	城市污水日处理	12		−2		92.31		−7.69		
绿色资源指数		10.95		−3.05		84.21		−15.79		68.42

（1）自然条件与环境治理指数：资产累计为 9.86，相对资产得分为 75.82％。负债累计为 —4.14，相对负债得分为 —24.18％。在该大项中，相对净资产得分为 51.65％。

（2）经济条件指数：资产累计为 10.60，相对资产得分为 81.54％。负债累计为 —3.40，相对负债得分为 —18.46％。在该大项中，相对净资产得分为 63.08％。

（3）社会条件指数：资产累计为 11.00，相对资产得分为 84.62％。负债累计为 —3.00，相对负债得分为 —15.38％。在该大项中，相对净资产得分为 69.23％。

（4）资源利用指数：资产累计为 12.33，相对资产得分为 94.87％。负债累计为 —1.67，相对负债得分为 —5.13％。在该大项中，相对净资产得分为 89.74％。

总计上述四大项，总资产累计为 10.95，相对资产得分为 84.21％。负债累计为 —3.05，相对负债得分为 —15.79％。在该大项中，相对净资产得分为 68.42％。

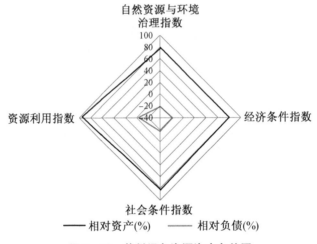

图 5 - 53　苏州绿色资源资产负债图

图 5 - 53 是苏州绿色资源资产负债雷达图。从相对资产来看，苏州四大系统指数整体较为平衡，指数水平总体较高。资源利用指数在四大系统中相对较高，具有比较优势，其他系统指数得分也不低，经济条件系统和社会条件系统均具有比较优势。从相对负债来看，负债水平总体不高，自然条件与环境治理的负债指数绝对值高，这一系统是苏州的比较劣势系统，具有较大幅度的提升空间。

图 5 - 54 是苏州绿色资源相对净资产图，可以看到，在四大系统中，苏州的资源利用指数是最高的，自然条件与环境治理指数最低，社会条件和经济条件指数居中，在自然条件与环境治理方面，存在提升的空间，与优势地区差距较大。

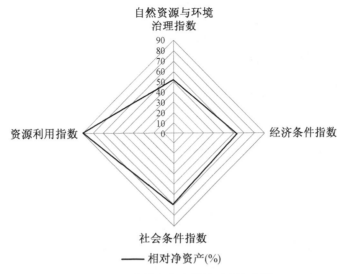

图 5-54　苏州绿色资源相对净资产图

六、南通绿色资源资产负债分析

南通地处北纬 31°41′—32°43′、东经 120°12′—121°55′,属北亚热带和暖温带季风气候,光照充足,雨水充沛,四季分明,温和宜人。

南通集"黄金海岸"与"黄金水道"优势于一身,拥有长江岸线 226 公里,其中可建万吨级深水泊位的岸线 30 多公里;拥有海岸线 210 公里,其中可建 5 万吨级以上深水泊位的岸线 40 多公里。全市海岸带面积 1.3 万平方公里,沿海滩涂 21 万公顷,是我国沿海地区土地资源最丰富的地区之一。已探明的矿产资源主要有铁矿、石油、天然气、煤、大理石等。全市耕地总面积 700 万亩,土壤肥沃,适种范围广,盛产水稻、蚕茧、棉花、油料等作物。水产资源十分丰富,是全国文蛤、紫菜、河鳗、沙蚕、对虾的出口创汇基地。吕四渔场是全国四大渔场、世界九大渔场之一。

表 5-34　南通绿色资源资产负债表

指标		资产		负债		相对资产%		相对负债%		相对净资产%
		要素	指数	要素	指数	要素	指数	要素	指数	
自然条件与环境治理指数	区位	8	7.71	—6	—6.29	61.54	59.34	—38.46	—40.66	18.68
	水资源	10		—4		76.92		—23.08		
	人口密度	12		—2		92.31		—7.69		
	城市建成区绿化覆盖率	8		—6		61.54		—38.46		
	无害化处理厂日处理能力	1		—13		7.69		—92.31		
	城市污水日处理能力	8		—6		61.54		—38.46		
	污水处理率	7		—7		53.85		—46.15		

(续表)

指标		资产		负债		相对资产%		相对负债%		相对净资产%
		要素	指数	要素	指数	要素	指数	要素	指数	
经济条件指数	地区生产总值	10		−4		76.92		−23.08		
	第三产业生产总值	10		−4		76.92		−23.08		
	科研生产总值	10	9.60	−4	−4.40	76.92	73.85	−23.08	−26.15	47.69
	第二产业生产总值	10		−4		76.92		−23.08		
	地区生产总值增长	8		−6		61.54		−38.46		
社会条件指数	总人口	10		−4		76.92		−23.08		
	文化水平	9		−5		69.23		−30.77		
	科技水平	10	8.83	−4	−5.17	76.92	67.95	−23.08	−32.05	35.90
	教育水平	9		−5		69.23		−30.77		
	城镇生活水平	8		−6		61.54		−38.46		
	第三产业占比	7		−7		53.85		−46.15		
资源利用指数	工业用电量	8		−6		61.54		−38.46		
	人均日生活用水	7		−7		53.85		−46.15		
	生产用水量	6		−8		46.15		−53.85		
	工业废水排放	9		−5		69.23		−30.77		
	二氧化硫排放	9		−5		69.23		−30.77		
	一般工业固体废物产生量	6	8.33	−8	−5.67	46.15	64.10	−53.85	−35.90	28.21
	老工业污染源治理项目本年投资	12		−2		92.31		−7.69		
	当年完成环保验收项目环保投资	10		−4		76.92		−23.08		
	城市污水日处理	8		−6		61.54		−38.46		
绿色资源指数		8.62		−5.38		66.31		−33.69		32.62

(1) 自然条件与环境治理指数:资产累计为7.71,相对资产得分为59.34%。负债累计为−6.29,相对负债得分为−40.66%。在该大项中,相对净资产得分为18.68%。

(2) 经济条件指数:资产累计为9.60,相对资产得分为73.85%。负债累计为−4.40,相对负债得分为−26.15%。在该大项中,相对净资产得分为47.69%。

(3) 社会条件指数:资产累计为8.83,相对资产得分为67.95%。负债累计为−5.17,相对负债得分为−32.05%。在该大项中,相对净资产得分为35.90%。

(4) 资源利用指数:资产累计为8.33,相对资产得分为64.10%。负债累计为−5.67,相对负债得分为−35.90%。在该大项中,相对净资产得分为28.21%。

总计上述四大项,总资产累计为8.62,相对资产得分为66.31%。负债累计为−5.38,

相对负债得分为－33.69％。在该大项中,相对净资产得分为32.62％。

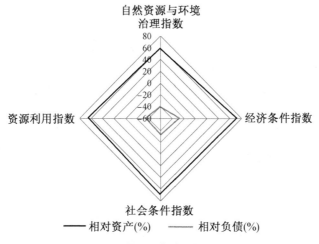

图 5－55　南通绿色资源资产负债图

　　图 5－55 是南通绿色资源资产负债雷达图。从相对资产来看,南通四大系统指数整体较为平衡,指数水平居中。经济条件、社会条件和资源利用指数在四大系统中相对较高,具有比较优势,自然条件与环境治理指数相比较略小,具有提升的空间。从相对负债来看,负债水平整体居中,自然条件与环境治理的负债指数绝对值高,这一系统是比较劣势系统,具有较大幅度的提升空间。

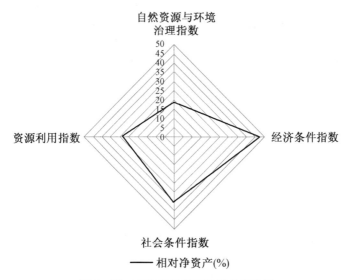

图 5－56　南通绿色资源相对净资产图

　　图 5－56 是南通绿色资源相对净资产图,可以看到,在四大系统中,南通的经济条件指数是最高的,自然条件与环境治理指数最低,社会条件和经济条件指数居中,在自然条件与环境治理方面,存在提升的空间,与优势地区差距较大。

七、连云港绿色资源资产负债分析

连云港位于鲁中南丘陵与淮北平原的结合部,陇海铁路终点(亚欧大陆桥东方桥头堡),东濒黄海,与朝鲜、韩国、日本隔海相望;北与山东郯城、临沭、莒南、日照等县市接壤;西与徐州新沂、宿迁沭阳县毗邻;南与淮安涟水、盐城响水两县相连。连云港自然资源丰富,其中,农业、海洋、矿产资源优势尤其明显。连云港是国家重要的粮棉油、林果、蔬菜等农副产品生产基地,盛产水稻、小麦、棉花、大豆和花生,云台山的云雾茶为江苏三大名茶之一。拥有全国八大渔场之一的海州湾渔场、全国四大海盐产区之一的淮北盐场、全国最大的紫菜养殖加工基地、河蟹育苗基地和对虾养殖基地。前三岛海区为江苏唯一的海珍品基地,赣榆县是中国沿海海水养殖名县,拥有全省唯一的海洋经济开发区。拥有矿产资源共计40余种,主要有海盐、磷矿、金红石、蛇纹石、水晶、石英以及大理石等。淮北盐场为全国四大海盐产区之一。锦屏磷矿为全国六大磷矿之一。东海县的金红石矿储量达250多万吨,是目前国内发现的最大的金红石矿。蛇纹石矿的开发已成为上海宝钢的重点配套工程。东海县硅储量达6亿吨以上,水晶质量、产量居全国之首,被国家工艺美术协会授予"中国水晶之都"称号。赣榆县班庄雪花白大理石全国最优。现已初步勘探出黄海大陆蕴藏丰富的海底石油。珊瑚菜、金镶玉竹为江苏珍稀名贵特产。葡萄、山楂、草莓、芦笋、板栗、西瓜、苹果、烟草也颇负盛名。

表 5－35 连云港绿色资源资产负债表

指标		资产		负债		相对资产%		相对负债%		相对净资产%
		要素	指数	要素	指数	要素	指数	要素	指数	
自然条件与环境治理指数	区位	5		－9		38.46		－61.54		
	水资源	2		－12		15.38		－84.62		
	人口密度	1		－13		7.69		－92.31		
	城市建成区绿化覆盖率	1	2.43	－13	－11.57	7.69	18.68	－92.31	－81.32	－62.64
	无害化处理厂日处理能力	5		－9		38.46		－61.54		
	城市污水日处理能力	2		－12		15.38		－84.62		
	污水处理率	1		－13		7.69		－92.31		
经济条件指数	地区生产总值	2		－12		15.38		－84.62		
	第三产业生产总值	2		－12		15.38		－84.62		
	科研生产总值	2	3.40	－12	－10.60	15.38	26.15	－84.62	－73.85	－47.69
	第二产业生产总值	1		－13		7.69		－92.31		
	地区生产总值增长	10		－4		76.92		－23.08		

(续表)

指标		资产		负债		相对资产%		相对负债%		相对净资产%
		要素	指数	要素	指数	要素	指数	要素	指数	
社会条件指数	总人口	2	2.83	−12	−11.17	15.38	21.79	−84.62	−78.21	−56.41
	文化水平	2		−12		15.38		−84.62		
	科技水平	4		−10		30.77		−69.23		
	教育水平	3		−11		23.08		−76.92		
	城镇生活水平	3		−11		23.08		−76.92		
	第三产业占比	3		−11		23.08		−76.92		
资源利用指数	工业用电量	3	4.44	−11	−9.56	23.08	34.19	−76.92	−65.81	−31.62
	人均日生活用水	6		−8		46.15		−53.85		
	生产用水量	4		−10		30.77		−69.23		
	工业废水排放	2		−12		15.38		−84.62		
	二氧化硫排放	6		−8		46.15		−53.85		
	一般工业固体废物产生量	7		−7		53.85		−46.15		
	老工业污染源治理项目本年投资	8		−6		61.54		−38.46		
	当年完成环保验收项目环保投资	2		−12		15.38		−84.62		
	城市污水日处理	2		−12		15.38		−84.62		
绿色资源指数		3.28		−10.72		25.20		−74.80		−49.59

（1）自然条件与环境治理指数:资产累计为 2.43,相对资产得分为 18.68%。负债累计为−11.57,相对负债得分为−81.32%。在该大项中,相对净资产得分为−62.64%。

（2）经济条件指数:资产累计为 3.40,相对资产得分为 26.15%。负债累计为−10.60,相对负债得分为−73.85%。在该大项中,相对净资产得分为−47.69%。

（3）社会条件指数:资产累计为 2.83,相对资产得分为 21.79%。负债累计为−11.17,相对负债得分为−78.21%。在该大项中,相对净资产得分为−56.41%。

（4）资源利用指数:资产累计为 4.44,相对资产得分为 34.19%。负债累计为−9.56,相对负债得分为−65.81%。在该大项中,相对净资产得分为−31.62%。

总计上述四大项,总资产累计为 3.28,相对资产得分为 25.20%。负债累计为−10.72,相对负债得分为−74.80%。在该大项中,相对净资产得分为−49.59%。

图 5-57 是连云港绿色资源资产负债雷达图。从相对资产来看,连云港四大系统指数整体较为平衡,但是指数水平较低。资源利用指数在四大系统中指数相对较高,具有比较优势,经济条件、社会条件和自然条件与环境治理指数相差不大,具有提升的空间。从相对负债来看,负债水平整体较高,尤其是自然条件与环境治理的负债指数绝对值高,此系统是比

较劣势系统,具有较大幅度的提升空间。

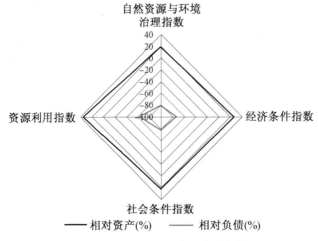

图 5 - 57　连云港绿色资源资产负债图

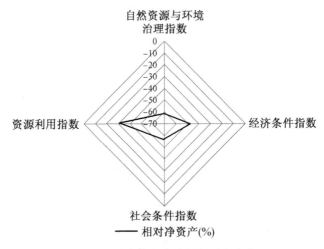

图 5 - 58　连云港绿色资源相对净资产图

图 5 - 58 是连云港绿色资源相对净资产图,可以看到,连云港相对净资产图呈扁平状,说明其相对净资产较低,欠债严重。在四大系统中,连云港的资源利用指数负的最小,相比之下条件最好。自然条件与环境治理指数负的最多,存在很大的提升空间,与优势地区差距较大。

八、淮安绿色资源资产负债分析

淮安地处江苏北部中心地域,位于北纬 32°43′00″—34°06′00″,东经 118°12′00″—119°36′30″,北接连云港,东毗盐城,南连扬州和安徽滁州,西邻宿迁,是苏北重要中心城市,南京都市圈紧密圈层城市。淮安坐落于古淮河与京杭大运河交点,境内有全国第四大淡水湖洪泽湖,是国家历史文化名城、国家卫生城市、国家园林城市、国家环境保护模范城市、国家低碳试点城市、中国优秀旅游城市。淮安属江淮平原,陆地总面积 892 万公顷。全市土地资源类型比较丰富,除了缺少园地中的橡胶园、牧草地中的人工草地、水域中的冰川和永久积雪,其他土地利用类型均有分布。淮安地下水资源贮量丰富,矿产资源较为丰富,分布相对集中。平原绿化、林业资源总量及产业化水平居全国先进行列,在江苏排名第三,其中森林覆盖率高于全国、全省平均水平。

表 5-36 淮安绿色资源资产负债表

指标		资产		负债		相对资产%		相对负债%		相对净资产%
		要素	指数	要素	指数	要素	指数	要素	指数	
自然条件与环境治理指数	区位	5		−9		38.46		−61.54		
	水资源	11		−3		84.62		−15.38		
	人口密度	5		−9		38.46		−61.54		
	城市建成区绿化覆盖率	4	5.86	−10	−8.14	30.77	45.05	−69.23	−54.95	−9.89
	无害化处理厂日处理能力	7		−7		53.85		−46.15		
	城市污水日处理能力	5		−9		38.46		−61.54		
	污水处理率	4		−10		30.77		−69.23		
经济条件指数	地区生产总值	3		−11		23.08		−76.92		
	第三产业生产总值	3		−11		23.08		−76.92		
	科研生产总值	3	4.80	−11	−9.20	23.08	36.92	−76.92	−63.08	−26.15
	第二产业生产总值	3		−11		23.08		−76.92		
	地区生产总值增长	12		−2		92.31		−7.69		
社会条件指数	总人口	7		−7		53.85		−46.15		
	文化水平	4		−10		30.77		−69.23		
	科技水平	2	5.00	−12	−9.00	15.38	38.46	−84.62	−61.54	−23.08
	教育水平	7		−7		53.85		−46.15		
	城镇生活水平	4		−10		30.77		−69.23		
	第三产业占比	6		−8		46.15		−53.85		
资源利用指数	工业用电量	2		−12		15.38		−84.62		
	人均日生活用水	5		−9		38.46		−61.54		
	生产用水量	8	4.33	−6	−9.67	61.54	33.33	−38.46	66.67	−33.33
	工业废水排放	4		−10		30.77		−69.23		
	二氧化硫排放	3		−11		23.08		−76.92		
	一般工业固体废物产生量	5		−9		38.46		−61.54		

指标	资产		负债		相对资产%		相对负债%		相对净资产%
	要素	指数	要素	指数	要素	指数	要素	指数	
老工业污染源治理项目本年投资	4		—10		30.77		—69.23		
当年完成环保验收项目环保投资	3		—11		23.08		—76.92		
城市污水日处理	5		—9		38.46		—61.54		
绿色资源指数	5.00		—9.00		38.44		—61.56		—23.11

（1）自然条件与环境治理指数：资产累计为5.86，相对资产得分为45.05％。负债累计为—8.14，相对负债得分为—54.95％。在该大项中，相对净资产得分为—9.89％。

（2）经济条件指数：资产累计为4.80，相对资产得分为36.92％。负债累计为—9.20，相对负债得分为—63.08％。在该大项中，相对净资产得分为—26.15％。

（3）社会条件指数：资产累计为5.00，相对资产得分为38.46％。负债累计为—9.00，相对负债得分为—61.54％。在该大项中，相对净资产得分为—23.08％。

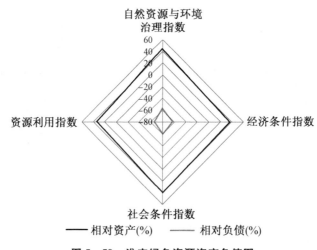

图5-59 淮安绿色资源资产负债图

（4）资源利用指数：资产累计为4.33，相对资产得分为33.33％。负债累计为—9.67，相对负债得分为—66.67％。在该大项中，相对净资产得分为—33.33％。

总计上述四大项，总资产累计为5.00，相对资产得分为38.44％。负债累计为—9.00，相对负债得分为—61.56％。在该大项中，相对净资产得分为—23.11％。

图5-59是淮安绿色资源资产负债雷达图。从相对资产来看，淮安四大系统指数整体较为平衡，但是指数水平较低。自然条件与环境治理指数在四大系统中相对较高，具有比较优势，社会条件指数、经济条件指数和资源利用指数较低，彼此之间相差不大，均有较大幅度的提升空间。从相对负债来看，负债水平整体较高，尤其是资源利用和经济条件的负债指数绝对值高，这两大系统是比较劣势系统，具有较大幅度的提升空间。

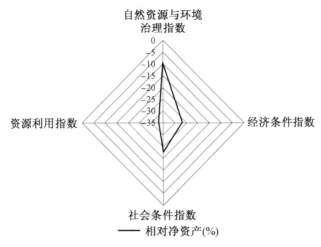

图 5 - 60　淮安绿色资源相对净资产图

图 5 - 60 是淮安绿色资源相对净资产图,可以看到,淮安相对净资产图呈竖长条形状,说明其四大系统指数不平衡,相对净资产较低,欠债严重。在四大系统中,淮安的自然条件与环境治理指数负得最少,相比之下条件最好。资源利用指数负得最多,存在很大的提升空间,与优势地区差距较大。

九、盐城绿色资源资产负债分析

盐城地处中国东部沿海,江苏中北部,长江三角洲北翼。盐城东临黄海,南与南通接壤,西南与扬州、泰州为邻,西北与淮安相连,北隔灌河和连云港相望。全市地势平坦,河渠纵横,物产富饶,素有"鱼米之乡"的美称。盐城是丹顶鹤的家园、麋鹿的故乡,在沿海滩涂上建有麋鹿和丹顶鹤两个国家级自然保护区,被誉为"东方湿地之都"。盐城是江苏沿海地区新兴的工商业城市,也是长江三角洲重要的区域性中心城市。因湿地辽阔而盛传,其市域东部拥有太平洋西海岸、亚洲大陆边缘最大的海岸型湿地,面积 680 多万亩,占江苏滩涂总面积的 7/10,全国的 1/7,已列入世界重点湿地名录,被誉为"东方湿地之都"。

表 5 - 37　盐城绿色资源资产负债表

指标		资产		负债		相对资产%		相对负债%		相对净资产%
		要素	指数	要素	指数	要素	指数	要素	指数	
自然条件与环境治理指数	区位	5		−9		38.46		−61.54		
	水资源	12		−2		92.31		−7.69		
	人口密度	4		−10		30.77		−69.23		
	城市建成区绿化覆盖率	2	4.57	−12	−9.43	15.38	35.16	−84.62	−64.84	−29.67
	无害化处理厂日处理能力	4		−10		30.77		−69.23		
	城市污水日处理能力	3		−11		23.08		−76.92		
	污水处理率	2		−12		15.38		−84.62		

指标		资产		负债		相对资产%		相对负债%		相对净资产%
		要素	指数	要素	指数	要素	指数	要素	指数	
经济条件指数	地区生产总值	7	5.40	−7	−8.60	53.85	41.54	−46.15	−58.46	−16.92
	第三产业生产总值	6		−8		46.15		−53.85		
	科研生产总值	4		−10		30.77		−69.23		
	第二产业生产总值	6		−8		46.15		−53.85		
	地区生产总值增长	4		−10		30.77		−69.23		
社会条件指数	总人口	9	7.83	−5	−6.17	69.23	60.26	−30.77	−39.74	20.51
	文化水平	7		−7		53.85		−46.15		
	科技水平	8		−6		61.54		−38.46		
	教育水平	8		−6		61.54		−38.46		
	城镇生活水平	5		−9		38.46		−61.54		
	第三产业占比	10		−4		76.92		−23.08		
资源利用指数	工业用电量	7	4.33	−7	−9.67	53.85	33.33	−46.15	−66.67	−33.33
	人均日生活用水	2		−12		15.38		−84.62		
	生产用水量	1		−13		7.69		−92.31		
	工业废水排放	10		−4		76.92		−23.08		
	二氧化硫排放	5		−9		38.46		−61.54		
	一般工业固体废物产生量	2		−12		15.38		−84.62		
	老工业污染源治理项目本年投资	1		−13		7.69		−92.31		
	当年完成环保验收项目环保投资	8		−6		61.54		−38.46		
	城市污水日处理	3		−11		23.08		−76.92		
绿色资源指数		5.53		−8.47		42.57		−57.43		−14.85

（1）自然条件与环境治理指数:资产累计为 4.57,相对资产得分为 35.16％。负债累计为−9.43,相对负债得分为−64.84％。在该大项中,相对净资产得分为−29.67％。

（2）经济条件指数:资产累计为 5.40,相对资产得分为 41.54％。负债累计为−8.60,相对负债得分为−58.46％。在该大项中,相对净资产得分为−16.92％。

（3）社会条件指数:资产累计为 7.83,相对资产得分为 60.26％。负债累计为−6.17,相对负债得分为−39.74％。在该大项中,相对净资产得分为−20.51％。

（4）资源利用指数:资产累计为 4.33,相对资产得分为 33.33％。负债累计为−9.67,相对负债得分为−66.67％。在该大项中,相对净资产得分为−33.33％。

总计上述四大项,总资产累计为 5.53,相对资产得分为 42.57％。负债累计为−8.47,

相对负债得分为－57.43％。在该大项中,相对净资产得分为－14.85％。

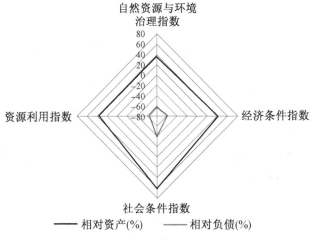

图 5－61 盐城绿色资源资产负债图

图 5－61 是盐城绿色资源资产负债雷达图。从相对资产来看,盐城四大系统指数整体较为平衡,但是指数水平较低。社会条件指数在四大系统中指数相对较高,具有比较优势,自然条件与环境治理、经济条件和资源利用条件指数相差不大,具有提升的空间。从相对负债来看,负债水平整体较高,尤其是资源利用和自然条件与环境治理的负债指数绝对值高,这两大系统是比较劣势系统,具有较大幅度的提升空间。

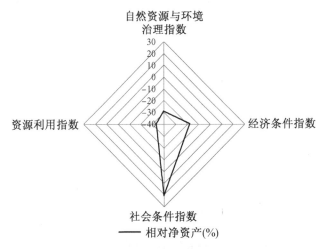

图 5－62 盐城绿色资源相对净资产图

图 5－62 是盐城绿色资源相对净资产图,可以看到,盐城相对净资产图呈竖长条形状,说明其四大系统指数不平衡,相对净资产负值较多,欠债严重。在四大系统中,盐城的社会条件系统相对净资产值为正,其余三大系统的相对净资产值均为负,体现为负债,资源利用指数的绝对值最大,说明此系统欠债最多,是比较劣势系统。

十、扬州绿色资源资产负债分析

扬州位于东经 119°01′至 119°54′、北纬 32°15′至 33°25′之间。东与盐城、泰州毗邻；南临长江，与镇江隔江相望；西南部与南京相连；西北部与淮安和安徽滁州接壤。扬州境内地形西高东低，以仪征境内丘陵山区为最高，从西向东呈扇形逐渐倾斜，高邮、宝应与泰州兴化交界一带最低，为浅水湖荡地区。境内最高峰为仪征大铜山，海拔 149.5 米；最低点位于高邮、宝应与泰州兴化交界一带，平均海拔 2 米。扬州境内有一级河 2 条、二级河 7 条、三级河 2 条、四级河 4 条，总长 593.6 千米，多年平均径流总量 16.9 亿立方米。主要湖泊有白马湖、宝应湖、高邮湖、邵伯湖等。扬州地区共有矿产资源 15 种，已基本探明储量的矿产资源有 12 种，其中石油、天然气储量居全省首位。高邮、邗江、江都一带有丰富的油、气资源，高邮、江都一带素有"水乡油田"的美誉。

表 5-38　扬州绿色资源资产负债表

指标		资产		负债		相对资产%		相对负债%		相对净资产%
		要素	指数	要素	指数	要素	指数	要素	指数	
自然条件与环境治理指数	区位	8	7.86	−6	−6.14	61.54	60.44	−38.46	−39.56	20.88
	水资源	3		−11		23.08		−76.92		
	人口密度	8		−6		61.54		−38.46		
	城市建成区绿化覆盖率	12		−2		92.31		−7.69		
	无害化处理厂日处理能力	8		−6		61.54		−38.46		
	城市污水日处理能力	7		−7		53.85		−46.15		
	污水处理率	9		−5		69.23		−30.77		
经济条件指数	地区生产总值	6	7.00	−8	−7.00	46.15	53.85	−53.85	−46.15	7.69
	第三产业生产总值	7		−7		53.85		−46.15		
	科研生产总值	8		−6		61.54		−38.46		
	第二产业生产总值	7		−7		53.85		−46.15		
	地区生产总值增长	7		−7		53.85		−46.15		
社会条件指数	总人口	3	5.33	−11	−8.67	23.08	41.03	−76.92	−58.97	−17.95
	文化水平	5		−9		38.46		−61.54		
	科技水平	5		−9		38.46		−61.54		
	教育水平	5		−9		38.46		−61.54		
	城镇生活水平	6		−8		46.15		−53.85		
	第三产业占比	8		−6		61.54		−38.46		

指标		资产		负债		相对资产%		相对负债%		相对净资产%
		要素	指数	要素	指数	要素	指数	要素	指数	
资源利用指数	工业用电量	4		−10		30.77		−69.23		
	人均日生活用水	11		−3		84.62		−15.38		
	生产用水量	5		−9		38.46		−61.54		
	工业废水排放	5		−9		38.46		−61.54		
	二氧化硫排放	4		−10		30.77		−69.23		
	一般工业固体废物产生量	3	5.78	−11	−8.22	23.08	44.44	−76.92	−55.56	−11.11
	老工业污染源治理项目本年投资	9		−5		69.23		−30.77		
	当年完成环保验收项目环保投资	4		−10		30.77		−69.23		
	城市污水日处理	7		−7		53.85		−46.15		
绿色资源指数		6.49		−7.51		49.94		−50.06		−0.12

（1）自然条件与环境治理指数：资产累计为 7.86，相对资产得分为 60.440%。负债累计为 −6.14，相对负债得分为 −39.56%。在该大项中，相对净资产得分为 20.88%。

（2）经济条件指数：资产累计为 7.00，相对资产得分为 53.85%。负债累计为 −7.00，相对负债得分为 −46.15%。在该大项中，相对净资产得分为 7.69%。

（3）社会条件指数：资产累计为 5.33，相对资产得分为 41.03%。负债累计为 −8.67，相对负债得分为 −58.97%。在该大项中，相对净资产得分为 −17.95%。

（4）资源利用指数：资产累计为 5.78，相对资产得分为 44.44%。负债累计为 −8.22，相对负债得分为 −55.56%。在该大项中，相对净资产得分为 −11.11%。

总计上述四大项，总资产累计为 6.49，相对资产得分为 49.94%。负债累计为 −7.51，相对负债得分为 −50.06%。在该大项中，相对净资产得分为 −0.12%。

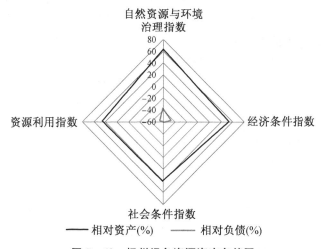

图 5 - 63 扬州绿色资源资产负债图

图 5-63 是扬州绿色资源资产负债雷达图。从相对资产来看,扬州四大系统指数整体较为平衡,但是指数水平不高。自然条件与环境治理指数在四大系统中指数相对较高,具有比较优势,经济条件、资源利用条件和社会条件指数相差不大,具有提升的空间。从相对负债来看,负债水平整体较高,尤其是社会条件的负债指数绝对值高,这是扬州的比较劣势系统,具有较大幅度的提升空间。

图 5-64 是扬州绿色资源相对净资产图,可以看到,扬州相对净资产图呈三角形状,说明其四大系统指数不平衡,相对净资产负值较多,欠债严重。在四大系统中,扬州的自然条件与环境治理和经济条件系统相对净资产值为正,其余两大系统的相对净资产值为负,体现为负债,社会条件指数的绝对值最大,说明此系统欠债最多,是比较劣势系统。

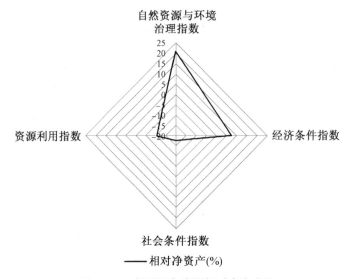

图 5-64　扬州绿色资源相对净资产图

十一、镇江绿色资源资产负债分析

镇江地处江苏西南部,长江下游南岸,北纬 31°37′—32°19′、东经 118°58′—119°58′。东西最大直线距离 95.5 公里,南北最大直线距离 76.9 公里。东南接常州,西邻南京,北与扬州、泰州隔江相望。全市低山丘陵以黄棕壤为主,岗地以黄土为主,平原以潜育型水稻土为主。全市河流 60 余条,总长 700 余公里,以人工运河为多。水系分北部沿江地区、东部太湖湖西地区和西部秦淮河地区。长江流经境内长 103.7 公里。京杭大运河境内全长 42.6 公里,在谏壁与长江交汇。全市人工水库、塘坝总库容量 5 亿多立方米。矿产资源主要集中在宁镇山脉。矿种有铁、铜、锌、钼、铅、银、金等金属矿藏和石灰石、膨润土、白云石、大理石、磷、耐火粘土、石膏、石墨等非金属矿藏。植物方面,落叶阔叶树有麻栎、枹树、黄连木、山槐、枫杨等;常绿阔叶树有青风栎、苦槠、石楠等。药用植物有 700 多种。引进的树种有黑松、杉木、泡桐等。宝华山自然保护区有木兰科中最珍稀的宝华玉兰。动物方面,鱼类资源丰富,青、草、鲢、鲤等淡水养殖鱼类和鲍、鲶、鳝等非人工养殖鱼类均有大量出产。境内长江鱼类有 90 多种,其中刀、鲥、鳗、鲴、河豚是名贵品种;白鳍豚、中华鲟等是我国珍稀动物。全市有鸟类 100 多种,其他野生动物 20 多种。

表 5－39 镇江绿色资源资产负债表

指标		资产		负债		相对资产%		相对负债%		相对净资产%
		要素	指数	要素	指数	要素	指数	要素	指数	
自然条件与环境治理指数	区位	13		－1		100.00		0.00		
	水资源	1		－13		7.69		－92.31		
	人口密度	6		－8		46.15		－53.85		
	城市建成区绿化覆盖率	7	6.57	－7	－7.43	53.85	50.55	－46.15	－49.45	1.10
	无害化处理厂日处理能力	6		－8		46.15		－53.85		
	城市污水日处理能力	6		－8		46.15		－53.85		
	污水处理率	7		－7		53.85		－46.15		
经济条件指数	地区生产总值	4		－10		30.77		－69.23		
	第三产业生产总值	5		－9		38.46		－61.54		
	科研生产总值	9	5.40	－5	－8.60	69.23	41.54	－30.77	－58.46	－16.92
	第二产业生产总值	4		－10		30.77		－69.23		
	地区生产总值增长	5		－9		38.46		－61.54		
社会条件指数	总人口	1		－13		7.69		－92.31		
	文化水平	8		－6		61.54		－38.46		
	科技水平	3	5.67	－11	－8.33	23.08	43.59	－76.92	－56.41	－12.82
	教育水平	1		－13		7.69		－92.31		
	城镇生活水平	9		－5		69.23		－30.77		
	第三产业占比	12		－2		92.31		－7.69		
资源利用指数	工业用电量	5		－9		38.46		－61.54		
	人均日生活用水	10		－4		76.92		－23.08		
	生产用水量	7		－7		53.85		－46.15		
	工业废水排放	6		－8		46.15		－53.85		
	二氧化硫排放	8		－6		61.54		－38.46		
	一般工业固体废物产生量	9	6.00	－5	－8.00	69.23	46.15	－30.77	－53.85	－7.69
	老工业污染源治理项目本年投资	2		－12		15.38		－84.62		
	当年完成环保验收项目环保投资	1		－13		7.69		－92.31		
	城市污水日处理	6		－8		46.15		－53.85		
绿色资源指数		5.91		－8.09		45.46		－54.54		－9.08

（1）自然条件与环境治理指数：资产累计为 6.57，相对资产得分为 50.55%。负债累计为 −7.43，相对负债得分为 −49.45%。在该大项中，相对净资产得分为 1.10%。

（2）经济条件指数：资产累计为 5.40，相对资产得分为 41.54%。负债累计为 −8.60，相对负债得分为 −58.46%。在该大项中，相对净资产得分为 −16.92%。

（3）社会条件指数：资产累计为 5.67，相对资产得分为 43.59%。负债累计为 −8.33，相对负债得分为 −56.41%。在该大项中，相对净资产得分为 −12.82%。

（4）资源利用指数：资产累计为 6.00，相对资产得分为 46.15%。负债累计为 −8.00，相对负债得分为 −53.85%。在该大项中，相对净资产得分为 −7.69%。

总计上述四大项，总资产累计为 5.91，相对资产得分为 45.46%。负债累计为 −8.09，相对负债得分为 −54.54%。在该大项中，相对净资产得分为 −9.08%。

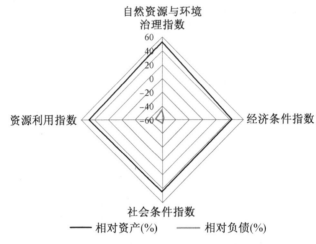

图 5 - 65　镇江绿色资源资产负债图

图 5 - 65 是镇江绿色资源资产负债雷达图。从相对资产来看，镇江四大系统指数整体较为平衡，指数水平居中。自然条件与环境治理指数在四大系统中指数相对较高，具有比较优势，经济条件、社会条件和资源利用条件指数相差不大，具有提升的空间。从相对负债来看，负债水平整体较高，尤其是经济条件的负债指数绝对值高，这是镇江的比较劣势系统，具有较大幅度的提升空间。

图 5 - 66 是镇江绿色资源相对净资产图，可以看到，镇江相对净资产图呈竖长条形状，说明其四大系统指数不平衡，相对净资产负值较多，欠债严重。在四大系统中，镇江的自然条件与环境治理系统相对净资产值为正，其余三大系统的相对净资产值为负，体现为负债，经济条件指数的绝对值最大，说明此系统欠债最多，是比较劣势系统。

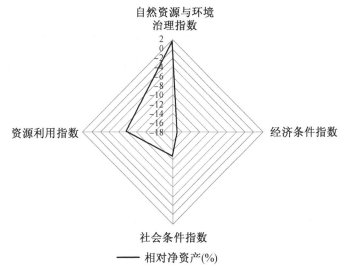

图 5－66　镇江绿色资源相对净资产图

十二、泰州绿色资源资产负债分析

泰州地处江苏中部,北纬 32°01′57″—33°10′59″,东经 119°38′24″—120°32′20″。西南、南部隔江与镇江、常州、无锡、苏州四市相望,东临南通,西接扬州,东北部、北部与盐城、淮安毗邻,是苏中入江达海五条航道的交汇处,是沿海与长江"T"型产业带的结合部。泰州除靖江有一独立山丘外,其余均为江淮两大水系冲积平原。地势呈中间高、南北低走向。泰州境内河网密布,纵横交织,尽管境内河湖众多,水网密布,但从总体上说泰州是一个水资源较为贫乏的地区,全市水资源具有"人均占用量少,过境水丰富,利用率较低"等特点。泰州在北亚热带湿润气候区,受季风环流的影响,具有明显的季风性特征。全市土地资源类型比较丰富,除了缺少园地中的橡胶园、牧草地中的人工草地、水域中的冰川和永久积雪,其他土地利用类型均有分布。地热资源丰富,地下热水水质较好,富含碘、溴、锶等微量元素;矿泉水资源丰富,主要为含锶偏硅酸矿泉水。泰州位于亚热带向暖温带过渡地区,气候温和,雨量充沛,有利于野生动物的生存,市境内的野生动物种类以鸟类居多。

表 5－40　泰州绿色资源资产负债表

指标		资产		负债		相对资产%		相对负债%		相对净资产%
		要素	指数	要素	指数	要素	指数	要素	指数	
自然条件与环境治理指数	区位	8	4.71	－6		61.54	－9.29	－38.46	－63.74	－27.47
	水资源	4		－10		30.77		－69.23		
	人口密度	9		－5		69.23		－30.77		
	城市建成区绿化覆盖率	3		－11		23.08		－76.92		
	无害化处理厂日处理能力	2		－12		15.38		－84.62		

（续表）

指标		资产		负债		相对资产%		相对负债%		相对净资产%
		要素	指数	要素	指数	要素	指数	要素	指数	
	城市污水日处理能力	4		−10		30.77		−69.23		
	污水处理率	3		−11		23.08		−76.92		
经济条件指数	地区生产总值	5		−9		38.46		−61.54		
	第三产业生产总值	4		−10		30.77		−69.23		
	科研生产总值	5	5.60	−9	−8.40	38.46	43.08	−61.54	−56.92	−13.85
	第二产业生产总值	5		−9		38.46		−61.54		
	地区生产总值增长	9		−5		69.23		−30.77		
社会条件指数	总人口	4		−10		30.77		−69.23		
	文化水平	1		−13		7.69		−92.31		
	科技水平	6	4.00	−8	−10.00	46.15	30.77	−53.85	−69.23	−38.46
	教育水平	2		−12		15.38		−84.62		
	城镇生活水平	7		−7		53.85		−46.15		
	第三产业占比	4		−10		30.77		−69.23		
资源利用指数	工业用电量	6		−8		46.15		−53.85		
	人均日生活用水	1		−13		7.69		−92.31		
	生产用水量	2		−12		15.38		−84.62		
	工业废水排放	3		−11		23.08		−76.92		
	二氧化硫排放	7		−7		53.85		−46.15		
	一般工业固体废物产生量	4	4.33	−10	−9.67	30.77	33.33	−69.23	−66.67	−33.33
	老工业污染源治理项目本年投资	6		−8		46.15		−53.85		
	当年完成环保验收项目环保投资	6		−8		46.15		−53.85		
	城市污水日处理	4		−10		30.77		−69.23		
绿色资源指数		4.66		−9.34		35.86		−64.14		−28.28

（1）自然条件与环境治理指数:资产累计为 4.71,相对资产得分为 36.26%。负债累计为 −9.29,相对负债得分为 −63.74%。在该大项中,相对净资产得分为 −27.47%。

（2）经济条件指数:资产累计为 5.60,相对资产得分为 43.08%。负债累计为 −8.40,相对负债得分为 −56.92%。在该大项中,相对净资产得分为 −13.85%。

（3）社会条件指数:资产累计为 4.00,相对资产得分为 30.77%。负债累计为 −10.00,

相对负债得分为-69.23%。在该大项中,相对净资产得分为-38.46%。

(4) 资源利用指数:资产累计为4.33,相对资产得分为33.33%。负债累计为-9.67,相对负债得分为-66.67%。在该大项中,相对净资产得分为-33.33%。

总计上述四大项,总资产累计为4.66,相对资产得分为35.86%。负债累计为-9.34,相对负债得分为-64.14%。在该大项中,相对净资产得分为-28.28%。

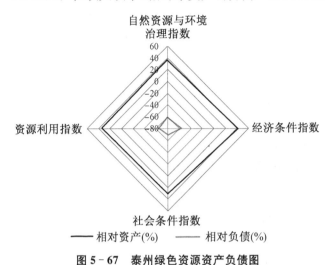

图5-67 泰州绿色资源资产负债图

图5-67是泰州绿色资源资产负债雷达图。从相对资产来看,泰州四大系统指数整体较为平衡,指数水平居中。经济条件与自然条件与环境治理指数在四大系统中相对较高,具有比较优势,社会条件和资源利用指数相差不大,具有提升的空间。从相对负债来看,负债水平整体较高,尤其是社会条件的负债指数绝对值高,这是泰州的比较劣势系统,具有较大幅度的提升空间。

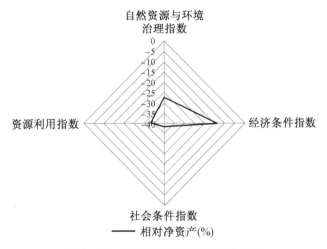

图5-68 泰州绿色资源相对净资产图

图5-68是泰州绿色资源相对净资产图,可以看到,泰州相对净资产图呈横条形状,说明其四大系统指数不平衡,相对净资产负值较多,欠债严重。在四大系统中,泰州的相对净

资产值全部为负,体现为负债,社会条件指数的绝对值最大,说明此系统欠债最多,是比较劣势系统。

十三、宿迁绿色资源资产负债分析

宿迁位于江苏北部,介于北纬 33°8′—34°25′,东经 117°56′—119°10′,属于长三角经济圈(带)、东陇海产业带、沿海经济带、沿江经济带的交叉辐射区。宿迁总体呈西北高,东南低的格局,最高点海拔高度 71.2 米,最低点海拔高度 2.8 米。2013 年,宿迁泗阳县是著名的"意杨之乡",以意杨为主的木材成片林 133 万亩,活立木蓄积量达 700 万立方米。宿迁是闻名中外的"水产之乡",水域面积 350 余万亩,境内有两湖(洪泽湖、骆马湖)三河(大运河、淮河、沂河),其中两湖水质达国家二类标准,盛产银鱼、青虾、螃蟹等 50 多种水产品。泗洪县还被原国家农牧渔业部命名为"中国螃蟹之乡"。宿迁矿产资源丰富,非金属矿藏储量较大,已经发现、探明并开发利用的矿种主要有:石英砂、蓝晶石、硅石、水晶、磷矿石以及黄砂等。有待探明和开发利用的矿种有云母、金刚石、铜、铁、石油、钾矿石等。

表 5-41　宿迁绿色资源资产负债表

指标		资产		负债		相对资产%		相对负债%		相对净资产%
		要素	指数	要素	指数	要素	指数	要素	指数	
自然条件与环境治理指数	区位	5	4.71	—9	—9.29	38.46	36.26	—61.54	—63.74	—27.47
	水资源	7		—7		53.85		—46.15		
	人口密度	3		—11		23.08		—76.92		
	城市建成区绿化覆盖率	6		—8		46.15		—53.85		
	无害化处理厂日处理能力	3		—11		23.08		—76.92		
	城市污水日处理能力	1		—13		7.69		—92.31		
	污水处理率	8		—6		61.54		—38.46		
经济条件指数	地区生产总值	1	3.60	—13	—10.40	7.69	27.69	—92.31	—72.31	—44.62
	第三产业生产总值	1		—13		7.69		—92.31		
	科研生产总值	1		—13		7.69		—92.31		
	第二产业生产总值	2		—12		15.38		—84.62		
	地区生产总值增长	13		—1		100.00		0.00		
社会条件指数	总人口	6	3.17	—8	—10.83	46.15	24.36	—53.85	—75.64	—51.28
	文化水平	6		—8		46.15		—53.85		
	科技水平	1		—13		7.69		—92.31		
	教育水平	4		—10		30.77		—69.23		
	城镇生活水平	1		—13		7.69		—92.31		
	第三产业占比	1		—13		7.69		—92.31		

（续表）

指标		资产		负债		相对资产%		相对负债%		相对净资产%
		要素	指数	要素	指数	要素	指数	要素	指数	
资源利用指数	工业用电量	1		−13		7.69		−92.31		
	人均日生活用水	4		−10		30.77		−69.23		
	生产用水量	3		−11		23.08		−76.92		
	工业废水排放	1		−13		7.69		−92.31		
	二氧化硫排放	1	2.67	−13	−11.33	7.69	20.51	−92.31	−79.49	−58.97
	一般工业固体废物产生量	1		−13		7.69		−92.31		
	老工业污染源治理项目本年投资	3		−11		23.08		−76.92		
	当年完成环保验收项目环保投资	9		−5		69.23		−30.77		
	城市污水日处理	1		−13		7.69		−92.31		
绿色资源指数		3.54		−10.46		27.21		−72.79		−45.59

（1）自然条件与环境治理指数:资产累计为4.71,相对资产得分为36.26%。负债累计为−9.29,相对负债得分为−63.74%。在该大项中,相对净资产得分为−27.47%。

（2）经济条件指数:资产累计为3.60,相对资产得分为27.69%。负债累计为−10.40,相对负债得分为−72.31%。在该大项中,相对净资产得分为−44.62%。

（3）社会条件指数:资产累计为3.17,相对资产得分为24.36%。负债累计为−10.83,相对负债得分为−75.64%。在该大项中,相对净资产得分为−51.28%。

（4）资源利用指数:资产累计为2.67,相对资产得分为20.51%。负债累计为−11.33,相对负债得分为−79.49%。在该大项中,相对净资产得分为−58.97%。

总计上述四大项,总资产累计为3.54,相对资产得分为27.21%。负债累计为−10.46,相对负债得分为−72.79%。在该大项中,相对净资产得分为−45.59%。

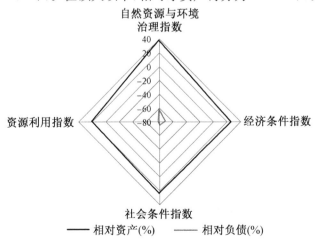

图 5-69 宿迁绿色资源资产负债图

图 5－69 是宿迁绿色资源资产负债雷达图。从相对资产来看,宿迁四大系统指数整体较为平衡,但指数水平很低。自然条件与环境治理指数在四大系统中相对较高,具有比较优势,经济条件指数、社会条件指数和资源利用指数相差不大,具有提升的空间。从相对负债来看,负债水平整体较高,尤其是资源利用的负债指数绝对值高,这是宿迁的比较劣势系统,具有较大幅度的提升空间。

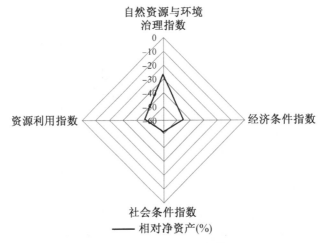

图 5－70　宿迁绿色资源相对净资产图

图 5－70 是宿迁绿色资源相对净资产图,可以看到,宿迁相对净资产图呈水滴形状,说明其四大系统指数不平衡,相对净资产负值较多,欠债严重。在四大系统中,宿迁的相对净资产值全部为负,体现为负债,资源利用指数的绝对值最大,说明此系统欠债最多,是比较劣势系统。

第六章 全书总结与政策建议

　　本章对本研究报告的内容进行总结,提出相关的政策建议。在总结结论的过程中,分为中国绿色发展研究结论、江苏绿色发展研究结论两大部分,并对中国绿色发展、江苏绿色发展的绝对优势和比较优势分别进行总结。四大系统的绝对优势分析,是对自然条件与环境治理指数、经济条件指数、社会条件指数和资源利用指数进行省市区之间的比较,是中国各省市(自治区)、江苏各地级市绿色资源的绝对优势;四大系统的比较优势分析,是中国各省市(自治区)、江苏各地级市绿色资产负债表中相对净资产的比较,是各地区绿色资源资产负债的相对优势。基于绝对优势和相对优势两个层面,针对中国各省市(自治区)和江苏各地级市两个主体对象,提出相应的政策建议。

第一节 中国绿色发展研究结论

一、中国各省市(自治区)四大系统指数分析

1. 自然条件与环境治理指数分析

　　在自然条件与环境治理方面,全国 31 个省市(自治区)有明显差别。在全国 31 个省市(自治区)中,根据自然条件与环境治理综合指数 1,浙江的自然条件与环境治理指数排名第一,也是 31 个省市自治区中唯一一个得分超过 0.4 的。广东、江苏和福建三个省的得分为 0.394、0.336 和 0.326,位列二到四名。山东、西藏、内蒙古、四川、广西、辽宁、湖北、安徽和湖南 9 个省的得分在 0.2 到 0.3 之间,属于第二梯队。上海、江西、北京、海南、山西、河北、宁夏、云南、重庆、河南、陕西、新疆、黑龙江、吉林和贵州 15 个省的得分在 0.1 到 0.2 之间,属于第三梯队。甘肃、天津和青海三个省的得分不足 0.1,是排名最后的三个省。总体看来,在自然条件与环境治理方面,华东地区的省份得分高,西部、北部地区的省份得分低。

2. 经济条件指数分析

　　在全国 31 个省市(自治区)中,经济条件指数排在前两位的是广东和江苏,得分为 0.543 和 0.539,这也是 31 个省级单位中仅有的超过 0.5 的省份,比较优势明显。第三名是山东,得分 0.478;第四名是浙江,得分 0.363;第五名是上海,得分 0.303;第六名是北京,得分 0.302。其他 24 个省市(自治区)的指数集中在 0.15 到 0.3 这个区间内。31 省份中只有山西的经济条件综合指数低于 0.15,仅有 0.14。总体看来,在经济条件方面,全国的区域特征明显,珠三角和长三角的优势明显,北方地区、东北地区经济处于相对薄弱的地位。

3. 社会条件指数分析

在全国 31 个省市(自治区)中,社会条件指数排在前列的是广东(0.834)、江苏(0.752)和山东(0.674),处于社会条件的第一梯队;其次是浙江、河南、湖南、北京、四川、河北、上海、安徽和湖北,这 9 个省市的指数在 0.4 到 0.6 之间,为第二梯队;剩下的省份指数在 0.2 到 0.4 之间,为第三梯队,其中青海的社会条件指数仅为 0.217,排名最后。总体看来,在社会条件方面,全国 31 个省市(自治区)是具有差别的。

4. 资源利用指数分析

资源利用最好的省市(自治区)有:天津(-0.054),宁夏(-0.068),吉林(-0.083),北京和海南(均为-0.086),黑龙江(-0.087),上海(-0.089),福建(-0.099)。资源利用略差的省份是:甘肃(-0.109),青海和西藏(均为-0.113),陕西(-0.12),重庆(-0.122),内蒙古(-0.134),云南(-0.135),新疆(-0.141),贵州(-0.143),浙江(-0.147),江西(-0.148),安徽(-0.15),广西(-0.151),山东(-0.156),湖南(-0.16),湖北(-0.161),河南(-0.19)。资源利用指数较低的省份是河北(-0.201),四川(-0.203),辽宁(-0.206),山西(-0.213),江苏(-0.263)。资源利用最差的是广东(-0.312)。全国 31 个省市(自治区)资源利用综合指数相差较大。

5. 绿色资源资产负债总指数分析

总结四大系统指数的得分情况,全国 31 个省市(自治区)在自然条件与环境治理、经济条件和社会条件三大系统得分中,均体现出东南部高、西北部低的特点,但是在资源利用系统的得分中,以天津、宁夏和吉林为代表的北部省区、东北地区得分高,以江苏、广东为代表的东部省区得分低,说明在经济发展的过程中,经济、社会条件具有优势的省区确实在资源利用方面存在问题,在经济发展过程中并没有合理地利用资源,在走"先污染,后治理"的老路。

纵向比较全国 31 个省市(自治区)的四大指标系统的指数水平(如表 4-14),比较省市之间的差别可以看出,广东、江苏、山东和浙江差别不大,位列前四名,华东地区绿色资源资产负债指数总水平居于前列,处在第一梯队;第 5 名到第 12 名的省市依次是福建、北京、上海、湖南、湖北、四川、河南和安徽,处于第二梯队;广西、河北、内蒙古、辽宁、西藏、江西、陕西、天津、重庆名列第 13 名到第 21 名,处于第三梯队;云南、黑龙江、海南、贵州、吉林、宁夏、新疆、山西、甘肃和青海名列第 22 名到第 31 名,处于第三梯队。尤其是青海,绿色资源资产负债指数总水平位居全国最后,与其他省区差距明显,绝对劣势明显。整体来看,绿色资源资产负债指数高的地区,经济发达省份多,绿色资源资产负债指数低的地区,经济欠发达省份多。

二、中国各省市(自治区)四大系统比较优势分析

对各省市(自治区)四大系统的资产、负债进行评估,横向比较不同省市(自治区)同一系统中资产、负债的相对质量,反映各省市(自治区)的比较优势。

1. 自然条件与环境治理比较优势分析

如表 4-24 和图 4-38 所示,在自然条件与环境治理系统中,相对资产较高的省市(自治区)有:福建、浙江、四川、江西、河南、山西、云南、陕西、湖南、新疆、上海、内蒙古、黑龙江、

山东、广东、河北、广西、江苏和安徽。湖北的相对资产和相对负债相当。在此系统中,相对负债绝对值较高的有:北京、天津、宁夏、重庆、海南、吉林、辽宁、甘肃、贵州和西藏10个省市(自治区)。说明这些省市(自治区)的自然条件与环境治理系统中以负债为主,情况令人担忧。尤其是北京和天津,相对负债为-70.161和-61.677,分别位于倒数第一和第二,表明这两个直辖市的自然条件与环境治理较差,亟待改进。相对净资产的省市(自治区)排名与相对资产的省市(自治区)排名相差不大。

2. 经济条件比较优势分析

如表4-25和图4-40所示,在经济条件系统中,相对资产高、负债低,经济条件系统相对资产在60%以上的省市有:江苏、广东、山东、河南、浙江、湖北、福建、湖南、辽宁、四川、天津、河北、安徽和上海。相对资产和相对负债居中的省市有:陕西、重庆、北京、江西。相对负债绝对值高于资产值的省市(自治区)有:内蒙古、广西、贵州、新疆、黑龙江、云南、吉林、山西、甘肃、西藏、青海、海南和宁夏,共13个省市(自治区)。这些省市(自治区)的经济条件系统中以负债为主,情况令人担忧。其中,宁夏的相对资产仅有16.129,相对负债高达-83.871,情况十分令人担忧。相对净资产的省市(自治区)排名与相对资产的省市(自治区)排名相差不大。

3. 社会条件比较优势分析

在社会条件系统中,相对资产高、负债低,社会条件系统相对资产在60%以上的省份有:广东、江苏、山东、湖南、浙江、四川、上海、河南、北京、河北、安徽和湖北。相对资产和负债居中的省份,相对资产在50%以上的省份是:辽宁、福建、陕西和广西。相对负债绝对值高于资产值的省份有:云南、重庆、天津、江西、内蒙古、山西、贵州、海南、吉林、黑龙江、甘肃、新疆、宁夏、青海和西藏共15个省份,说明这些省份的社会条件系统中以负债为主,情况令人担忧。最差的西藏相对资产值只有19.355%,相对负债值达到-80.645%,社会条件系统欠债最多。相对净资产的省市(自治区)排名与相对资产的省市(自治区)排名相差不大。

4. 资源利用比较优势分析

在资源利用系统中,相对资产高、负债低,资源利用系统相对资产在70%以上的省份有:山东、江苏、广东、河北、浙江、河南、辽宁。相对资产和负债居中的省份,相对资产在50%以上的省份有:四川、湖北、内蒙古、广西、福建、山西、陕西、安徽、湖南和新疆。相对负债绝对值高于资产值的省市有:上海、云南、黑龙江、贵州、江西、北京、甘肃、天津、宁夏、重庆、吉林、青海、海南和西藏,说明这些省市的资源利用系统中以负债为主,情况令人担忧。相对净资产的省市(自治区)排名与相对资产的省市(自治区)排名相差不大。

三、中国各省市(自治区)绿色资源相对净资产分析

相对净资产是资产的比较优势,是系统中相对资产与相对负债之和,是资产抵消负债后的结果,最能体现区域绿色资源的真实水平,根据图4-47的结果,中国各省市(自治区)相对净资产分为以下四个梯度:

表 6‐1　中国各省市(自治区)绿色资源相对净资产分类结果

第一梯队	山东、江苏、广东、浙江、河南
第二梯队	四川、福建、河北、湖北、湖南、辽宁、上海、安徽、陕西、内蒙古、广西
第三梯队	江西、云南、山西、新疆、黑龙江、天津、北京、重庆、贵州
第四梯队	甘肃、吉林、青海、宁夏、海南、西藏

　　绿色资源资产负债表的编制,根据各省市(自治区)相对净资产的结果,中国省市(自治区)绿色资源相对净资产分为四个梯队,第一梯队是山东、江苏、广东、浙江和河南。这类地区主要分布在我的东南沿海,经济贸易活动发达,综合实力较强,一直走在我国经济发展的前列,是中国经济增长最具活力的地区,绿色发展也走在各地的前列。数据显示,第一梯队地区经济发展的地区能耗水平以及单位 GDP 中 COD 排放量和 SO_2 排放量相对于其他省区都是较低的。其次,这些省市意识到发展和环境问题,积极加快转变经济发展方式,提高生产效率,投入大量资金并应用科学技术治理环境污染,这些地区在全国绿色发展水平最高,是全国绿色发展的领头兵。

　　第二梯队是四川、福建、河北、湖北、湖南、辽宁、上海、安徽、陕西、内蒙古和广西。第二梯队的地区遍布全国各地,在地理位置上分布于中国的东、西、华南、北、中部,既有经济发达的上海,也有经济水平处于中等地位的湖南、湖北,还有经济发展水平较差的北部、东北、西北省区。这些地区的绿色发展水平处于全国中等偏上的地位,努力找到与第一梯队地区的差距,缩小与第一梯队的差距,是未来发展的目标,也是中国绿色发展的核心省区。

　　第三梯队是江西、云南、山西、新疆、黑龙江、天津、北京、重庆和贵州。第三梯队的省区地理位置涉及范围也较广,这些省区分布在我国的北部、西南部、中部和东北等。数据显示这些地区经济发展能耗水平处于全国中等偏上水平,有的地区聚集老工业基地,是我国最初工业集聚区,经济结构单一、重工业较多,污染严重,由于历史原因以及当前发展带来的问题,这些地区的绿色发展水平具有很大的提升空间。这些地区中,不乏省市有丰富的矿产资源,或是我国重要的工业生产基地,存在着产业发展水平低、资源环境局限、就业人口数量大与劳动力素质低、信息化水平有限等问题。有些省区的自然条件也制约了经济发展,导致产业结构不合理,绿色发展水平有待提高。

　　第四梯队是中国绿色发展最差的省区,主要有甘肃、吉林、青海、宁夏、海南和西藏。除了海南,第四梯队省区大都分布在我国西北、东北,这些省区生态环境比较脆弱,地区经济结构单一,绿色发展水平最差,存在很大的改善空间。

第二节　中国各省市(自治区)绿色发展政策建议

一、差异化发展各省市区绿色发展进程

中国东部地区绿色发展水平相对较高,中西部某些地区绿色发展的资源环境禀赋优势相对明显,中西部某些地区绿色发展压力相对较大。中国各个省市(自治区)迥异的地理、环境、资源和文化差异体现出不同的区域社会经济发展历史格局。同时,中国在过去的60多年中经历了多次的经济体制改革以及发展政策的变化,特别是东部地区的对外开放。近年来,因发展不均衡所带来的种种社会矛盾和冲突已经对社会稳定、经济增长、环境和生态保护、社会正义与公平造成了影响。探索可持续发展模式,各省市(自治区)绿色发展要考虑各个地区的不同,与当地的自然环境、资源以及经济和社会发展水平相结合,找到发展的重点,针对性地制定相应的政策,遵循适合自己的方式逐步提高绿色发展水平。

二、各省市区需要不同且相关联的绿色发展途径

严防东部地区向中西部地区的污染转移。当前中国正着力于重工业的产业结构调整,以减少过度投资和减轻环境影响,较快地实现平衡增长,包括扩大服务业所占的比重。随着服务业比重达到或超过50%,东部地区会出现正面的环境效应。但重工业可能会转移到其他地区值得引起注意,特别是中西部地区。中国的工业化可能会在环境层面呈现出不同的状况。第一种是在西部和中部地区的新兴工业化,这些地方希望实现高水平的清洁生产和先进技术,但是能力有限。第二种是在东北和东部地区(也包括其他地区的部分地方)的后工业化,污染企业已经转移,留下了大量的污染场地,清理这些场地需要巨额的资金。后工业化地区同时也面临着伴随服务业而产生的新的环境问题,如大型计算机数据存储设备的高能耗、金融业对贷款项目环境影响进行监测的需求,以及旅游业对生物多样性和脆弱生态系统的影响,等等。因此,中国需要针对这些情况,采用不同的但又相互关联的绿色发展道路来支持国家绿色发展目标的需求。

对于老工业基地的绿色发展,必须抬高准入门槛,鼓励最佳实践的推广。同时,全国都必须采取严格的标准,以杜绝这些高污染、高能耗企业仅仅是拆解后而在异地重新组装投产的情况发生。应建立经验分享机制来推广成功的企业环保升级经验。

三、各省市区推进绿色产业化发展,实施绿色经济发展战略

各省市(自治区)应推进绿色产业化发展,实施绿色经济发展战略。推进绿色产业化发展,一方面,加快推进产业结构调整,大力发展服务业和战略性新兴产业,促进产业结构优化升级;另一方面,促进传统产业绿色化改造,降低资源能源消耗及污染排放。大力发展绿色农业,推进绿色农产品生产基地建设,采取措施提高有机肥料的规模化生产及使用,加强农业面源污染防治;构建绿色工业体系,限制三高"(高耗能、高污染、高排放)产业发展,淘汰电力、煤炭、钢铁、水泥、有色、焦炭、造纸、制革、印染等重点行业的落后产能,促进传统产业升

级改造,大力发展节能环保及战略性新兴产业;大力发展绿色金融、绿色物流、节能环保服务业等绿色服务业,促进传统服务业绿色转型。

将发展绿色经济上升到国家战略层面,推进绿色经济顶层设计。组织编制绿色经济发展战略规划,明确绿色经济发展的战略目标、战略任务和战略重点,制定绿色经济发展路线图,开展绿色经济发展试点,实施绿色经济示范工程,从法律法规、标准体系、制度安排、政策措施等方面为绿色经济发展提供保障。推进各级地方政府转变观念,按照科学发展观的要求,制定与地方实际相适宜的绿色经济发展战略,摒弃高投入、高消耗、高排放的粗放增长模式,强化资源环境等约束性指标,降低经济增长对资源能源的消耗和生态环境的破坏,形成有利于节约能源资源和保护生态环境的产业结构、增长方式、消费模式。

第三节　江苏绿色发展研究结论

一、江苏 13 个地级市四大系统指数分析

1. 自然条件与环境治理指数分析

在江苏 13 个地级市中,自然条件与环境治理指数排在前列的为南京和苏州,指数在 0.7 以上,处于自然条件与环境治理的第一梯队;其次是常州、无锡、淮安、镇江和盐城,指数在 0.4 以上,处于自然条件与环境治理的第二梯队;最后是徐州、宿迁、南通、扬州、连云港和泰州,指数在 0.3 以上,处于自然条件与环境治理的第三梯队。

2. 经济条件指数分析

在江苏 13 个地级市中,经济条件指数排在首位的为南京,为 0.505,是 13 个地级市中唯一一个指数在 0.5 以上的城市,指数优势明显。排在第二位的是苏州,指数是 0.432;最多的城市集中在指数 0.2 以上,有 9 个城市,依次是无锡、南通、徐州、常州、宿迁、扬州、镇江、淮安和泰州;最后是盐城和连云港,指数接近 0.2,处于经济条件的最后梯队。

3. 社会条件指数分析

在江苏 13 个地级市中,社会条件指数排在前列的为苏州(指数为 0.86)和南京(指数为 0.787),处于社会条件的第一梯队;其次是无锡,指数为 0.613,位居 13 个地级市的第三位;其次是南通、徐州和常州,指数在 0.5 以上;再次是盐城、镇江、扬州、泰州和淮安,指数在 0.4 以上;最后是连云港和宿迁,指数在 0.3 以上,社会条件最差。总体看来,在社会条件方面,江苏 13 个地级市还是具有差别的。

4. 资源利用指数分析

在江苏 13 个地级市中,资源利用最好的城市有:南通(-0.055),宿迁(-0.059),扬州和泰州(均为 -0.090)。资源利用略差的城市是:连云港(-0.103)、淮安(-0.112)、南京(-0.120)、无锡(-0.125)、常州(-0.152)和镇江(-0.185)。资源利用指数最低的城市是徐州(-0.201)和苏州(-0.382)。可以看出,各地级市资源利用综合指数相差不大。

5. 绿色资源资产负债总指数分析

绿色资源资产负债指数总水平各城市间相差不大,南京指数总水平最高,为 0.472,位

于第二位的是苏州,指数总水平是 0.405。位于第三位的是无锡,指数总水平是 0.307。其余各城市的指数水平均在 0.2 到 0.3 之间。连云港在 13 个地级市中绿色资源资产负债指数最低,为 0.202。

需要说明的是,苏州的自然条件与环境治理指数、经济条件指数和社会条件指数在江苏 13 个地级市中排名均靠前,但是资源利用指数在 13 个地级市中很低,这说明苏州经济发展迅速的过程伴随的是高投入的增长模式,面临资源和环境的双重压力,导致自然资源危机。在苏州发展过程中,亟待编制环境保护和资源高效利用总体规划,优化产业结构,建立资源利用和环境逐步改善的良性循环机制,实现可持续发展。

二、江苏 13 个地级市四大系统比较优势分析

对各地级市四大系统的资产、负债进行评估,横向比较不同城市同一系统中资产、负债的相对质量,反映各地级市的比较优势。

1. 自然条件与环境治理比较优势分析

自然条件与环境治理系统中,大部分城市的相对资产大于相对负债的绝对值,说明资产情况高于负债。在此系统中,相对资产高、负债低,相对资产在 60% 以上的城市有:南京、无锡、常州、苏州、徐州和扬州。相对负债绝对值高于资产值的城市有:连云港、淮安、盐城、泰州和宿迁,说明这些城市的自然条件与环境治理系统中以负债为主,情况令人担忧。相对资产和负债居中的城市有:南通、镇江、淮安、泰州、宿迁和盐城,相对资产在 30% 以上。最差的连云港相对资产值只有 18.681%,相对负债值达到 −81.319%,自然条件与环境治理系统欠债最多。相对净资产的地级市排名与相对资产的地级市排名相差不大。

2. 经济条件比较优势分析

在经济条件系统中,相对资产高、负债低,相对资产在 60% 以上的城市有:苏州、南京、南通、无锡、徐州和常州。相对资产和负债居中的城市有:扬州、泰州、盐城、镇江、淮安,相对资产在 30% 以上。相对负债绝对值高于资产值的城市有:连云港、淮安、盐城、镇江、泰州和宿迁,说明这些城市的经济条件系统中以负债为主,情况令人担忧。最差的是连云港和宿迁,相对资产值只有 20% 以上,相对负债值达到 −70% 以上,经济条件系统欠债最多。相对净资产的地级市排名与相对资产的地级市排名相差不大。

3. 社会条件比较优势分析

在社会条件系统中,相对资产高、负债低,相对资产在 60% 以上的城市有:南京、苏州、无锡、南通、徐州和盐城。相对资产和负债居中的城市是常州,相对资产在 50% 以上。相对负债绝对值高于资产值的城市有:连云港、淮安、扬州、镇江、泰州和宿迁,说明这些城市的社会条件系统中以负债为主,情况令人担忧。最差的连云港相对资产值只有 21.795%,相对负债值达到 −78.205%,社会条件系统欠债最多。相对净资产的地级市排名与相对资产的地级市排名相差不大。

4. 资源利用比较优势分析

在资源利用系统中,相对资产高、负债低,相对资产在 80% 以上的城市有:苏州、南京、无锡。相对资产和负债居中的城市有:徐州、南通、常州、镇江、扬州,相对资产在 40% 以上。相对负债绝对值高于资产值的城市有:连云港、淮安、盐城、扬州、镇江、泰州和宿

迁,说明这些城市的资源利用系统中以负债为主,情况令人担忧。连云港、淮安、盐城、泰州和宿迁相对资产在 20%—30% 之间,尤其是宿迁,相对资产只有 20% 出头,相对负债值达到近 −80%,资源利用系统欠债最多。相对净资产的地级市排名与相对资产的地级市排名相差不大。

三、江苏 13 个地级市绿色资源相对净资产分析

相对净资产是资产的比较优势,是系统中相对资产与相对负债之和,是资产抵消负债后的结果,最能体现区域绿色资源的真实水平。根据图 5 - 44 的结果,江苏 13 个地级市绿色资源相对净资产分为以下三个梯度:

表 6 - 2　江苏 13 个地级市绿色资源相对净资产分类结果

第一梯队	南京、苏州、无锡
第二梯队	南通、徐州、常州
第三梯队	扬州、镇江、盐城、淮安、泰州、宿迁、连云港

绿色资源资产负债表的编制,根据江苏 13 个地级市绿色资源相对净资产的结果,江苏 13 个地级市绿色资源相对净资产分为三个梯队,第一梯队是南京、苏州和无锡,相对净资产值在 50% 以上,尤其是南京和苏州,相对净资产值在 70% 以上。第一梯队的三个城市全部为苏南经济发达城市,是江苏经济增长最具活力的城市,绿色发展也走在其他地级市的前列。

第二梯队是南通、徐州和常州。根据江苏 13 个地级市绿色资源相对净资产,这三个城市的相对净资产值依然为正,在 20% 以上,与第一梯队差距不是太大,较第三梯队优势明显。除了徐州,其他两市均为苏南城市,这三市经济地位也处于江苏中上水平,绿色发展水平也处于中等偏上的水平,找到与第一梯队城市的差距,努力缩小与第一梯队的差距,是未来发展的目标,这三市也是江苏绿色发展的核心城市。

第三梯队是扬州、镇江、盐城、淮安、泰州、宿迁和连云港。第三梯队的地区除了镇江,均为苏中和苏北地区,除了徐州,苏北五市有四市在这个梯队中。这些地级市不仅经济发展水平处于江苏落后的地位,绿色发展水平也比较低,具有很大的提升空间。这些地区中,不乏有丰富矿产资源的地级市,也有江苏较重要的工业生产基地,但这些城市普遍存在着产业发展水平低、产业结构不合理等问题。

第四节　江苏绿色发展政策建议

一、发展与绿色，两者要兼得

从以上研究结论可以看出，江苏绿色发展水平高的地级市，同时也是经济发展水平较好的地市级；经济发展水平落后的苏北地区，绿色发展水平也不高，处于最低的第三梯队。治理污染、保护环境，事关人民群众健康和可持续发展，必须强力同时推进，下决心走出一条经济发展与环境改善双赢之路。经济发展不能以牺牲环境为代价，全面建成小康社会，应当走一条生产发展、生活富裕、生态良好的发展路径。

绿色规划指引江苏绿色发展的方向，架构未来发展的框架，通过绿色规划引导绿色增长，将科学发展、绿色崛起融入到战略规划与专项规划中去。对于江苏经济发达地区和经济欠发达地区，在制定地区发展规划时应区别对待。经济发达地区以可持续发展为目标，经济欠发达地区应把绿色发展作为地区经济增长的重要动力与基础，重视绿色发展理念，将其作为重要发展原则纳入地方发展规划的制定和实施中，通过科学规划统筹考虑好环保生态与产业发展。

二、绿色发展方式是江苏经济发展的未来之路

在江苏，传统的发展道路已经不再可行，必须升级。江苏如今的经济发展方式面临两方面的危机：一方面，传统的发展模式带来了很多风险，包括环境、金融、社会等方面，继续下去不可能。比如，江苏经济增速很高，地方主要依靠土地增值带来财政收入，很多问题和风险都被掩盖了，但经济增速下降以后，风险就会暴露出来。另一方面，随着新的历史条件的变化，出现了新的风险，比如人口老龄化。从去年起，中国劳动力数量已经绝对下降，这就要求我们必须转变发展方式。转变发展方式，解决以上问题，要靠经济升级和绿色发展。一方面，解决江苏自身的一些问题，如内外失衡、地区失衡、粗放发展、技术低下等，不能复制工业革命以来欧美高碳排放、高资源消耗、高环境破坏的老路。另一方面，江苏要从工业革命以来的传统发展模式，转变到代表未来的绿色发展模式，转变到基于信息技术、知识、绿色的新型发展模式。绿色发展是一种发展范式的全面深刻变化。这种变化带来重大挑战。强调以"知识、环境、信息技术"等无形资源为基础的绿色增长模式，是新生活方式对西方传统基于有形的过度物质消费的挑战。绿色发展对全世界来说都是新鲜事物，没有现成的经验，谁能创新，谁就可以抢占先机，引领发展潮流。

三、积极强化绿色投入，重点发展绿色产业

江苏要利用财政和金融手段，鼓励企业绿色投资与绿色生产，严格执行各项与绿色发展相关的法律与地区制度，为绿色发展营造一个良好规范的发展环境。一方面，应改变财政资金直接投入为主的支持方式，创新实施多种间接式多元化资本投入方式，如贴息、技术补贴、以奖代补、政府采购等方式，更大程度地发挥政府资金的杠杆作用。另一方面，在土地供给、

产品创新、技术研发、金融贷款等方面给予政策优惠,深入贯彻企业研发费用加计扣除。

江苏是农业大省,同时也是绿色资源相对充裕的省份,积极发展江苏的生态农业产业和生态旅游产业。将互联网＋理念融入现代农业生产,推动电子商务与农业优势特色产业有机结合,积极促进生态农业的产业化运作,各方保障发展生态特色农业产业。积极探索和发展完善生态旅游产业,引导各类市场化资金参与地区生态旅游基础设施建设,重视完善各项硬性配套设施建设及软文化建设,为开展生态旅游奠定良好的基础,同时在结合地方区域特色和市场需求的基础上开发多元化生态旅游特色产品与项目,以满足旅游者多种需求。

另外,江苏要促进传统资源加工产业向新兴绿色产业转型。依托国家政策扶持与地区资源禀赋,推动产业结构转型升级,通过信息化带动与企业自主创新,大力发展高新技术产业、现代服务业等绿色低碳产业,促进新兴绿色产业发展;建立最严厉的环境保护制度,最大限度避免粗放生产对生态的污染与环境的破坏,改变高投入、高能耗的粗放型发展方式,鼓励替代型新兴产业与高新技术产业发展。

参考文献

[1] Jack Reardon. How Green Are Principles Texts? An Investigation Into How Mainstream Economics Educates Students Pertaining to Energy, the environment and green economics[J]. *Green Economics*, 2007. (3/4).

[2] Pearce D W, Atkinson G. Capital theory and measurement of sustainable development: an indicator of weak sustainability[J]. *Ecological Economics*, 1993, 8(2): 103 - 108.

[3] Pearce et al. *Blueprint for a Green Economy*[M]. London: Earthscan Publications Ltd. 1989: 192.

[4] ZHANG X P, LI Y F, WU W J. Evaluation of urban resource and environmental efficiency in China based on the DEA model[J]. *Journal of resources and ecology*, 2014, 5(1): 11 - 19.

[5] 陈霞. 后物质主义理论及其对生态文明建设的启示——基于绿色政治理论视角[J]. 生态经济, 2015(4): 161 - 165.

[6] 陈红蕊, 胡文龙. 编制自然资源资产负债表的意义及探索[J]. 环境与可持续发展, 2014(1): 46 - 48.

[7] 成金华, 吴巧生. 中国自然资源经济学研究综述[J]. 中国地质大学学报(社会科学版), 2004(3): 47 - 55.

[8] 迟全华. 从政治高度深刻认识绿色发展理念重大意义——学习习近平总书记关于绿色发展新理念新思想[J]. 光明日报, 2016.4.10 第6版(理论.实践).

[9] 大卫·皮尔斯. 绿色经济蓝图[M]. 何晓军译, 北京: 北京师范大学出版社, 1996: 1.

[10] 当代绿色经济研究中心研究组. 中国发展质量研究报告 2014. 北京: 科学出版社, 2015(1).

[11] 封志明, 杨燕等. 从自然资源核算到自然资源资产负债表编制[J]. 中国科学院院刊, 2014(1): 449 - 454.

[12] 高红贵. 中国绿色经济发展中的诸方博弈研究[J]. 中国人口、资源与环境, 2012(4): 13 - 18.

[13] 高志辉. 基于现金流动制的自然资源资产负债表设计初探[J]. 会计之友, 2015(6): 5 - 8.

[14] 耿建新, 胡天雨等. 我国国家资产负债表与自然资源资产负债表的编制与运用初探——以 SNA2008 和 SEEA2012 为线索的分析[J]. 会计研究, 2015(1): 15 - 24.

[15] 韩晶. 中国工业绿色转型的障碍与发展战略研究[J]. 福建论坛(人文社会科学版), 2011(8): 11 - 14.

[16] 韩晶,陈超凡等.制度软约束对制造业绿色转型的影响——基于行业异质性的环境效率视角[J].山西财经大学学报,2014(12):59－69.

[17] 赫伯特·马尔库塞.工业社会与新左派[M].北京:商务印书馆,1982:128.

[18] 何小钢,王自力.能源偏向型技术进步与绿色增长转型——基于中国33个行业的实证考察[J].中国工业经济,2015(2):50－62.

[19] 胡岳岷,刘甲库.绿色发展转型:文献检视阈理论辨析[J].当代经济研究,2013(6):33－42.

[20] 黄溶冰.生态文明视角下的自然资源资产负债表构建分析[J].中国会计学会环境会计专业委员会2014学术年会论文集,南京,2014:234－241.

[21] 蒋洪强,王金南等.我国生态环境资产负债表编制框架研究[J].中国会计学会环境会计专业委员会2014学术年会论文集,南京,2014:141－150.

[22] 卡恩,孟凡玲.绿色城市:城市发展与环境[M].北京:中信出版社,2008:22－23.

[23] 康沛竹,段蕾.论习近平的绿色发展观[J].新疆师范大学学报(哲学社会科学版),2016(7):18－23.

[24] 莱斯特.R.布朗.生态经济:有利于地球的经济构思[M].台湾:东方出版社,2002:65.

[25] 李宁宁.中国绿色经济的制度困境与制度创新[J].现代经济探讨,2011(11):19－22.

[26] 李若愚.我国绿色金融发展现状及政策建议[J].宏观经济管理,2016(1):58－60.

[27] 刘欣超,翟琇等.草原自然资源资产负债评估方法的建立研究[J].生态经济,20164(4):28－36.

[28] 卢丽文,宋德勇等.长江经济带城市发展绿色效率研究[J].中国人口、资源与环境,2016(6):35－42.

[29] 罗杰·珀曼.自然资源与环境经济学(第2版)[M].侯兆元等译.北京:中国经济出版社,2002.

[30] 马克思恩格斯选集:第4卷[M].北京:人民出版社,1995:383.

[31] 马克思恩格斯选集:第4卷[M].北京:人民出版社,1995:383、384.

[32] 马克思恩格斯选集:第4卷[M].北京:人民出版社,1995:261.

[33] 聂玉立,温湖炜.中国地级以上城市绿色经济效率实证研究[J].中国人口、资源与环境,2015(5)增刊:409－413.

[34] 牛文元.中国GDP质量指数[J].中国科学院院刊,2011(9):516－525.

[35] 彭星.环境分权有利于中国工业绿色转型吗?——产业结构升级视角下的动态空间效应检验[J].产业经济研究,2016(2):21－31.

[36] 彭星,李斌.贸易开放、FDI与中国工业绿色转型——基于动态面板门限模型的实证研究[J].国际贸易问题,2015(1):166－176.

[37] 钱争鸣,刘晓晨.中国绿色经济效率的区域差异与影响因素分析[J].中国人口、资源与环境,2013(7):104－109.

[38] 钱争鸣,刘晓晨.我国绿色经济效率的区域差异及收敛性研究[J].厦门大学学报,2014(1):110－118.

[39] 史丹.能源转型与中国经济的绿色增长[J].光明日报,2016.7.20(第15版).

[40] 孙笑冰. 论五大发展理念之辩证关系[J]. 中国报业,2016(7):62-63.

[41] 王家庭. 环境约束条件下中国城市经济效率测度[J]. 城市问题,2012(7):18-23.

[42] 汪克亮,杨力等. 异质性生产技术下中国区域绿色经济效率研究[J]. 财经研究,2013
(4):57-67.

[43] 王晓云,魏琦等. 我国城市绿色经济效率综合测度及时空分异——基于DEA-BCC和
Malmquist模型[J]. 生态经济,2016(3):40-45.

[44] 魏伯乐,查理·哈格罗夫斯,迈克尔·史密斯,等. 五倍极:缩减资源消耗,转型绿色经
济[M]. 上海:格致出版社,2010:1-3.

[45] 伍格致,杨亦民等. 湖南开展自然资源资产负债核算的可行性探讨[J]. 中南林业科技
大学学报(社会科学版),2016(8):17-21.

[46] 郇庆治. 当代西方绿色左翼政治理论[M]. 北京:北京大学出版社,2011.

[47] 郇庆治. 环境政治学研究在中国:回顾与展望[J]. 鄱阳湖学刊,2010(2):45-55.

[48] 郇庆治. 国际比较视野下的绿色发展[J]. 江西社会科学,2012(8):5-11.

[49] 亚洲科学院协会. 通向可持续发展的亚洲:绿色、转型与创新[M]. 北京:科学出版社,
2011:33-35.

[50] 杨万里. 能源消费与污染排放双重约束下的中国绿色经济增长[J]. 当代经济科学,
2011(3):91-98.

[51] 姚志远. 中国各省绿色发展水平差异性分析[J]. 中国人口、资源与环境,2013(23):
301-303.

[52] 俞岚. 绿色金融发展与创新研究[J]. 经济问题,2016(1):78-81.

[53] 于伟,张鹏. 城市化进程、空间溢出与绿色经济效率增长——基于2002—2012年省域
单元的空间计量研究[J]. 经济问题探索,2016(1):77-82.

[54] 张航燕. 对编制自然资源资产负债表的思考——基于会计核算的角度[J]. 中国经贸导
刊,2014(3):54-56.

[55] 张友堂,刘帅等. 自然资源资产负债表创建研究[J]. 会计之友,2015(19):21-29.

[56] 张哲强. 绿色经济与绿色发展[M]. 北京:中国金融出版社,2012:18-19.

[57] 郑德凤,臧正等. 绿色经济、绿色发展及绿色转型研究综述[J]. 生态经济,2015(2):
64-68.

[58] 中国社会科学院工业经济研究所课题组. 中国工业绿色转型研究[J]. 中国工业经
济,2011.